KB275419

똑똑한 독해
똑똑
중학 국어
문법
기본편

STAFF

발행인 정선욱

퍼블리싱 총괄 남형주

개발 김태원 김한길 신영한 김성준 육인선

기획・디자인・마케팅 조비호 김정인 강윤정

유통・제작 서준성 신성철

똑똑 중학 국어 문법 기본편 202107 제1판 1쇄 202408 제1판 7쇄

펴낸곳 이투스에듀(주) 서울시 서초구 남부순환로 2547

고객센터 1599-3225

등록번호 제2007-000035호

ISBN 979-11-6598-953-8[53700]

· 이 책은 저작권법에 따라 보호받는 저작물이므로 무단전재와 무단복제를 금합니다.

· 잘못 만들어진 책은 구입처에서 교환해 드립니다.

똑독 중학 국어 문법 기본편 은

교과서 문법 개념 학습과 문제 풀이를
쉽고 재미있게 할 수 있는 문법서입니다.

 **『똑독 중학 국어 문법 기본편』으로 '교과서 문법 개념'을 익힐 수 있습니다.**

중학 국어 문법을 처음 접하는 학생들도 쉽게 개념을 학습할 수 있도록 중등 교과서 필수 개념 24개를 친절하고 자세하게 설명하고 시각화·도식화, 풍부한 예시를 활용하였습니다. 또한 개념 설명 전 개념 체계 마인드맵을 보여 주어 개념의 체계와 흐름을 알 수 있고, 단어의 뜻을 밝히거나 헷갈리는 문법 개념을 설명해 주는 코너를 통해 개념을 명확히 이해할 수 있습니다.

 **『똑독 중학 국어 문법 기본편』으로 '내신 대비'를 할 수 있습니다.**

중학교 1, 2, 3학년 국어 교과서 성취 기준 순서대로 목차를 구성하고, 교과 연계 내용 요소를 제시하여 중학교 국어 교과서와 완전 밀착시킨 문법서입니다. 내신 대비 객관식 문제, 단답형 문제, 서술형 문제를 수록하여 수행평가 및 내신 시험을 대비할 수 있습니다.

 **『똑독 중학 국어 문법 기본편』으로 '개념 반복 학습'이 가능합니다.**

상세한 개념 설명과 풍부한 예시를 통해 개념을 익힌 후 간단한 형태의 문제를 반복적으로 풀이하고 내신 문제를 풀며 마무리하는 단계적 문제 풀이를 통해 개념의 반복 학습이 가능합니다. 또한 개념 학습부터 문제 풀이까지 1DAY에 담아 단계적이고 계획적인 학습이 가능하고, 학습 일정을 짜거나 학습량을 관리하기 용이합니다.

이 책의 구성과 특징

중학 국어 문법 필수 개념을 완벽하게 익힐 수 있는 똑똑 중학 국어 문법

❶ 개념 마인드맵과 개념 설명 및 확인 문제 풀이로 **문법 개념 학습하기**

문법 개념 마인드맵과 학습 목표 제시

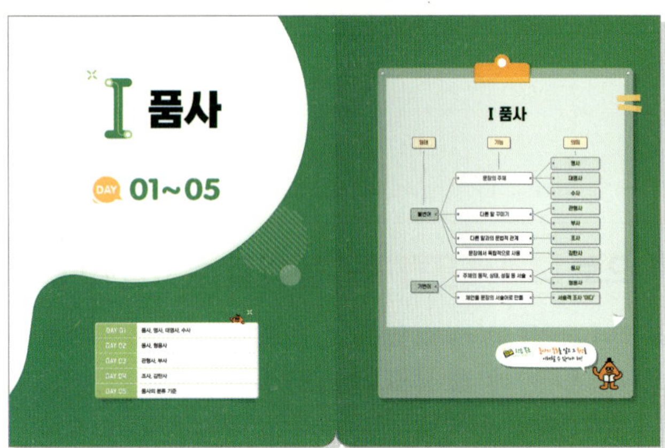

>> **단원별 문법 개념 마인드맵**
>
> 각 단원에서 다루는 모든 세부적인 문법 개념을 마인드맵으로 보여 주어 앞으로 배울 개념이 무엇이고, 그 체계는 어떻게 되는지 한눈에 파악할 수 있습니다.

>> **학습 목표**
>
> 교과서 성취 기준에 따른 단원별 학습 목표를 제시하여 교과서와의 연계성과 학습 과정에서 중점적으로 생각해야 하는 점을 알 수 있습니다.

교과 내용과 연계한 개념 설명과 확인 문제

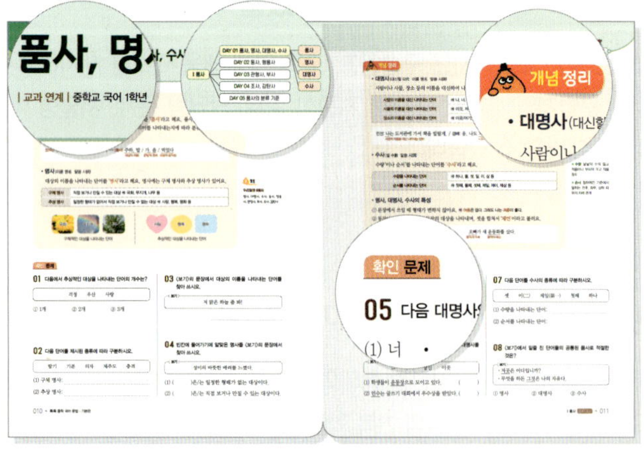

>> **교과 연계**
>
> 설명하는 문법 개념이 중학교 국어 교과서의 어떤 내용 요소와 연계되는지 알 수 있습니다.

>> **DAY별 문법 개념 마인드맵**
>
> 각 DAY에서 설명하는 개념을 마인드맵으로 제시하여 개념의 체계와 흐름을 파악할 수 있습니다.

>> **개념 정리**
>
> 세부적인 문법 개념을 풍부한 예시와 시각화·도식화를 활용하여 설명함으로써 어려운 문법 개념을 쉽게 학습할 수 있습니다.

>> **확인 문제**
>
> 학습한 개념에 대한 간단한 형태의 확인 문제를 풀며 개념을 확실히 익힐 수 있습니다.

❷ 내신 대비 문제 풀이로 개념 적용 및 문제 풀이 능력 기르기

내신 대비 문제 수록

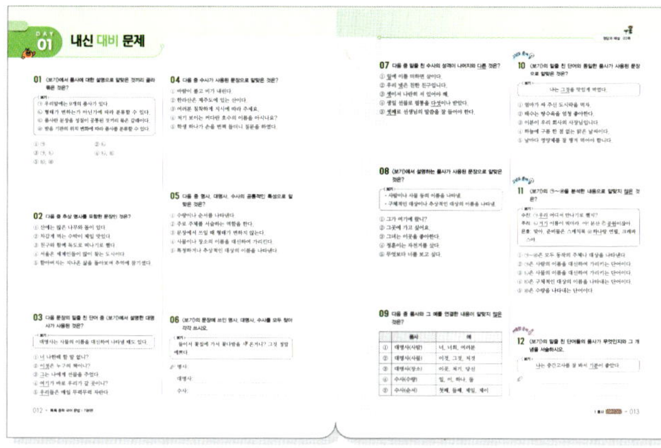

>> **내신 대비 문제**

내신형 객관식 문제, 단답형 문제, 서술형 문제를 풀며 학습한 개념을 문제 풀이에 적용할 수 있는지 확인하고, 수행 평가 및 내신 시험에 대비할 수 있습니다.

• 정답과 해설

자세하고 정확한 정답 풀이와 오답 풀이

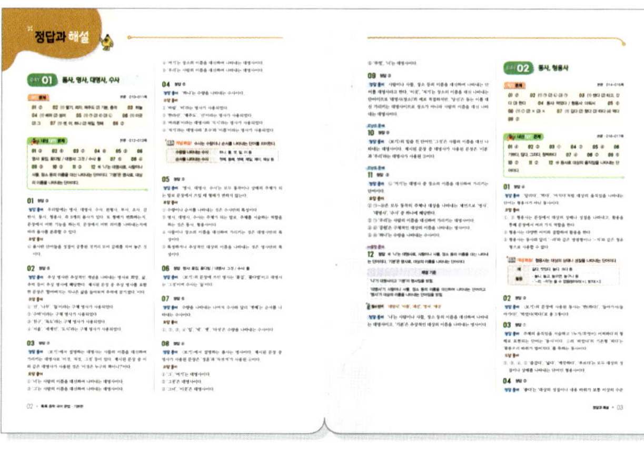

>> **정답·오답 풀이**

상세하고 정확한 해설을 통해 문제에 대해 더욱 쉽고 명확하게 이해할 수 있습니다.

>> **개념 복습**

문제에서 다룬 개념을 다시 한번 설명하여 개념을 완전히 익힐 수 있습니다.

>> **서술형 문제 해설**

서술형 문제의 채점 기준과 답안에 들어가야 할 필수 단어를 제시하여 서술형 시험에 대비할 수 있습니다.

이 책의 차례와 학습 계획표

똑똑! 국어 문법 24일 완성 학습 계획

			학습 내용과 쪽수		학습일	이해도
중학교 1학년 교과서	I 품사	DAY 01	품사, 명사, 대명사, 수사 (중학교 국어 1학년_품사의 종류와 특성)	010쪽	__ / __	☺ ☺ ☹
		DAY 02	동사, 형용사 (중학교 국어 1학년_품사의 종류와 특성)	014쪽	__ / __	☺ ☺ ☹
		DAY 03	관형사, 부사 (중학교 국어 1학년_품사의 종류와 특성)	018쪽	__ / __	☺ ☺ ☹
		DAY 04	조사, 감탄사 (중학교 국어 1학년_품사의 종류와 특성)	022쪽	__ / __	☺ ☺ ☹
		DAY 05	품사의 분류 기준 (중학교 국어 1학년_품사의 종류와 특성)	026쪽	__ / __	☺ ☺ ☹
	II 어휘	DAY 06	어휘의 체계 (중학교 국어 1학년_어휘의 체계와 양상의 활용)	032쪽	__ / __	☺ ☺ ☹
		DAY 07	어휘의 양상 (중학교 국어 1학년_어휘의 체계와 양상의 활용)	036쪽	__ / __	☺ ☺ ☹
		DAY 08	유의 관계, 반의 관계 (중학교 국어 1학년_어휘의 체계와 양상의 활용)	040쪽	__ / __	☺ ☺ ☹
		DAY 09	상하 관계, 다의어, 동음이의어 (중학교 국어 1학년_어휘의 체계와 양상의 활용)	044쪽	__ / __	☺ ☺ ☹
		DAY 10	언어의 본질 (중학교 국어 1학년_언어 기호)	048쪽	__ / __	☺ ☺ ☹
중학교 2학년 교과서	III 담화	DAY 11	담화의 개념과 특성 (중학교 국어 2학년_담화의 개념과 특성)	054쪽	__ / __	☺ ☺ ☹
	IV 국어의 역사와 규범	DAY 12	한글의 창제 원리 (중학교 국어 2학년_한글의 창제 원리)	060쪽	__ / __	☺ ☺ ☹
		DAY 13	올바른 발음 (중학교 국어 2학년_단어의 정확한 발음과 표기)	064쪽	__ / __	☺ ☺ ☹
		DAY 14	올바른 표기 (중학교 국어 2학년_단어의 정확한 발음과 표기)	070쪽	__ / __	☺ ☺ ☹

❶ 중등 교과서 문법 필수 개념 총 24일! 계획적인 학습으로 문법 실력을 키워 보세요!

❷ 1DAY 학습은 '개념 정리+확인 문제+내신 대비 문제'로 구성되어 있습니다.

❸ 나의 페이스에 맞게 계획을 세우고, 실제로 공부한 날을 '학습일'에 적어 보세요.

❹ 그날의 학습 이해도에 체크해 보고, 이해도가 '😐'라면 복습해 보세요.

			학습 내용과 쪽수		학습일	이해도
중학교 3학년 교과서	V 음운과 통일 시대의 국어	DAY 15	음운의 개념과 종류 (중학교 국어 3학년_음운의 체계와 특성)	076쪽	__ / __	😄 😮 😐
		DAY 16	모음 체계 (중학교 국어 3학년_음운의 체계와 특성)	080쪽	__ / __	😄 😮 😐
		DAY 17	자음 체계 (중학교 국어 3학년_음운의 체계와 특성)	084쪽	__ / __	😄 😮 😐
		DAY 18	통일 시대의 국어 (중학교 국어 3학년_통일 시대의 국어에 대한 관심)	088쪽	__ / __	😄 😮 😐
	VI 문장	DAY 19	문장 성분, 주어, 서술어 (중학교 국어 3학년_문장의 짜임)	094쪽	__ / __	😄 😮 😐
		DAY 20	목적어, 보어 (중학교 국어 3학년_문장의 짜임)	098쪽	__ / __	😄 😮 😐
		DAY 21	관형어, 부사어, 독립어 (중학교 국어 3학년_문장의 짜임)	102쪽	__ / __	😄 😮 😐
		DAY 22	홑문장과 겹문장, 이어진문장 (중학교 국어 3학년_문장의 짜임)	106쪽	__ / __	😄 😮 😐
		DAY 23	안은문장과 안긴문장 1 (중학교 국어 3학년_문장의 짜임)	112쪽	__ / __	😄 😮 😐
		DAY 24	안은문장과 안긴문장 2 (중학교 국어 3학년_문장의 짜임)	116쪽	__ / __	😄 😮 😐

● 책속책 | 정답과 해설

Ⅰ 품사

DAY 01~05

DAY 01	품사, 명사, 대명사, 수사
DAY 02	동사, 형용사
DAY 03	관형사, 부사
DAY 04	조사, 감탄사
DAY 05	품사의 분류 기준

I 품사

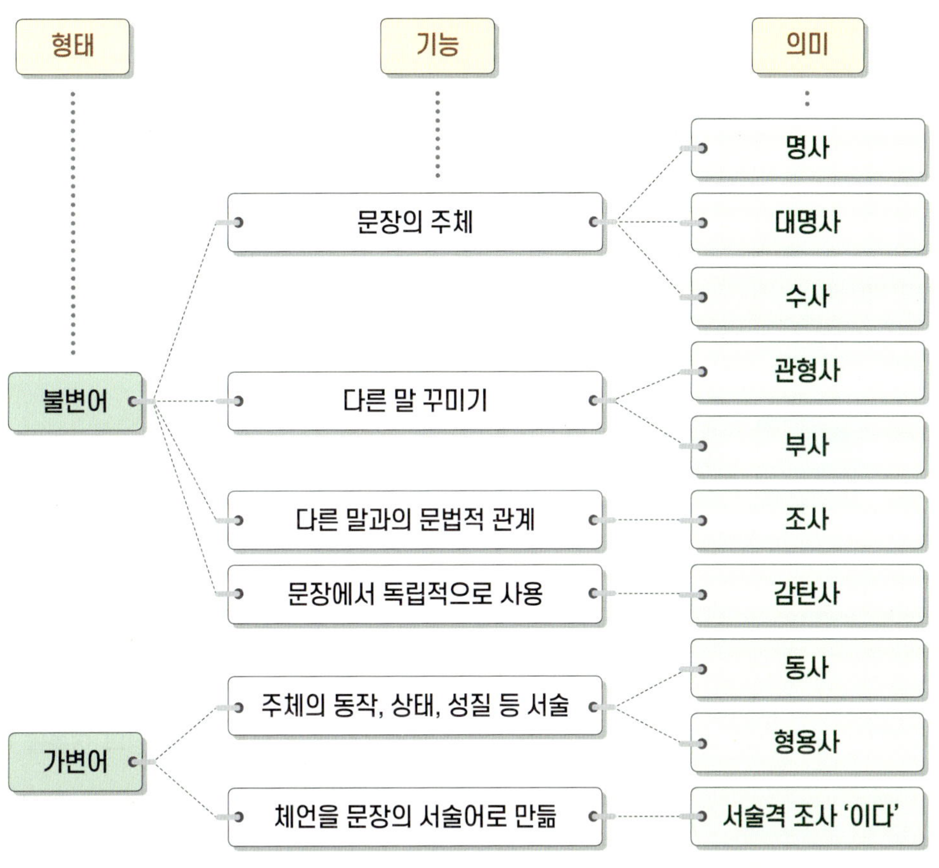

형태
기능
의미

문장의 주체
명사
대명사
수사

불변어

다른 말 꾸미기
관형사
부사

다른 말과의 문법적 관계
조사

문장에서 독립적으로 사용
감탄사

주체의 동작, 상태, 성질 등 서술
동사
형용사

가변어

체언을 문장의 서술어로 만듦
서술격 조사 '이다'

학습 목표 품사의 종류를 알고 그 특성을
이해할 수 있어야 해!

DAY 01 품사, 명사, 대명사, 수사

| 교과 연계 | 중학교 국어 1학년_품사의 종류와 특성

개념 정리

- **품사**(물건 品 말씀 詞)

  단어♦를 성질이 공통된 것끼리 모아 분류한 갈래를 '품사'라고 해요. 품사는 문장에서 쓰일 때 형태가 변하는지, 어떤 기능을 하는지, 어떤 의미를 나타내는지에 따라 분류할 수 있는데, 우리말에는 9개의 품사가 있어요.

  [단어] 주하 / 가 / 밥 / 을 / 먹었다 → [품사] 주하, 밥 / 가, 을 / 먹었다
  　　　　　　　　　　　　　　　　　　　　대상의 이름　문법적 관계　대상의 움직임

- **명사**(이름 名 말씀 詞)

  대상의 이름을 나타내는 단어를 '명사'라고 해요. 명사에는 구체 명사와 추상 명사가 있어요.

구체 명사	직접 보거나 만질 수 있는 대상 예 국화, 무지개, 나무 등
추상 명사	일정한 형태가 없어서 직접 보거나 만질 수 없는 대상 예 사랑, 행복, 평화 등

구체적인 대상을 나타내는 단어

추상적인 대상을 나타내는 단어

♦ 단어 문장 안에서 홀로 쓰일 수 있는 말. 또는 그 말 뒤에 붙어 쓰이지만 쉽게 분리되는 말

 정보

우리말의 9품사

명사, 대명사, 수사, 동사, 형용사, 관형사, 부사, 조사, 감탄사

확인 문제

01 다음에서 추상적인 대상을 나타내는 단어의 개수는?

> 걱정　　우산　　사랑

① 1개　　　② 2개　　　③ 3개

02 다음 단어를 제시된 종류에 따라 구분하시오.

> 딸기　기분　의자　제주도　충격

(1) 구체 명사: ＿＿＿＿＿＿＿＿＿＿

(2) 추상 명사: ＿＿＿＿＿＿＿＿＿＿

03 〈보기〉의 문장에서 대상의 이름을 나타내는 단어를 찾아 쓰시오.

보기
> 저 맑은 하늘 좀 봐!

＿＿＿＿＿＿＿＿＿＿＿＿＿＿

04 빈칸에 들어가기에 알맞은 명사를 〈보기〉의 문장에서 찾아 쓰시오.

보기
> 성미의 따뜻한 배려를 느꼈다.

(1) (　　　　)은/는 일정한 형태가 없는 대상이다.

(2) (　　　　)은/는 직접 보거나 만질 수 있는 대상이다.

개념 정리

• 대명사(대신할 대代 이름 명名 말씀 사詞)

사람이나 사물, 장소 등의 이름을 대신하여 나타내는 단어를 '대명사'라고 해요.

사람의 이름을 대신 나타내는 단어	예 나, 너, 그, 우리 등
사물의 이름을 대신 나타내는 단어	예 이것, 저것, 그것 등
장소의 이름을 대신 나타내는 단어	예 이곳/여기, 저곳/저기, 그곳/거기 등

인선: 나는 도서관에 가서 책을 빌릴게. / 경배: 응, 나도 거기서 공부를 하려고.
　　　사람의 이름을 대신 나타내는 단어　　　　　　　　　　　= 도서관, 장소의 이름을 대신 나타내는 단어

• 수사(셀 수數 말씀 사詞)

수량*이나 순서*를 나타내는 단어를 '수사'라고 해요.

수량을 나타내는 단어	예 하나, 둘, 셋, 일, 이, 삼 등
순서를 나타내는 단어	예 첫째, 둘째, 셋째, 제일, 제이, 제삼 등

◆ 수량 낱낱의 수의 많고 적음이나 부피의 크고 작음 정도

◆ 순서 정하여진 기준에서 말하는 전후, 좌우, 상하 따위의 차례 관계

• 명사, 대명사, 수사의 특성

① 문장에서 쓰일 때 형태가 변하지 않아요. 예 여름은 덥다. 그래도 나는 여름이 좋다.

② 동작이나 상태의 주체나 동작의 대상을 나타내며, 셋을 합쳐서 '체언'이라고 불러요.

고양이가 잔디밭에 누웠다.　　　　　　　　　오빠가 새 운동화를 샀다.
동작의 주체　　　　　　　　　　　　　　　동작의 주체　　　동작의 대상

확인 문제

05 다음 대명사와 그 종류를 연결하시오.

(1) 너 •　　　　　　　• ㉠ 사람의 이름을 대신 나타냄.

(2) 그곳 •　　　　　　• ㉡ 사물의 이름을 대신 나타냄.

(3) 이것 •　　　　　　• ㉢ 장소의 이름을 대신 나타냄.

06 밑줄 친 단어를 대신하여 사용할 수 있는 대명사를 〈보기〉에서 찾아 쓰시오.

┌ 보기 ┐
그　　우리　　당신　　이곳
└────────────────┘

(1) 학생들이 운동장으로 모이고 있다. (　　　　)

(2) 민수는 글쓰기 대회에서 우수상을 받았다. (　　　　)

07 다음 단어를 수사의 종류에 따라 구분하시오.

┌────────────────────────┐
셋　　이(二)　　제일(第一)　　첫째　　하나
└────────────────────────┘

(1) 수량을 나타내는 단어:

(2) 순서를 나타내는 단어:

08 〈보기〉에서 밑줄 친 단어들의 공통된 품사로 적절한 것은?

┌ 보기 ┐
• 저곳은 어디입니까?
• 무엇을 하든 그것은 나의 자유다.
└────────────────────────┘

① 명사　　　　　② 대명사　　　　　③ 수사

내신 대비 문제

01 〈보기〉에서 품사에 대한 설명으로 알맞은 것끼리 골라 묶은 것은?

〔보기〕
㉠ 우리말에는 9개의 품사가 있다.
㉡ 형태가 변하는가 아닌가에 따라 분류할 수 있다.
㉢ 품사란 문장을 성질이 공통된 것끼리 묶은 갈래이다.
㉣ 발음 기관의 위치 변화에 따라 품사를 분류할 수 있다.

① ㉠
② ㉡
③ ㉠, ㉡
④ ㉡, ㉢
⑤ ㉢, ㉣

02 다음 중 추상 명사를 포함한 문장인 것은?

① 산에는 많은 나무와 돌이 있다.
② 차갑게 먹는 수박이 제일 맛있다.
③ 친구와 함께 독도로 떠나기로 했다.
④ 서울은 세계인들이 많이 찾는 도시이다.
⑤ 할아버지는 지나온 삶을 돌아보며 추억에 잠기셨다.

03 다음 문장의 밑줄 친 단어 중 〈보기〉에서 설명한 대명사가 사용된 것은?

〔보기〕
대명사는 사물의 이름을 대신하여 나타낼 때도 있다.

① 너 나한테 할 말 없니?
② 이것은 누구의 책이니?
③ 그는 나에게 선물을 주었다.
④ 여기가 바로 우리가 갈 곳이니?
⑤ 우리들은 매일 무럭무럭 자란다.

04 다음 중 수사가 사용된 문장으로 알맞은 것은?

① 바람이 불고 비가 내린다.
② 한라산은 제주도에 있는 산이다.
③ 여러분 침착하게 지시에 따라 주세요.
④ 저기 보이는 커다란 호수의 이름을 아시나요?
⑤ 학생 하나가 손을 번쩍 들더니 질문을 하였다.

05 다음 중 명사, 대명사, 수사의 공통적인 특성으로 알맞은 것은?

① 수량이나 순서를 나타낸다.
② 주로 주체를 서술하는 역할을 한다.
③ 문장에서 쓰일 때 형태가 변하지 않는다.
④ 사물이나 장소의 이름을 대신하여 가리킨다.
⑤ 특정하거나 추상적인 대상의 이름을 나타낸다.

06 〈보기〉의 문장에 쓰인 명사, 대명사, 수사를 모두 찾아 각각 쓰시오.

〔보기〕
둘이서 꽃집에 가서 꽃다발을 사 온거니? 그것 정말 예쁘다.

✎ 명사: _______________

대명사: _______________

수사: _______________

07 다음 중 밑줄 친 수사의 성격이 나머지와 <u>다른</u> 것은?

① 일에 이를 더하면 삼이다.
② 우리 넷은 친한 친구입니다.
③ 셋이서 나란히 서 있어야 해.
④ 생일 선물로 필통을 다섯이나 받았다.
⑤ 셋째로 선생님의 말씀을 잘 들어야 한다.

08 〈보기〉에서 설명하는 품사가 사용된 문장으로 알맞은 것은?

> **보기**
> • 사람이나 사물 등의 이름을 나타냄.
> • 구체적인 대상이나 추상적인 대상의 이름을 나타냄.

① 그가 여기에 왔니?
② 그곳에 가고 싶어요.
③ 그녀는 이곳을 좋아한다.
④ 정훈이는 자전거를 샀다.
⑤ 무엇보다 너를 보고 싶다.

09 다음 중 품사와 그 예를 연결한 내용이 알맞지 <u>않은</u> 것은?

	품사	예
①	대명사(사람)	너, 너희, 여러분
②	대명사(사물)	이것, 그것, 저것
③	대명사(장소)	이곳, 저기, 당신
④	수사(수량)	일, 이, 하나, 둘
⑤	수사(순서)	첫째, 둘째, 제일, 제이

10 〈보기〉의 밑줄 친 단어와 동일한 품사가 사용된 문장으로 알맞은 것은?

> **보기**
> 나는 <u>그것</u>을 맛있게 먹었다.

① 엄마가 싸 주신 도시락을 먹자.
② 태수는 탕수육을 엄청 좋아한다.
③ 이분이 우리 회사의 사장님입니다.
④ 하늘에 구름 한 점 없는 맑은 날씨이다.
⑤ 날마다 영양제를 잘 챙겨 먹어야 합니다.

11 〈보기〉의 ㉠~㉣을 분석한 내용으로 알맞지 <u>않은</u> 것은?

> **보기**
> 수진: ㉠우리 어디서 만나기로 했지?
> 주리: ㉡거기 이름이 뭐더라. 아! 문산 ㉢공원이잖아.
> 은호: 맞아. 준비물은 스케치북 ㉣하나랑 연필, 크레파스야.

① ㉠~㉣은 모두 동작의 주체나 대상을 나타낸다.
② ㉠은 사람의 이름을 대신하여 가리키는 단어이다.
③ ㉡은 사물의 이름을 대신하여 가리키는 단어이다.
④ ㉢은 구체적인 대상의 이름을 나타내는 단어이다.
⑤ ㉣은 수량을 나타내는 단어이다.

12 〈보기〉의 밑줄 친 단어들의 품사가 무엇인지와 그 개념을 서술하시오.

> **보기**
> <u>나</u>는 중간고사를 잘 봐서 <u>기분</u>이 좋았다.

DAY 01 품사, 명사, 대명사, 수사
DAY 02 동사, 형용사
I 품사 — DAY 03 관형사, 부사
DAY 04 조사, 감탄사
DAY 05 품사의 분류 기준
동사 / 형용사

개념 정리

- **동사** (움직일 動動 말씀 詞詞)

  대상의 움직임을 나타내는 단어를 '동사'라고 해요. 우리가 일상생활에서 쉽게 사용하는 '먹다', '잡다', '쓰다' 등이 모두 동사예요. 문장에서 '(누가/무엇이) 어찌하다'와 같이 쓰여 주체◆의 움직임을 서술◆한답니다.

- **형용사** (형상 形形 얼굴 容容 말씀 詞詞)

  대상의 상태나 성질을 나타내는 단어를 '형용사'라고 해요. '길다', '멋있다', '크다' 등과 같은 단어들이 형용사예요. 문장에서 '(누가/무엇이) 어떠하다'와 같이 쓰여 주체의 상태나 성질을 서술한답니다.

◆ **주체** 문장 내에서 동작이나 상태를 나타내는 대상이 되는 말

◆ **서술** 문장에서 설명하는 대상의 상태나 성질 등을 풀이하는 것

책을 보다
대상의 움직임을
나타내는 단어

춤을 추다
대상의 움직임을
나타내는 단어

장미가 붉다
대상의 상태나 성질을
나타내는 단어

요정이 예쁘다
대상의 상태나 성질을
나타내는 단어

확인 문제

01 다음에서 대상의 움직임을 나타내는 단어의 개수는?

> 솟다   먹다   아름답다   피곤하다

① 1개   ② 2개   ③ 3개

02 단어와 그에 해당하는 설명을 연결하시오.

(1) 뛰다 •

- ㉠ 대상의 움직임을 나타내는 단어

(2) 춤다 •

- ㉡ 대상의 상태나 성질을 나타내는 단어

(3) 입다 •

03 다음 문장에서 동사를 찾아 ○표를 하시오.

(1) 부모님께 편지를 썼다.

(2) 비행기를 타고 제주도에 갔다.

(3) 학생들이 운동장에서 달리기를 한다.

04 다음 문장에서 동사와 형용사를 찾아 그대로 쓰시오.

> 날씨가 더워서 아이스크림을 먹었다.

· 동사: (   )

· 형용사: (   )

개념 정리

• 동사, 형용사의 특성

① 문장에서 주체를 서술하는 서술어로 쓰이며, 둘을 합쳐서 '용언'이라고 불러요.

② 문장에서 쓰임에 따라 형태가 변하는데, 이를 활용◆이라고 해요. 활용을 하면 용언의 성격이 변해 문장에서 여러 가지 역할을 해요.

◆ **활용** 문장에서 용언의 형태가 변하는 것으로, 활용을 할 때는 용언의 어간과 어미 중 어미의 형태가 변함.

| 어간 | 활용을 할 때 형태가 변하지 않는 부분 |
| 어미 | 활용을 할 때 형태가 변하는 부분 |

◆ **기본형** 활용하는 단어에서 변하지 않는 부분에 어미 '−다'를 붙인 것

동사의 활용

바지를 입니
바지를 입고   → 입다 (기본형◆)
바지를 입을
바지를 입은

형용사의 활용

산이 높니
산이 높고   → 높다 (기본형)
산이 높으면
산이 높구나

③ 동사와 달리 형용사는 '−라'와 같은 명령형이나 '−자'와 같은 청유형으로 쓸 수 없어요.

동사

달리−+−(어)라 → 달려라 (○) – 명령형 가능
달리−+−자 → 달리자 (○) – 청유형 가능

형용사

밝−+−(아)라 → 밝아라 (×) – 명령형 불가능
밝−+−자 → 밝자 (×) – 청유형 불가능

확인 문제

05 다음 중 형용사가 <u>아닌</u> 것은?

① 크다　　② 좋다　　③ 낮다
④ 슬프다　⑤ 고치다

06 다음 문장이 문법에 맞게 쓰였으면 ○, 문법에 맞지 않게 쓰였으면 ×에 표시하시오.

(1) 친구들과 모여 생일잔치를 했다. 　　　(○ , ×)

(2) (명령의 의미) 오늘은 그 어떤 날보다 아름다워라. 　　　(○ , ×)

(3) 새해에는 복도 많이 받고 즐거운 일이 많자. (○ , ×)

07 다음 밑줄 친 단어의 기본형을 쓰시오.

(1) 수영장이 <u>깊으니</u> 조심해. → (　　　　　)

(2) 태윤아, 아이들을 <u>찾아라</u>. → (　　　　　)

(3) 우리 자전거 <u>타는</u> 게 어때? → (　　　　　)

(4) 영민이와 소민이는 밥을 <u>먹었니</u>? → (　　　　　)

08 다음 밑줄 친 단어 중 품사의 종류가 <u>다른</u> 것은?

① 삼촌이 산 차가 정말 <u>멋졌다</u>.
② 산에서 내려오자마자 몸을 <u>씻었다</u>.
③ 주말에 대청소를 하였더니 집이 <u>깨끗하다</u>.

01 다음 중 형용사의 특성으로 알맞지 <u>않은</u> 것은?

① 문장에서 대상의 상태나 성질을 나타낸다.
② 활용을 통해 문장에서 여러 가지 역할을 한다.
③ '-ㄹ', '-고', '-구나' 등과 결합하여 활용을 한다.
④ '달리다', '먹다', '마치다' 등이 형용사에 해당한다.
⑤ '-라', '-자'와 같은 형태를 결합해 사용할 수 없다.

02 〈보기〉의 문장에 사용된 동사의 개수로 알맞은 것은?

┌ 보기 ┐
　　윤태와 정민이는 쇼핑을 한 뒤 집으로 돌아가서 점심을 먹었다.
└────┘

① 1개　　　② 2개　　　③ 3개
④ 4개　　　⑤ 5개

03 밑줄 친 부분에 다음과 같은 특성을 가진 단어가 사용된 문장은?

┌────────────────────┐
・주체의 움직임을 서술한다.
・'(누가/무엇이) 어찌하다'의 형태로 표현된다.
└────────────────────┘

① 코스모스가 활짝 <u>피었다</u>.
② 요즘은 하루하루가 <u>즐겁다</u>.
③ 새로 이사 간 집은 정말 <u>넓다</u>.
④ 하늘이 구름 한 점 없이 <u>깨끗하다</u>.
⑤ 비 온 뒤라 뒷산이 한결 더 <u>푸르다</u>.

04 밑줄 친 단어 중 품사가 나머지와 다른 것은?

① 아빠가 헌 집을 말끔하게 <u>고쳤다</u>.
② 그녀의 성격은 더할 수 없이 <u>좋다</u>.
③ 물은 높은 데서 낮은 데로 <u>흐른다</u>.
④ 아이스크림이 흘러서 바지에 <u>묻었다</u>.
⑤ 우리 가족은 제주도로 여행을 <u>떠난다</u>.

05 밑줄 친 부분에서 〈보기〉의 ㉠과 동일한 품사가 사용된 것은?

┌ 보기 ┐
　　손님을 가족처럼 ㉠<u>따뜻하게</u> 대하자.
└────┘

① 작은 강아지가 내게로 <u>왔다</u>.
② 외출을 하려고 머리를 <u>감았다</u>.
③ 나는 오늘 빨간 바지를 <u>입었다</u>.
④ 선생님께서 주신 책이 매우 <u>얇다</u>.
⑤ 가영이가 갑자기 달리기 <u>시작했다</u>.

06 〈보기〉의 단어들 중 쓰임에 따라 형태가 변하는 것을 모두 찾아 쓰시오.

┌ 보기 ┐
바다　　기쁘다　　미소　　사과　　많다　　연필
　　그리다　　그　　창백하다　　우리
└────┘

07 다음 대화에서 밑줄 친 단어들의 공통적인 특성으로 알맞은 것은?

> 은수: 와! 오늘 날씨가 정말 <u>좋다</u>. 바람도 너무 <u>시원해</u>.
> 재준: 그러게 말이야. 우리 잔디밭에 앉아서 점심 먹자. 어때?

① 수량이나 순서를 나타낸다.
② 대상의 성질이나 상태를 나타낸다.
③ 문장에서 쓰일 때 형태가 변하지 않는다.
④ 주로 주체를 서술하는 서술어로 사용된다.
⑤ 동작이나 상태의 주체나 동작의 대상을 나타낸다.

08 밑줄 친 동사와 형용사의 활용이 알맞지 <u>않은</u> 것은?

① 우리 얼른 밥을 <u>먹자</u>.
② 2학년 교실은 아주 <u>넓자</u>.
③ 운동장에서 태주가 <u>달리니</u>?
④ 지우야, 오늘은 나가 <u>놀아라</u>.
⑤ 놀이공원에서는 동생 손을 꼭 잡고 <u>다녀라</u>.

09 다음 중 동사와 형용사가 모두 들어 있는 문장은?

① 하늘은 높고 구름은 많다.
② 책을 읽으면서 간식을 먹었다.
③ 손님이 많아 일손이 부족하다.
④ 친구들과 만나서 박물관에 갔다.
⑤ 불길이 하늘 높이 솟구치는 모습은 신기하다.

고난도 문제

10 밑줄 친 단어와 품사의 연결이 알맞지 <u>않은</u> 것은?

① 도둑이 재빠르게 <u>도망쳤다</u>. → 동사
② 연습장에서 조용히 <u>나왔다</u>. → 형용사
③ 재호야, <u>편의점</u>으로 달려가. → 명사
④ 우리 <u>둘</u>은 아영이네 집에 놀러 갔다. → 수사
⑤ <u>이곳</u>이 바로 혜림이가 말하던 식당이야. → 대명사

고난도 문제

11 〈보기〉의 ㉠과 ㉡에 대한 설명으로 알맞지 <u>않은</u> 것은?

> **보기**
> 예나는 키가 ㉠<u>크고</u> 청바지를 자주 ㉡<u>입는다</u>.

① ㉠의 기본형은 '크다'이고 ㉡의 기본형은 '입다'이다.
② ㉠은 ㉡과 달리 청유형으로 쓰일 수 있다.
③ ㉠과 ㉡은 쓰임에 따라 형태가 변한다.
④ ㉠과 ㉡은 어간과 어미를 구분할 수 있다.
⑤ ㉠과 ㉡은 문장에서 주체의 상태나 성질 등을 풀이하는 서술어로 쓰인다.

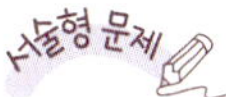
서술형 문제

12 〈보기〉의 밑줄 친 부분과 같이 활용을 할 수 있는 품사의 명칭과 그 개념을 서술하시오.

> **보기**
> • 수미야, 밥을 <u>먹자</u>.
> • 수미야, 밥을 <u>먹어라</u>.

DAY 03 관형사, 부사

| 교과 연계 | 중학교 국어 1학년_품사의 종류와 특성

개념 정리

- **관형사**(갓 관冠 형상 형形 말씀 사詞)

① 개념

체언(명사, 대명사, 수사) 앞에서 그 체언을 꾸며 주는 단어를 '관형사'라고 해요. 여기에서 '꾸미다'는 '구'나 문장에서 다른 성분의 상태·성질·정도 따위를 자세하게 하거나 분명하게 한다.'라는 의미예요.

◆ **구** 둘 이상의 단어가 모여 절이나 문장의 일부분을 이루는 토막

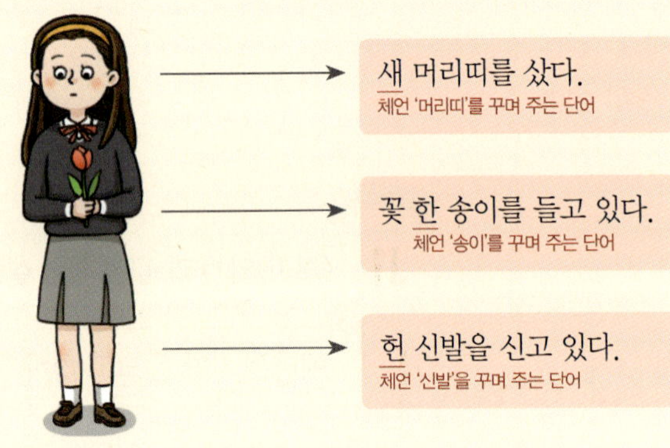

② 특성

- 문장에서 다른 말(체언)을 꾸며 주어 '수식언'이라고 불러요.
- 문장에서 쓰일 때 형태가 변하지 않아요. 예 **첫** 단추를 잘 끼워야 한다. / 윤주와의 **첫** 만남이 기억난다.
- 조사와 결합해서 사용할 수 없어요.

> 그 자전거를 한번 타 보고 싶어.(○) / 그이 자전거를 한번 타 보고 싶어.(×)
> 관형사 '그'가 명사 '자전거'를 꾸며 줌.　　　　관형사 '그'는 조사와 결합할 수 없음.

 **정보**

관형사와 다른 품사의 구별

관형사
조사와 결합할 수 없음.

수사·대명사
조사와 결합할 수 있음. 예 빵 하나를 먹었다.　수사 예 그는 선생님이다.　대명사

확인 문제

01 ㉠과 ㉡에 들어갈 알맞은 단어를 쓰시오.

> 관형사는 (㉠)을/를 꾸며 주는 단어로, (㉡)와/과 결합하여 사용할 수 없다.

02 다음 문장에서 관형사를 찾아 ○표를 하시오.

(1) 새 신을 신고 뛰어 보자 팔짝.

(2) 두 사람은 모자지간으로 밝혀졌다.

(3) 헌 자전거는 타기 싫다고 아이가 말했다.

03 다음 문장에서 관형사가 수식하는 단어를 찾아 쓰시오.

(1) 다섯 마리의 소가 풀을 뜯고 있었다. （　　　）

(2) 한 송이의 꽃이라도 받아 보고 싶다. （　　　）

(3) 무엇보다도 그 사람을 만나야 한다. （　　　）

04 다음 문장에 사용된 관형사의 개수를 쓰시오.

> 첫째 아들은 옛 추억을 떠올리며 그 마을을 거닐었다.

（　　　）

개념 정리

• 부사(버금 부副 말씀 사詞)

① 개념

주로 용언(동사, 형용사)을 꾸며 주는 단어를 '**부사**'라고 해요. 용언 외에도 다른 부사나 문장 전체, 일부의 체언을 꾸미기도 해요.

• 준서는 열심히 노력했다.
부사 '열심히'가 동사 '노력했다'를 꾸며 줌.

• 코스모스가 활짝 피었다.
부사 '활짝'이 동사 '피었다'를 꾸며 줌.

• 그는 아파서 모든 것이 다 귀찮았다.
부사 '다'가 형용사 '귀찮았다'를 꾸며 줌.

• 바로 오늘 수학여행을 떠난다.
부사 '바로'가 명사 '오늘'을 꾸며 줌.

• 너무 많이 먹어서 배가 아프다.
부사 '너무'가 부사 '많이'를 꾸며 줌.

• 과연 이 일은 어떻게 될 것인가?
부사 '과연'이 문장 전체를 꾸며 줌.

② 특성

• 문장에서 다른 말을 꾸며 주어 '**수식언**'이라고 불러요.
• 문장에서 쓰일 때 형태가 변하지 않아요. 📝 그들은 **무척** 가난하였다. / 어머니는 **무척** 기뻐하셨다.
• 조사와 결합해서 사용할 수 있어요.

아기가 잘도 잔다.
부사 '잘'이 조사 '도'와 결합함.

눈이 많이는 내리지 않았다.
부사 '많이'와 조사 '는'이 결합함.

꿀 정보

부사의 종류

성분 부사
• 성상 부사: 모양, 상태, 성질을 한정하여 꾸미는 부사 📝 매우, 빨리 • 지시 부사: 장소나 시간을 나타내거나 앞에 나온 사실을 가리키는 부사 📝 언제, 이리, 내일 • 부정 부사: 용언의 앞에 놓여 그 내용을 부정하는 부사 📝 아니(안), 못

문장 부사
• 양태 부사: 말하는 이의 태도를 나타내는 부사 📝 설마, 제발 • 접속 부사: 앞말과 뒷말, 앞 문장과 뒤 문장을 이어 주는 부사 📝 그리고, 그런데

확인 문제

05 다음 단어들과 그 종류를 연결하시오.

(1) 새, 헌 •

(2) 한, 두, 세 •

(3) 매우, 잘 •

• ㉠ 체언을 꾸며 주는 단어

• ㉡ 주로 용언을 꾸며 주는 단어

06 다음 문장에서 부사를 찾아 쓰시오.

(1) 학교에 천천히 갔다. → (   )

(2) 토끼가 깡충깡충 뛴다. → (   )

(3) 우리는 매우 먼 곳으로 떠났다. → (   )

07 다음 설명이 맞으면 ○, 틀리면 ×에 표시하시오.

(1) 부사는 용언만을 꾸며 주는 단어이다. (○ , ×)

(2) 부사는 문장에서 쓰일 때 형태가 변하지 않는다. (○ , ×)

(3) 부사는 관형사와 마찬가지로 조사와 결합하여 사용할 수 없다. (○ , ×)

08 〈보기〉의 단어들을 관형사와 부사로 나누어 쓰시오.

┌ 보기 ┐

이, 그, 확실히, 너무, 온갖, 한, 아주

관형사	부사

01 ⊙~㉢ 중 관형사에 대한 설명으로 알맞은 것끼리 짝 지은 것은?

> ⊙ 체언을 꾸며 준다.
> ㉡ 주로 문장의 중심이 된다.
> ㉢ 조사와 결합하여 쓰이기도 한다.
> ㉣ 문장에서 쓰일 때 형태가 변하지 않는다.

① ⊙, ㉢　　　② ⊙, ㉣　　　③ ㉡, ㉢
④ ㉡, ㉣　　　⑤ ㉢, ㉣

02 밑줄 친 단어가 관형사인 것은?

① 그녀는 우리들을 사랑한다.
② 벌써 붉은 노을이 지고 있다.
③ 빨리 출발해야 따라잡을 수 있다.
④ 온갖 잡동사니가 창고에 들어 있었다.
⑤ 이모네 식구 셋까지 포함해서 예약을 했다.

03 〈보기〉 중 조사와 결합할 수 없는 단어끼리 묶은 것은?

> 〔보기〕
> 새　옛　활짝　어느　빨리　내일

① 새, 옛, 어느
② 새, 활짝, 어느
③ 옛, 어느, 내일
④ 옛, 빨리, 내일
⑤ 활짝, 어느, 빨리

04 〈보기〉의 밑줄 친 단어들의 공통적인 특성으로 알맞은 것은?

> 〔보기〕
> 비가 오려는지 하늘이 매우 어둡고 바람도 많이 분다.

① 꾸밈을 받는 말의 뒤에 위치한다.
② 사람이나 사물의 동작을 나타낸다.
③ 문장에서 같은 위치에만 있어야 한다.
④ 다른 부사나 문장 전체를 꾸미기도 한다.
⑤ 문장에서 쓰일 때 형태가 변하는 활용을 한다.

05 밑줄 친 부사가 꾸며 주는 대상의 품사가 나머지와 다른 것은?

① 예찬이와의 추억이 문득 떠오른다.
② 엄마와 함께 산에 천천히 올라갔다.
③ 연못에서 개구리가 개굴개굴 울었다.
④ 처음 만든 요리인데도 상당히 맛있었다.
⑤ 아침에 일찍 나왔는데도 기차를 놓치고 말았다.

06 다음 문장에서 ⊙과 ㉡의 품사를 쓰시오.

> 친구는 아무 말 없이 내 손을 꼭 잡아 주었다.
> 　　　⊙　　　　　　　　　　　㉡

07 〈보기〉의 밑줄 친 단어와 품사가 <u>다른</u> 것은?

〔보기〕
　멀리서 <u>삼십</u> 개나 되는 물병을 들고 오는 삼촌의 모습이 너무 힘들어 보였다.

① <u>모든</u> 국민은 법 앞에서 평등하다.
② 아빠가 장미꽃 <u>한</u> 송이를 사오셨다.
③ 이번 주는 유난히 <u>천천히</u> 지나갔다.
④ 구슬이 <u>서</u> 말이라도 꿰어야 보배다.
⑤ <u>저</u> 아이는 언제나 거북이처럼 느리다.

08 다음 중 밑줄 친 단어가 꾸며 주는 대상이 용언이 <u>아닌</u> 것은?

① 그 나라에는 눈이 <u>안</u> 온다.
② <u>바로</u> 내일이 주원이의 생일이다.
③ 노을이 지는 모습이 <u>아주</u> 아름답다.
④ 한국 음식 중 김치가 <u>가장</u> 유명하다.
⑤ 중간고사를 보기 전에 <u>열심히</u> 공부했다.

09 〈보기〉의 ⓐ～ⓔ와 품사가 <u>잘못</u> 연결된 것은?

〔보기〕
　어제부터 날이 흐리더니 오늘 드디어 ⓐ<u>비</u>가 왔다. 엄마가 지난주에 사 주신 ⓑ<u>새</u> 우산을 쓸 수 있는 기회가 생긴 것이다! 전에 쓰던 우산이 너무 낡아서 엄마는 ⓒ<u>그것</u> 대신 새로 멋진 우산을 사 주셨다. 내 우산을 헌 우산이라고 놀리던 영수의 코를 납작하게 해 줄 생각에 ⓓ<u>잔뜩</u> 신이 나서 학교로 ⓔ<u>달려갔다</u>.

① ⓐ: 명사　　② ⓑ: 관형사　　③ ⓒ: 대명사
④ ⓓ: 관형사　　⑤ ⓔ: 동사

10 다음 중 관형사와 부사가 함께 쓰인 문장은?

① 과수원에 배가 주렁주렁 열렸다.
② 오늘 할 일을 내일로 미루지 말아라.
③ 친구는 가족들과 해외여행을 매우 자주 다닌다.
④ 그 사람의 비극적인 이야기가 영화로 만들어졌다.
⑤ 첫 발표회가 하루 앞으로 다가오니 심장이 두근두근 뛰었다.

11 〈보기〉의 ㉠～㉢의 품사를 알맞게 정리한 것은?

〔보기〕
　예성이는 ㉠<u>세</u> 개의 장난감을 들고 ㉡<u>즉시</u> 친구들 옆으로 ㉢<u>갔다</u>.

	㉠	㉡	㉢
①	명사	관형사	형용사
②	수사	대명사	관형사
③	수사	관형사	동사
④	관형사	부사	동사
⑤	관형사	부사	형용사

12 〈보기〉의 밑줄 친 부분에 해당하는 품사의 개념과 그 품사가 꾸며 주는 대상을 서술하시오.

〔보기〕
　감기 때문에 머리가 아파서 며칠째 잠을 <u>못</u> 잤다.

DAY 04 조사, 감탄사

| 교과 연계 | 중학교 국어 1학년 _품사의 종류와 특성

개념 정리

- **조사**(도울 助 말씀 詞)

① 개념: 주로 체언 뒤에 붙어 그 말과 다른 말과의 문법적 관계를 나타내거나 특별한 뜻을 더해 주는 단어를 '조사'라고 해요. 예 은/는, 이/가, 을/를, 에게, 만, 와/과, 조차, 도 등

문장에서 앞말(체언)에 일정한 자격을 가지도록 하는 단어	예 • 내가 너의 짝꿍이다. • 경찰이 도둑을 잡았다.
두 단어를 같은 자격으로 이어 주는 단어	예 • 너랑 이인삼각 경기를 해야 한대. • 준승이와 캠프를 함께 가기로 했다.
앞말(체언)에 특별한 뜻을 더하여 주는 단어	예 • 너까지 나를 의심하는 거니? • 채은이부터 시작해서 순서대로 진행하자.

② 특성
- 문장에 쓰인 단어들의 관계를 나타내는 '관계언'이에요.
- 홀로 쓰일 수 없고 다른 말에 붙어서 사용되는 말이에요.
- 서술격 조사◆ '이다'를 제외하고는 형태가 변하지 않아요.

이것이 산이다.
이것이 산이로구나. ─ '이다'의 형태 변화
이것이 산이니?

꿀팁 정보

조사의 종류

격 조사	문장에서 앞말(체언)에 일정한 자격을 가지도록 하는 단어
접속 조사	두 단어를 같은 자격으로 이어 주는 단어
보조사	앞말(체언)에 특별한 뜻을 더하여 주는 단어

◆ 서술격 조사 체언을 문장의 서술어로 만듦.

확인 문제

01 다음 문장에 사용된 조사를 찾아 쓰시오.

> 정수만 책을 샀다.

(   )

02 밑줄 친 조사의 역할을 〈보기〉에서 골라 그 기호를 쓰시오.

─ 보기 ─
㉠ 두 단어를 같은 자격으로 이어 주는 단어
㉡ 앞말(체언)에 특별한 뜻을 더하여 주는 단어

(1) 너와 나는 이제 한 팀이다. (   )

(2) 서준이도 같이 수영을 해도 될까? (   )

03 다음 문장 중 서술격 조사가 사용된 것으로 알맞은 것은?

① 누나가 새 신발을 샀다.
② 태준이는 매사에 적극적이니?
③ 오늘 영수와 영화를 보기로 했다.

04 다음 조사 중에서 그 역할이 나머지와 다른 하나는?

① 까지 ② 가 ③ 이
④ 에게 ⑤ 을

개념 정리

- **감탄사** (느낄 감感 탄식할 탄嘆 말씀 사詞)

① 개념: 느낌, 부름, 대답을 나타내는 단어를 '감탄사'라고 해요. 우리가 평소에 느낌을 표현하는 것, 누군가를 부르고 대답하는 것, 무의미하게 소리 내는 것이 모두 감탄사에 해당해요.
예) 어머, 아야, 와, 네, 응, 여보세요, 음, 뭐 등

◆ 감탄사의 예

놀람, 느낌
예) 아이고, 어머, 쳇, 흥 등
부름
예) 어이, 이봐, 여보세요, 여보게 등
대답
예) 응, 그래, 아니, 네 등

② 특성
- 문장에서 다른 단어와 관계를 맺지 않고 쓰이는 '독립언'이에요.
- 문장에서 쓰일 때 조사와 결합하지 않아요.
- 문장에서 쓰일 때 형태가 변하지 않아요.

야, 누가 내 동생 괴롭히는 거야? 　어머, 이번 시험에서 윤주가 일등을 했대.
└─────── 문장에서 홀로 쓰임. 조사와 결합 × ───────┘

꿀 정보

감탄사의 구별

① 실제 이름 뒤에 부름을 나타내는 조사가 붙은 말은 감탄사가 아니에요.
예) 주호야! → 명사 + 부름을 나타내는 조사
② 문장 성분을 강조하기 위하여 따로 내세우는 말인 제시어나 제목이 되는 표제어도 감탄사가 아니에요.

확인 문제

05 다음 중 감탄사를 찾아 ○표 하시오.

(1) 자, 어서 가자.

(2) 응. 다음에는 우리 집에서 놀자.

(3) 에구머니나, 달걀을 다 깨뜨리고 말았네.

06 다음 중 독립적으로 사용될 수 있는 단어로 알맞은 것은?

① 보다　　② 아차　　③ 부터

④ 이다　　⑤ 께서

07 다음 설명이 조사의 특성이면 '조', 감탄사의 특성이면 '감'을 쓰시오.

(1) 다른 단어에 붙어서 쓰인다.　　　　(　　　)

(2) 다른 단어와 관계를 맺지 않는다.　　(　　　)

08 〈보기〉의 단어들이 무엇을 나타내는 말인지 나누어 쓰시오.

보기

이보게	그래	아니요	쳇	흥

놀람, 느낌	부름	대답

01 〈보기〉의 ㉠~㉤ 중 품사가 <u>다른</u> 것은?

보기
　㉠아이고, 갑자기 하늘㉡에서 우박㉢이 떨어지다니! 오전㉣만 해도 날이 화창해서 이모님 댁㉤에 갈까 했더니.

① ㉠　　　　　② ㉡　　　　　③ ㉢
④ ㉣　　　　　⑤ ㉤

02 〈보기〉의 밑줄 친 단어가 문장에서 하는 공통적인 역할로 가장 알맞은 것은?

보기
• 너도 이번 축제에 참여하니?
• 드디어 우리 모두 중학생이다.

① 체언 앞에 놓여서 그 내용을 꾸며 준다.
② 사람이나 사물의 상태나 성질을 나타낸다.
③ 놀람이나 느낌, 부름, 대답 등을 나타낸다.
④ 용언 또는 다른 말 앞에 놓여서 그 내용을 꾸며 준다.
⑤ 앞의 체언과 다른 말의 관계를 나타내거나 특별한 뜻을 더해 준다.

03 다음 중 감탄사가 사용된 문장이 <u>아닌</u> 것은?

① 아야, 방금 누가 나를 꼬집은 거야!
② 그래, 이번 일은 내가 이해해 줄게.
③ 여보세요, 거기가 이주은 씨 댁인가요?
④ 쳇, 나만 빼고 여행을 갔다 왔다는 거지!
⑤ 철수야! 너랑 진아랑 이번에 같은 반이 되었대.

04 〈보기〉의 역할을 하는 조사가 포함된 문장으로 가장 알맞은 것은?

보기
두 단어를 같은 자격으로 이어 주는 역할

① 내 말이 맞다니까.
② 한자는 중국의 글자이다.
③ 너와 나는 이제 남남이야.
④ 전시된 그림이 정말 멋지다.
⑤ 이제부터 진수가 주장을 맡아라.

05 다음 중 감탄사의 특성으로 가장 알맞은 것은?

① 어간과 어미로 이루어진 형태이다.
② 문장에서 쓰일 때 종종 형태가 변한다.
③ 다른 단어와 관계를 맺지 않고 사용된다.
④ 조사와 결합하여 특별한 의미를 더해 준다.
⑤ 홀로 쓰일 수 없어서 반드시 다른 말에 붙어야 한다.

06 다음 밑줄 친 단어 중 놀람이나 느낌을 나타내는 감탄사를 찾아 쓰시오.

• <u>앗</u>, 차가워.
• <u>그래</u>, 알겠어.
• <u>오냐</u>, 그러도록 하지.
• <u>이봐</u>! 여기 좀 보라고.
• <u>저런</u>, 정말 안됐네그려.
• <u>여보게</u>, 이게 얼마 만인가?

07 〈보기〉 중 문장에서 쓰일 때 형태가 변하는 단어끼리 알맞게 묶은 것은?

> ┌ 보기 ┐
> 그녀   셋   자라다   이다   아차   매우

① 그녀, 셋
② 자라다, 이다
③ 셋, 아차
④ 자라다, 매우
⑤ 이다, 그녀

08 밑줄 친 단어들 중 문장에서 쓰일 때 역할이 나머지와 <u>다른</u> 것은?

① 이 책<u>도</u> 내 동생이 빌려 왔다.
② 그는 처음<u>부터</u> 끝까지 말썽을 부렸다.
③ 하루 종일 잠<u>만</u> 잤더니 머리가 아프다.
④ 우리 집 강아지<u>를</u> 매일 보지 못해서 슬프다.
⑤ 그렇게 공부만 하던 윤주<u>조차</u> 시험에 떨어졌다.

09 밑줄 친 단어의 품사가 나머지와 <u>다른</u> 것은?

① <u>결코</u> 우연하게 벌어진 일이 아니다.
② <u>이런</u>, 정말 안타까운 일이 벌어졌네요.
③ <u>제발</u> 크리스마스에 눈이 내렸으면 좋겠다.
④ <u>설마</u> 이 물건까지 달라고 하는 건 아니지?
⑤ <u>과연</u> 듣던 대로 그는 훌륭한 예술가로구나.

10 〈보기〉의 문장에 사용된 품사가 <u>아닌</u> 것은?

> ┌ 보기 ┐
> 우리 동아리에 세 명이 동시에 가입하다니 정말 기쁘다.

① 감탄사
② 관형사
③ 명사
④ 부사
⑤ 조사

11 〈보기〉의 밑줄 친 단어들의 공통점으로 가장 알맞은 것은?

> ┌ 보기 ┐
> 어머, 내가 사 준 <u>새</u> 모자를 쓰고 재청이가 학교에 갔구나!

① 조사와 결합하여 사용되지 않는다.
② 다른 단어를 꾸며 주는 역할을 한다.
③ 문장에서 다양하게 변하는 활용을 한다.
④ 다른 단어에 얽매이지 않고 독립적으로 쓰인다.
⑤ 해당 단어를 생략하면 문장이 이루어지지 않는다.

12 〈보기〉의 문장에 사용된 조사 세 가지를 모두 쓰고, 각각의 역할을 서술하시오.

> ┌ 보기 ┐
> 선생님이 1번부터 10번까지 남아서 청소하라셔.

품사의 분류 기준

| 교과 연계 | 중학교 국어 1학년 _품사의 종류와 특성

개념 정리

• 품사의 분류 기준 ① – 형태

단어가 문장에서 쓰일 때 모양이 바뀌느냐, 바뀌지 않느냐에 따라서 형태가 변하는 단어와 형태가 변하지 않는 단어로 분류할 수 있어요.

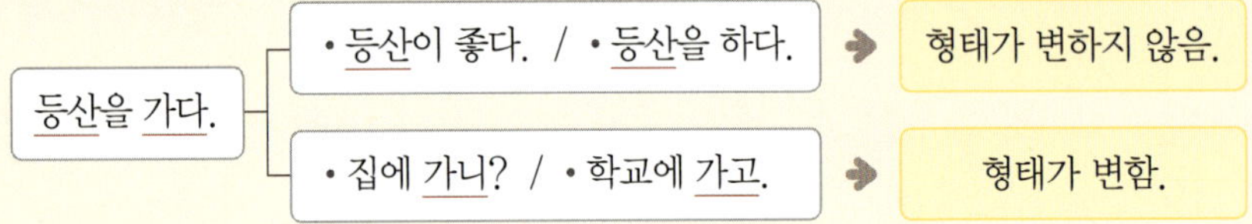

◆ 형태가 변하는 단어와 형태가 변하지 않는 단어 형태가 변하는 단어를 '가변어', 형태가 변하지 않는 단어를 '불변어'라고 부르기도 함.
• 가변어: 용언, 서술격 조사 '이다'
• 불변어: 체언, 수식언, 관계언, 독립언

• 품사의 분류 기준 ② – 기능

단어가 문장에서 어떤 기능을 하는지에 따라 체언, 용언, 수식언, 관계언, 독립언으로 나눌 수 있어요.

기능에 따른 분류	의미	예
체언	문장에서 주체의 역할을 하는 단어	가족과 산책을 하고, 고기를 먹었다.
용언	문장에서 쓰일 때 형태가 변하고 주로 서술어로 쓰이는 단어	가족과 산책을 하고, 고기를 먹었다.
수식언	문장에서 다른 말을 꾸며 주는 기능을 하는 단어	색을 칠했더니 새 장난감이 되었다.
관계언	주로 체언 뒤에 붙어 다른 말과의 문법적 관계를 나타내거나 특별한 뜻을 더해 주는 단어	저 집이 너의 집이라고?
독립언	문장에서 다른 단어와 관계를 맺지 않고 독립적으로 쓰이는 단어	와! 어제 산 옷 정말 멋지다!

◆ 기능 품사의 분류 기준에서 기능이란 단어가 문장에서 하는 역할을 의미함.

확인 문제

01 〈보기〉의 ㉠과 ㉡에 공통으로 들어갈 말을 쓰시오.

〈 보기 〉
단어의 모양 변화 여부에 따라 (㉠)이/가 변하는 단어와 (㉡)이/가 변하지 않는 단어로 분류할 수 있다.

02 〈보기〉의 밑줄 친 단어에 해당하는 품사들을 통들어 이르는 말을 쓰시오.

〈 보기 〉
우리 셋은 함께 고양이를 돌보고 있다.

03 다음 중 형태가 변하는 단어를 찾아 ○표 하시오.

꾸미다   카드   푸르다   바다   좋다

04 〈보기〉의 문장에 사용된 단어를 다음 기준에 따라 분류하시오.

〈 보기 〉
형은 약속을 정말로 잘 지킨다.

• 꾸며 주는 기능을 하는 단어: (   )

• 꾸며 주는 기능을 하지 않는 단어: (   )

개념 정리

• 품사의 분류 기준 ③ – 의미

단어가 문장에서 이름, 움직임, 상태나 성질 등과 같이 어떤 의미를 나타내는지에 따라 명사, 대명사, 수사, 동사, 형용사, 관형사, 부사, 조사, 감탄사로 나눌 수 있어요.

응, 우리 둘이 문구점에 가서 빨간 볼펜 두 개를 사고 바로 산책을 하자.
감탄사 대명사 수사조사 명사 조사 동사 형용사 명사 관형사 명사조사 동사 부사 명사 조사 동사

◆ 의미 품사의 분류 기준에서 의미란 각 단어들이 지닌 공통적인 의미를 뜻함.
예 '여기'라는 단어는 개별적으로는 '말하는 이에게 가까운 곳을 가리키는 말'이지만 공통적으로는 '저기, 거기'와 함께 '사람이나 사물, 장소의 이름을 대신하여 가리키는 단어'라는 의미를 지닌 말임.

의미에 따른 분류	의미	예
명사	대상의 이름을 나타내는 단어	문구점, 볼펜, 개, 산책
대명사	대상의 이름을 대신하여 나타내는 단어	우리
수사	수량이나 순서를 나타내는 단어	둘
동사	대상의 움직임을 나타내는 단어	가서, 사고, 하자
형용사	대상의 상태나 성질을 나타내는 단어	빨간
관형사	체언을 꾸며 주는 단어	두
부사	용언이나 문장을 꾸며 주는 단어	바로
조사	주로 체언 뒤에 붙어서 단어들 사이의 관계를 나타내거나 특별한 뜻을 더해 주는 단어	이, 에, 를, 을
감탄사	느낌, 부름, 대답을 나타내는 단어	응

확인 문제

05 다음은 단어를 의미에 따라 분류한 것이다. 빈칸에 들어갈 알맞은 품사를 각각 쓰시오.

> 명사   대명사   (   )   동사
> 형용사   (   )   부사   (   )   감탄사

06 품사와 그 의미를 바르게 연결하시오.

(1) 수사 • • ㉠ 대상의 이름을 나타내는 단어

(2) 명사 • • ㉡ 대상의 움직임을 나타내는 단어

(3) 동사 • • ㉢ 수량이나 순서를 나타내는 단어

07 〈보기〉에 쓰인 단어 중 다음 기준에 해당하는 단어를 찾아 쓰시오.

> 보기
> 너 교무실에 가서 선생님을 뵙고 오렴.

• 대상의 이름을 나타내는 단어: (   )

• 대상의 이름을 대신하여 나타내는 단어: (   )

08 〈보기〉를 의미에 따라 품사로 분류하시오.

> 보기
> 야, 저 기념품 하나만 사자!

(1) 명사: (   )   (2) 수사: (   )

(3) 조사: (   )   (4) 감탄사: (   )

(5) 관형사: (   )   (6) 동사: (   )

01 품사에 대한 설명으로 알맞지 <u>않은</u> 것은?

① 품사의 분류 기준은 형태, 기능, 의미의 세 가지이다.
② 단어의 형태 변화 유무에 따라 네 가지로 분류할 수 있다.
③ 단어의 기능에 따라 체언, 용언, 수식언, 관계언, 독립언으로 나눌 수 있다.
④ '내일이 왔다.'에서 '내일'은 체언, '이'는 관계언, '왔다'는 '용언'에 해당한다.
⑤ 우리말에는 명사, 대명사, 수사, 동사, 형용사, 관형사, 부사, 조사, 감탄사가 있다.

02 밑줄 친 단어를 형태에 따라 분류할 때 나머지와 <u>다른</u> 것은?

① 어제 드라마 <u>봤어</u>?
② 다온아, 창문 좀 <u>열어라</u>.
③ 장마철이라 그런지 비가 <u>퍼붓는다</u>.
④ 올해는 <u>봉사</u> 활동을 많이 하고 싶다.
⑤ 뷔페에서 고기도 <u>먹고</u>, 과일도 먹었다.

03 다음 중 〈보기〉의 밑줄 친 단어와 동일한 기능을 하는 것은?

> **보기**
> 3층에는 내가 좋아하는 <u>새</u> 장난감이 많이 있었다.

① 장화를 <u>벗다</u>.
② 코끼리는 <u>코가</u> 길다.
③ 그리운 친구에게 편지를 <u>썼다</u>.
④ 어려움을 극복한 그가 <u>무척</u> 자랑스럽다.
⑤ <u>와</u>! 그것 참 먹음직스럽게 보이는 과일이구나!

04 관계언에 대해 탐구한 내용으로 알맞지 <u>않은</u> 것은?

① 주로 체언 뒤에 붙어서 사용된다.
② 앞말에 특별한 뜻을 더해 주기도 한다.
③ 문장에서 다른 단어와 관계를 맺지 않는다.
④ '바지에 얼룩이 묻었다.'에서 '에'와 '이'가 관계언에 해당한다.
⑤ 단어가 문장에서 어떤 기능을 하는지에 따라 나눈 품사 중 하나이다.

05 〈보기〉의 ㉠~㉢을 의미에 따라 분류한 품사를 알맞게 짝지은 것은?

> **보기**
> 소녀가 ㉠먼저 개울㉡을 ㉢뛰어 넘었다.

	㉠	㉡	㉢
①	부사	감탄사	형용사
②	조사	대명사	형용사
③	부사	조사	동사
④	조사	대명사	동사
⑤	감탄사	조사	형용사

06 〈보기〉의 밑줄 친 단어를 기능과 의미에 따라 분류하여 각각 알맞은 용어를 쓰시오.

> **보기**
> 그 사람과 결혼하게 되어 <u>너무</u> 행복하다.

· 기능에 따라 분류할 때: _______________

· 의미에 따라 분류할 때: _______________

07 다음 중 품사와 그 예의 연결이 알맞지 <u>않은</u> 것은?

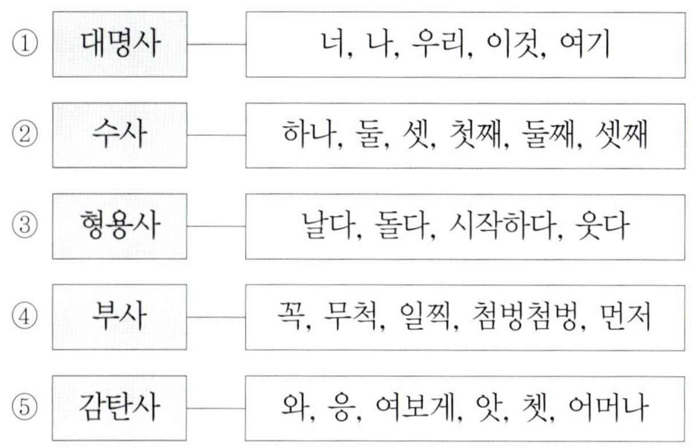

① 대명사 —— 너, 나, 우리, 이것, 여기

② 수사 —— 하나, 둘, 셋, 첫째, 둘째, 셋째

③ 형용사 —— 날다, 돌다, 시작하다, 웃다

④ 부사 —— 꼭, 무척, 일찍, 첨벙첨벙, 먼저

⑤ 감탄사 —— 와, 응, 여보게, 앗, 쳇, 어머나

08 다음 밑줄 친 단어 중 체언이 <u>아닌</u> 것은?

① 애벌레가 <u>나비</u>가 되었다.
② <u>하늘</u>이 바다처럼 푸르다.
③ 단팥빵 <u>하나</u>만 먹고 학원에 갔다.
④ 신기하게도 <u>세</u> 명의 이름이 똑같다.
⑤ <u>그녀</u>는 나보다 매운 음식을 잘 먹는다.

09 〈보기〉의 문장에 사용된 단어와 품사의 연결이 알맞지 <u>않은</u> 것은?

> **보기**
> 벌써 다섯 달째 엘리베이터를 이용하지 않고 계단으로 걷는 운동을 하고 있다.

① 벌써: 부사　　② 다섯: 수사
③ 엘리베이터: 명사　　④ 이용하지: 동사
⑤ 을: 조사

10 다음 문장에 사용된 품사를 모두 나열한 것은?

> 아! 그는 과연 훌륭한 꿈을 이루었을까?

① 명사, 조사, 수사, 동사, 감탄사
② 대명사, 조사, 형용사, 동사, 감탄사
③ 대명사, 명사, 조사, 수사, 동사, 감탄사
④ 대명사, 명사, 조사, 형용사, 동사, 부사, 감탄사
⑤ 명사, 조사, 형용사, 관형사, 동사, 부사, 감탄사

11 다음과 같이 단어를 두 부류로 나눈 기준으로 알맞은 것은?

헌, 잘, 모든, 너무 —— 눈, 앗, 을, 부터

① 형태가 변하는 단어와 형태가 변하지 않는 단어
② 움직임을 나타내는 단어와 상태를 나타내는 단어
③ 꾸며 주는 기능의 단어와 꾸며 주는 기능을 하지 않는 단어
④ 독립적으로 쓰일 수 있는 단어와 독립적으로 쓰일 수 없는 단어
⑤ 문법적인 관계를 나타내는 단어와 특별한 의미를 더해 주는 단어

12 〈보기〉의 밑줄 친 단어들을 의미에 따라 분류할 때의 명칭과 문장에서의 역할을 서술하시오.

> **보기**
> • 재선이는 새 <u>운동화</u>를 샀다.
> • 서랍 안에는 <u>온갖</u> 물건들이 담겨 있었다.

Ⅱ 어휘

DAY 06~10

DAY 06	어휘의 체계
DAY 07	어휘의 양상
DAY 08	유의 관계, 반의 관계
DAY 09	상하 관계, 다의어, 동음이의어
DAY 10	언어의 본질

II 어휘

어휘의 체계와 양상
체계
고유어
한자어
외래어
양상
지역 방언
사회 방언
어휘의 의미
유의 관계
반의 관계
상하 관계
다의어
동음이의어
언어의 본질
자의성
사회성
역사성
창조성

학습 목표 어휘의 체계와 양상을 탐구하고 활용하며, 언어의 본질에 대한 이해를 바탕으로 국어생활을 해야 해!

어휘의 체계

| 교과 연계 | 중학교 국어 1학년_어휘의 체계와 양상의 활용

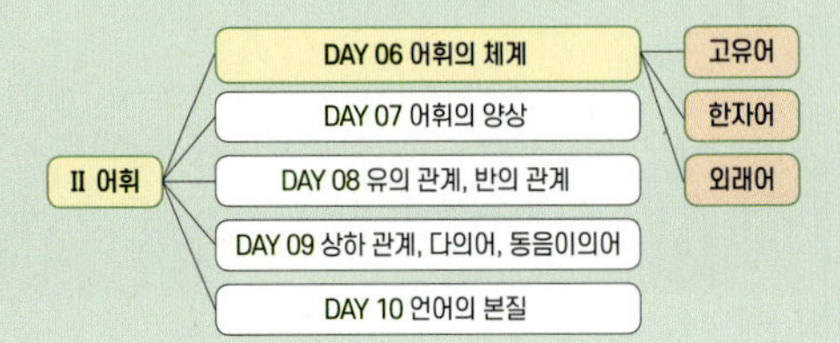

개념 정리

- **고유어** (굳을 고固 있을 유有 말씀 어語)

'**고유어**'는 다른 나라에서 들어온 것이 아니라 본래부터 우리말에 있었던 말이나 그것을 바탕으로 만들어진 말을 말해요.

눈	땅	춤	사랑	바다	어버이	먹다	기쁘다

- **한자어** (한나라 한漢 글자 자字 말씀 어語)

한자를 바탕으로 만들어진 말을 '**한자어**'라고 해요.

안경	토지	무용	애정	강	부모	식사	감정
眼鏡	土地	舞踊	愛情	江	父母	食事	感情

- **외래어** (바깥 외外 올 래來 말씀 어語)

다른 나라의 문화가 들어올 때 함께 들어와 우리말처럼 쓰이는 말을 '**외래어**'라고 해요.

일본어 'kutsu'에서 온 말   네덜란드어 'kabas'에서 온 말

빵	버스	구두	냄비	가방	고무	티셔츠	피아노

포르투갈어 'pão'에서 온 말   일본어 'nabe'에서 온 말   프랑스어 'gomme'에서 온 말

꿀 정보

어휘의 체계

우리말의 어휘 체계는 어종(말의 뿌리)에 따라 고유어, 한자어, 외래어로 나뉘어요. 이때 '체계'란 일정한 원리에 따라서 낱낱의 부분이 짜임새 있게 조직되어 통일된 전체를 의미해요.

꿀 정보

외래어와 외국어

외래어는 다른 나라의 말이었지만 그 언어가 지니고 있는 특징을 잃어버리고 우리말의 특징을 지니게 된 말로, 우리말에 포함되어요. 한편 외국어는 원음 그대로 발음하는 다른 나라의 말로, 우리말에 포함되지 않아요.

확인 문제

01 다음 중 본래부터 우리말에 있었던 말의 개수는?

거울	마음	친구

① 1개   ② 2개   ③ 3개

02 다음 단어를 제시된 종류에 따라 구분하여 쓰시오.

산	별	부모	안경	어버이

(1) 고유어:

(2) 한자어:

03 〈보기〉에서 외래어를 모두 찾아 쓰시오.

보기

딸기	식사	볼펜	사랑	원피스

04 〈보기〉의 밑줄 친 단어 중 빈칸에 들어갈 알맞은 말을 찾아 쓰시오.

보기

나는 <u>빵</u>과 <u>우유</u>를 먹으며 <u>텔레비전</u>을 <u>시청</u>하고 있다.

(1) (   )와/과 (   )은/는 한자를 토대로 만들어진 말이다.

(2) (   )와/과 (   )은/는 외국에서 들어왔지만 우리말처럼 쓰이는 말이다.

개념 정리

• 고유어, 한자어, 외래어의 특성

① **고유어의 특성**: 우리 민족 특유의 문화나 정서를 드러내는 표현, 모양이나 소리, 색채 등을 나타내는 감각적 표현이 많아요.

rice: 모 – 벼 – 쌀 – 밥
농사의 발달로 '쌀'과 관련된 단어가 다양함.

노랗다 – 샛노랗다 – 노르스름하다 – 누렇다
미세한 감각의 차이를 표현할 수 있는 단어가 발달함.

② **한자어의 특성**

• 고유어에 비해 좀 더 구체적이고 분화*된 의미를 지니고 있어서 고유어와 한자어는 일대다 (1 : 多)의 관계를 맺어요.

◆ **분화** 단순하거나 성질이 같은 것에서 복잡하거나 성질이 다른 것으로 변함.

• 추상적인 개념을 나타내는 표현이 많아요. 예 자유 평등 정의 배려 추억

③ **외래어의 특성**: 다른 나라에서 들어온 새로운 사물이나 현상을 나타내는 말이 많아요.
예 인터넷, 홈페이지, 블로그, 네트워크, 서비스

• 한자어와 외래어 사용*의 문제

한자어나 외래어를 지나치게 많이 사용할 경우 의사소통에 어려움을 주거나 고유어를 사라지게 해요. 불필요한 한자어나 외래어의 사용을 줄이고 되도록 고유어로 바꾸어 사용해야 해요.

◆ **한자어와 외래어 사용** 한자어와 외래어는 우리말의 어휘를 풍부하게 함. 특히 외래어는 세계화의 영향 등으로 그 수가 점점 많아지고 있음.

네티즌 → 누리꾼   식비 → 밥값

확인 문제

05 단어와 그에 해당하는 어휘 체계의 특성을 연결하시오.

(1) 누나 •   • ㉠ 추상적인 개념 표현이 많음.
(2) 자유 •   • ㉡ 외국에서 온 사물 등을 가리킴.
(3) 카페 •   • ㉢ 우리 민족 고유의 문화를 드러냄.

06 〈보기〉에서 제시된 설명에 알맞은 말들을 찾아 쓰시오.

〔보기〕
모   벼   누렇다   뉘엿뉘엇

(1) 농경 문화로 발달된 고유어:
(2) 감각을 섬세하게 나타내는 고유어:

07 ㉠과 바꾸어 쓸 수 있는 한자어로 알맞은 것은?

이번에 집을 새로 ㉠고쳤다.

① 수정했다   ② 수선했다   ③ 수리했다

08 〈보기〉에 대한 설명의 빈칸에 알맞은 말을 각각 쓰시오.

〔보기〕
이 재킷 예쁘지? 디자인도 심플하고 요즘 유행하는 뉴트로 스타일이라 시크한 느낌인데 살까?

• (ⓐ)와/과 외국어를 많이 사용해 원활한 (ⓑ)에 어려움을 줄 수 있다.

01 우리말의 어휘 체계에 대한 설명으로 알맞지 <u>않은</u> 것은?

① 말의 뿌리에 따라 고유어, 한자어, 외래어로 나뉜다.
② 외래어는 한자어로 쉽게 바꿀 수 있는 경우가 많은 편이다.
③ 고유어는 우리 민족의 지닌 고유의 문화와 감정을 담고 있다.
④ 고유어는 모양이나 소리, 색채 등을 나타내는 감각적 표현이 많다.
⑤ 한자어는 추상적인 개념이나 전문적인 개념을 나타낼 때 많이 사용된다.

02 다음 중 어휘의 체계에 따른 종류가 같은 단어끼리 바르게 묶인 것은?

① 모습, 예절, 노동, 졸졸
② 나물, 거리, 주먹, 서비스
③ 계란, 우애, 관계, 청록색
④ 교복, 학습, 식구, 미나리
⑤ 구입, 신발, 샐러드, 서울

03 〈보기〉의 밑줄 친 말과 다른 어휘 체계에 속하는 단어로 알맞은 것은?

〔보기〕
몸이 약해서 걱정이 많다.

① 하나　　　　② 딸기
③ 얼굴　　　　④ 비닐
⑤ 동아리

04 〈보기〉의 단어 중, 한자어만을 골라 묶은 것은?

〔보기〕
고생　　연세　　언니　　책상　　가방　　필통

① 고생, 연세, 책상, 가방
② 고생, 연세, 책상, 필통
③ 고생, 언니, 책상, 가방
④ 연세, 언니, 가방, 필통
⑤ 언니, 책상, 가방, 필통

05 〈보기〉의 단어들에 대한 설명으로 알맞은 것은?

〔보기〕
피자　　커튼　　스위치　　컴퓨터

① 대체할 수 있는 고유어가 있는 말이다.
② 고유어보다 구체적인 의미를 지니는 말이다.
③ 중국을 통해 들어온 사물을 나타내는 말이다.
④ 다른 나라에서 들어왔지만 우리말처럼 쓰이는 말이다.
⑤ 우리말에 본래부터 있던 말을 바탕으로 만들어진 말이다.

06 어휘의 체계에 따라 분류할 때, 〈보기〉에 사용된 체언의 종류를 모두 쓰시오.

〔보기〕
그는 기타를 치며 노래를 부른다.

07 〈보기〉를 통해 알 수 있는 고유어의 특징으로 알맞지 <u>않은</u> 것은?

〈보기〉
- 모, 벼, 쌀, 밥
- 붉다, 빨갛다, 벌겋다, 불그스름하다
- 살랑살랑, 펄쩍, 우르르, 멍멍, 쌕쌕
- 고치다: 변경하다, 개정하다, 치료하다, 개량하다

① 농사와 관련된 말이 발달하였다.
② 소리나 모양을 나타내는 말이 많다.
③ 색채를 나타내는 감각적 표현이 많다.
④ 한자어에 비해 의미가 분화되어 있다.
⑤ 미세한 감각의 차이를 드러내는 말이 발달하였다.

08 다음 중 〈보기〉의 '지키다'와 바꾸어 쓸 수 있는 한자어로 알맞은 것은?

〈보기〉
학생들은 학교 규칙을 잘 지킨다.

① 감시한다
② 보존한다
③ 보호한다
④ 유지한다
⑤ 준수한다

09 다음 밑줄 친 단어 중 〈보기〉의 단어들과 성격이 <u>다른</u> 것은?

〈보기〉
땅 빈칸 사람 살갗 아버지 주룩주룩

① 아버지는 <u>자동차</u>를 닦았다.
② 그는 <u>그네</u> 타는 것을 좋아한다.
③ 규민이의 <u>눈</u>이 유독 밝게 빛났다.
④ 제주도 <u>바다</u>가 눈부시게 출렁거렸다.
⑤ <u>살랑</u> 바람이 불어오면 강아지풀이 춤을 추었다.

10 다음 중 밑줄 친 말들이 같은 어휘 체계에 속하는 것으로 알맞은 것은?

① 침대에 누워 <u>이불</u>을 덮었다.
② <u>저녁</u>을 먹고 <u>운동</u>을 나갔다.
③ 거센 바람에 <u>우산</u>이 꺾였다.
④ 가족 중 <u>오빠</u>만 엄마를 닮았다.
⑤ <u>휴일</u>이라서 오랜만에 <u>외식</u>을 하였다.

11 〈보기〉에 대한 이해로 알맞지 <u>않은</u> 것은?

〈보기〉
A: 이 원피스 실루엣 어때? 약간 시스루 룩 스타일이라 좀 망설여지기는 하지만 그래도 예뻐서 샀어.
B: 품절 대란이 일어났다고 하더라. 나는 입고 대기했는데 아직 수령하지 못했어.

① A는 다른 나라의 문화가 들어오면서 함께 들어온 말을 사용하고 있군.
② B와 같이 한자어를 지나치게 많이 사용하면 의사소통이 원활하지 않을 수 있겠군.
③ A와 B가 주로 사용한 말은 그 수가 점점 줄어들고 있군.
④ A와 B는 주로 사용한 말을 되도록 고유어로 바꾸려는 노력을 해야겠군.
⑤ A와 B가 사용한 말들을 일상생활에서 무분별하게 사용하다 보면 고유어가 사라질 수 있겠군.

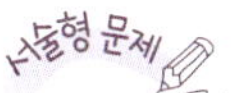

12 〈보기〉를 통해 알 수 있는 한자어의 특성을 서술하시오.

〈보기〉
- 마음이 상하다. → 감정(感情)
- 지금 마음이 어때? → 심정(心情)
- 공부에는 마음이 없다. → 관심(關心)

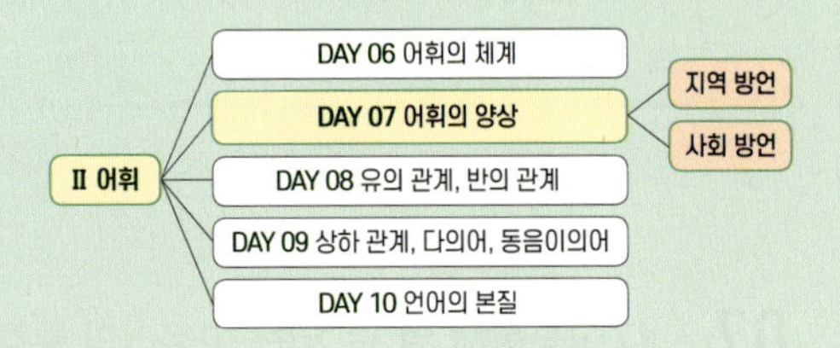

개념 정리

• 지역 방언 (땅 지地 지경 역域 모 방方 말씀 언言)

① **지역 방언의 개념**: 우리말의 어휘는 지리적 원인과 사회적 원인에 따라 다양한 양상◆으로 나타나는데, 그중 지리적으로 떨어져 있어 오랜 시간이 지나면서 지역에 따라 달라진 말을 '지역 방언'이라고 해요.

◆ **양상** 사물이나 현상의 모양이나 상태

> **부추**: 정구지, 솔, 졸, 푸추
> 표준어　　　'부추'의 방언
>
> **깍두기**: 간동지, 깍대기, 깍디, 똑딱지
> 표준어　　　'깍두기'의 방언

② **지역 방언의 특징**

• 지역 방언은 그 지역의 고유한 문화와 정서를 담고 있어요.

• 지역 방언은 같은 지역 사람들끼리 대화할 때 친밀감을 높여 주고, 지역적 정서나 감정을 풍부하게 전달해요.

• 사회 방언 (모일 사社 모일 회會 모 방方 말씀 언言)

① **사회 방언의 개념**: 세대, 성별, 사회 집단 등의 사회적 원인에 따라 달라진 말을 '사회 방언'이라고 해요.

> 손녀: 할아버지, 저 오늘 생일 선물로 <u>문상</u> 받았어요!
> 　　　　　　　　　　　　　　　　문화 상품권
> 할아버지: 누가 죽었니? <u>문상</u> 갔다 왔어?
> 　　남의 죽음에 대하여 슬퍼하는 뜻을 드러내어 상주(喪主)를 위문함.

　세대에 따라 '문상'의 의미를 다르게 이해함.

② **사회 방언의 특징**: 같은 집단에 속한 사람들끼리의 의사소통에 효율성을 높여 주고, 구성원 간의 소속감과 친밀감을 형성해요.

확인 문제

01 다음 중 지리적 원인에 의해 달라진 어휘는?

① 열공　　　　② 옥수꾸　　　　③ 클로즈업

02 〈보기〉에서 의사소통이 원활하지 <u>않은</u> 이유는?

> ─ 보기 ─
> 딸: 오늘 학교에서 현타◆ 왔어요.
> 엄마: 무슨 일 있었구나. 근데 현타가 뭐니?
> ◆ 현타: 현실 자각 타임

① 성별　　　　② 세대　　　　③ 직업

03 〈보기〉에 대한 설명의 빈칸에 알맞은 말을 쓰시오.

> ─ 보기 ─
> 근데 여긴 우쩐 일이여?

• 같은 (　　　　) 사람들이 대화할 때 친밀감을 높인다.

04 〈보기〉의 어휘들이 사용되는 분야를 쓰시오.

> ─ 보기 ─
> 심리를 종결하겠습니다. 변호인 최후 변론하세요.

개념 정리

③ 사회 방언의 유형

- 전문 분야에서 쓰는 어휘◆: 특정 분야에서 전문적인 개념을 표현하기 위해 쓰는 말로, 뜻이 정밀하고 다의성이 적어 정보를 명확하게 전달해 일의 효율성을 높일 수 있어요.

  의학 분야: 코마, 드레싱, 어레스트　　　　　법률 분야: 심리, 소급효, 가중범

- 세대에 따른 어휘: 장년층과 노년층은 한자어를 많이 쓰고 예의를 갖춘 표현을 사용하는 반면, 청소년층은 줄임말이나 유행어◆, 속어◆, 은어◆ 등을 많이 사용해요.

  장년층·노년층: 자네, 춘부장, 춘추, 별고, 강녕 등
  춘부장: 남의 아버지를 높여 이르는 말 / 춘추: 어른의 나이를 높여 이르는 말 / 별고: 특별한 사고 / 강녕: 몸이 건강하고 마음이 편안함.
  청소년층: 깜놀(깜짝 놀라다), 열공(열심히 공부하다), 최애(최고로 사랑함), 사이다(답답한 상황을 시원히 해결하는 사람이나 상황)

• 지역 방언과 사회 방언을 사용할 때의 유의점

지역 방언이나 사회 방언은 그 지역, 세대, 사회 집단에 속하지 않는 사람들과 대화할 때 사용하면 의사소통에 어려움을 겪을 수 있고 상대방에게 소외감을 줄 수 있어요. 따라서 대화 상대와 상황에 맞는 어휘를 사용해야 해요.

지역 방언 사용 시

→ 공적인 상황에서나 다른 지역 사람들에게는 표준어를 사용해야 함.

사회 방언 사용 시

→ 일반인과 대화할 때는 쉬운 말로 풀어 사용해야 함.

◆ **전문 분야에서 쓰는 어휘**
주로 한자어나 외래어, 외국어가 많이 쓰이며, 대응하는 일반 어휘가 없는 경우가 많음.

◆ **유행어** 비교적 짧은 시기에 걸쳐 여러 사람의 입에 오르내리는 단어나 구절

◆ **속어** 통속적으로 쓰는 저속한 말
예) 쪽팔리다, 환장하다

◆ **은어** 다른 사람들이 알아듣지 못하도록 특정 집단의 구성원끼리만 쓰는 말. 비밀 유지 기능이 있으며, 그 내용이 외부로 알려지면 은어로서의 기능을 잃음.
예) 심마니들의 말: 부리시리(산삼), 산주인·산개(호랑이), 무림(밥), 도자(칼), 데팡이(안개)

확인 문제

05 다음 단어와 그에 해당하는 설명을 연결하시오.

(1) 깜놀　　　•　　　• ㉠ 전문 분야에서 쓰는 말

(2) 쩔다　　　•　　　• ㉡ 점잖지 못하고 속된 말

(3) 드레싱　•　　　• ㉢ 짧은 기간 동안 널리 쓰이는 말

06 다음과 같은 사회 방언의 종류가 무엇인지 쓰시오.

> 부리시리(산삼)　　산주인(호랑이)　　무림(밥)

07 〈보기〉에 대한 설명의 빈칸에 알맞은 말을 쓰시오.

> ┌ 보기 ┐
> 가친께서는 건강하셔.

- '(　　　)'은/는 노년층이 많이 사용하는 말이다.

08 〈보기〉에 드러난 의사소통의 문제를 해결하기 위해 '식당 주인'이 사용해야 하는 말은?

> ┌ 보기 ┐
> 식당 주인: 이거, 맞조수다게!　　관광객: 네?

① 고유어　　　② 유행어　　　③ 표준어

01 어휘에 대한 설명으로 알맞지 <u>않은</u> 것은?

① 지역 방언은 각 지역의 고유한 문화와 정서를 담고 있다.
② 사회 방언은 세대, 성별, 직업 등에 영향을 받아 형성된다.
③ 사회 계층에 따라서 달라진 말은 방언에 포함되지 않는다.
④ 같은 지역 사람들끼리 지역 방언을 사용하면 친밀감을 느낄 수 있다.
⑤ 지역 방언은 사적인 대화 상황에서 사용하고 공적인 상황에서는 표준어를 사용해야 한다.

02 〈보기〉에 사용된 말에 대한 이해로 알맞지 <u>않은</u> 것은?

┌ 보기 ┐
오매, 얼매나 좋을까이?
└────┘

① 우리말의 어휘를 풍부하게 해 주겠군.
② 그 지역 특유의 문화와 정서가 담겨 있군.
③ 같은 지역 사람들 사이에 유대감을 형성하겠군.
④ 지리적으로 오랜 시간 떨어져 있어 원래의 언어와 다르게 바뀐 말이군.
⑤ 이 말을 사용하지 않는 다른 지역 사람들에게 가까이 다가가려 할 때 사용하면 효과적이겠군.

03 다음 중 각 세대가 많이 사용하는 말이 <u>아닌</u> 것은?

① 청소년층: 유행어
② 청소년층: 줄임말
③ 장년층과 노년층: 격식을 갖춘 표현
④ 장년층과 노년층: 교양 있는 한자어
⑤ 장년층과 노년층: 전문 분야에서 쓰는 어휘

04 〈보기〉의 대화 상황에 나타난 문제점으로 알맞은 것은?

┌ 보기 ┐
할머니: 얼마 전 생일이었지? 받고 싶은 선물 있니?
손자: 딱히 없어요. 얼마 전에 아버지가 생선으로 시계를 사 주셨거든요.
할머니: 시계를 생선을 주고 샀다고?
손자: 네?
└────┘

① 손자는 할머니가 모르는 지역 방언을 사용하고 있다.
② 손자는 할머니가 이해하기 어려운 외래어를 사용하고 있다.
③ 손자는 아버지와의 비밀 유지를 위해 은어를 사용하고 있다.
④ 손자는 할머니와의 대화에서 주제에서 벗어난 말을 하고 있다.
⑤ 손자는 할머니와의 세대 차이를 생각하지 않고 말을 하고 있다.

05 다음 중 전문 분야에서 쓰는 어휘를 사용하기에 알맞은 상황이 <u>아닌</u> 것은?

① 법정에서 판사가 재판을 진행할 때
② 축구 해설가가 진행자와 함께 경기를 보며 대화를 나눌 때
③ 음악 감독이 뮤지컬 연습을 하며 단원들과 대화를 나눌 때
④ 의사가 환자 보호자에게 수술 결과와 환자의 상태를 설명해 줄 때
⑤ 패션 디자인학과 교수가 전공과 학생을 대상으로 실기 수업을 하며 디자인에 대해 설명할 때

06 〈보기〉와 같은 말을 많이 사용하는 사회 계층을 쓰시오.

┌ 보기 ┐
열공   생선   열폭   레알
└────┘

07 〈보기〉에 대한 이해로 알맞지 <u>않은</u> 것은?

> ─ 보기 ─
> 청과물 시장의 상인들은 숫자 대신 '먹주', '대', '삼패'와 같은 말을 사용한다. '먹주'는 1, '대'는 2, '삼패'는 3을 나타낸다.

① 그 집단 내의 비밀을 유지할 수 있겠군.
② 사용자 간의 소속감을 높여 줄 수 있겠군.
③ 손님이 알지 못하게 하기 위해 사용하는군.
④ 장난스럽게 통속적으로 쓰는 저속한 말이군.
⑤ 외부에 말의 뜻이 알려지면 그 기능을 잃겠군.

08 〈보기〉와 같은 말을 자주 사용할 경우 나타나는 문제점으로 알맞은 것은?

> ─ 보기 ─
> 토끼다   끝내주다

① 고유어를 사라지게 만들 수 있다.
② 분위기를 부드럽게 풀어 줄 수 있다.
③ 집단 내부의 사람들에게 소외감을 준다.
④ 전문성 때문에 의사소통의 단절을 가져온다.
⑤ 상대방에게 불쾌감과 마음의 상처를 줄 수 있다.

09 〈보기〉와 같은 말을 사용하는 세대의 사회 방언으로 보기 <u>어려운</u> 것은?

> ─ 보기 ─
> 갑분싸! 너 완전 고구마다. 돌대가리도 아니고 그걸 이해 못 해?

① 꿀잼, 깜놀
② 빡치다, 훈남
③ 최애, 사이다
④ 열라, 근자감
⑤ 강녕, 데팽이

10 다음 밑줄 친 말 중 장년층과 노년층이 사용하는 말과 거리가 <u>먼</u> 것은?

① 집안엔 별고 없는가?
② 내가 득템한 상품일세.
③ <u>춘부장</u>께서는 댁에 계신가?
④ 올해 <u>춘추</u>가 어떻게 되는지요?
⑤ 그동안 염려해 주신 덕분입니다.

11 〈보기〉와 같은 말의 특징으로 알맞지 <u>않은</u> 것은?

> ─ 보기 ─
> 바이탈   어레스트   인후염(咽喉炎)   좌창(痤瘡)

① 한자어나 외국어 등이 많이 쓰인다.
② 대부분 대응되는 일반적인 어휘가 없다.
③ 의미가 명확해 업무의 효율성을 높여 준다.
④ 그 집단 밖의 사람들이 쉽게 알아듣지 못한다.
⑤ 다른 집단으로부터 자신의 집단을 방어하기 위한 목적으로 사용한다.

12 〈보기〉와 같은 말을 사용하는 이유를 서술하시오.

> ─ 보기 ─
> (요리사 1이 요리사 2에게 말하는 상황)
> 요리사 1: 버섯은 에멩세로, 무는 스몰 다이스로 해 주세요.

DAY 08 유의 관계, 반의 관계

| 교과 연계 | 중학교 국어 1학년_어휘의 체계와 양상의 활용

개념 정리

• 유의 관계(무리 유類 뜻 의義 관계할 관關 맬 계係)

① 유의 관계의 개념

둘 이상의 단어가 서로 소리는 다르지만 의미가 비슷한 경우 이들을 '유의 관계'에 있다고 해요. 이때 이러한 관계에 있는 단어들을 '유의어'라고 해요.

어른의 나이를 높여 이르는 말
- 나이 – 연세 – 춘추
  '나이'의 높임말
- 가끔 – 더러 – 때로 – 종종 – 간혹 – 이따금 – 드문드문
- 죽다 – 숨지다 – 돌아가다 – 사망하다 – 별세하다 – 타계하다
  윗사람이 세상을 떠남.　　귀인(貴人)의 죽음을 이르는 말

② 유의어의 특징

유의 관계에 있는 단어들은 상황에 따라 서로 바꾸어 사용할 수 있어요. 하지만 의미에 미묘한 차이가 있고 쓰이는 상황이 다르기 때문에 바꾸어 쓸 수 없는 경우도 있어요.

┌ 조카는 어린 **나이**에 성공했다. (O) ┐
└ 조카는 어린 **연세**에 성공했다. (×) ┘ → '연세'는 '나이'의 높임말이므로 어린 사람에게 사용하는 것은 어색함.

> **꿀 정보**
>
> **단어 간의 의미 관계**
>
> 단어들은 의미를 중심으로 유의 관계, 반의 관계, 상하 관계, 다의 관계, 동음이의 관계 등 일정한 관계를 맺고 있어요.

확인 문제

01 다음 말과 유의 관계에 있는 것은?

> 가늘다

① 굵다　　② 얇다　　③ 흐리다

02 〈보기〉의 밑줄 친 말 중 서로 바꿔 쓸 수 있는 것들을 골라 모두 쓰시오.

> ─ 보기 ─
> 초등학교 선생님께 사랑받던 일들이 <u>간간이</u> 떠오른다. 선생님을 <u>가끔씩</u>이라도 찾아뵈었어야 하는데, 그러지 못한 것이 후회스럽다. <u>꾸준히</u> 찾아뵙는 제자도 있다는데, 찾아뵙는다고 해 놓고 <u>번번이</u> 약속을 어겼다.

____

03 〈보기〉의 빈칸에 들어갈 말로 알맞지 <u>않은</u> 것은?

> ─ 보기 ─
> (　　　　　)께서 별세하였다.

① 조카　　② 할아버지　　③ 외할머니

04 밑줄 친 말과 바꿔 쓸 수 있는 것을 〈보기〉에서 찾아 쓰시오.

> ─ 보기 ─
> 꺾다　　자르다　　사용하다　　이용하다

(1) 나무를 <u>베다</u>.　　　　　　　　　(　　　　　)

(2) 그는 영어를 유창하게 <u>쓴다</u>.　　(　　　　　)

개념 정리

• 반의 관계(뒤집을 反반 뜻 義의 관계할 關관 맬 係계)

① 반의 관계의 개념: 둘 이상의 단어가 의미상 서로 짝을 이루어 대립하는 경우 이들을 '반의 관계'에 있다고 해요. 이때 이러한 관계에 있는 단어들을 '반의어'라고 해요.

낮 – 밤, 남자 – 여자, 살다 – 죽다, 밝음 – 어둠, 넓다 – 좁다

② 반의어의 특징

• 반의 관계에 있는 단어들은 오직 한 개의 의미 요소만 다르고 나머지 의미 요소들은 모두 같아요.

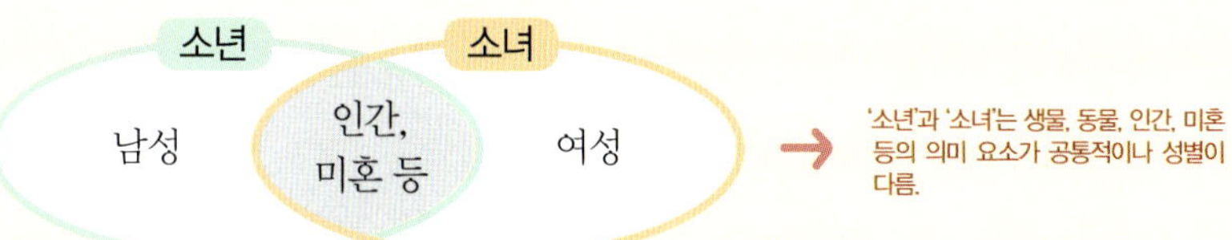

• 하나의 단어에 여러 개의 단어들이 대립하는 경우도 있어요.

③ 반의어의 종류

정도 반의어(정도의 측면에서 대립하는 반의어)	예 길다 – 짧다, 덥다 – 춥다, 고음 – 저음 등
상보 반의어(서로 배타적◆으로 대립하는 반의어)	예 참 – 거짓, 남자 – 여자, 삶 – 죽음 등
방향 반의어(방향상 대립하는 반의어)	예 위 – 아래, 가다 – 오다, 출발 – 도착 등

길지도 않고 짧지도 않은 중간 단계의 것이 있음.

◆ **배타적** 남을 배척하는 것을 말함. 서로 배타적으로 대립하는 반의어는 중간 단계가 없으며, 동시에 부정할 수 없음.
예 참–거짓: 참도 아니고 거짓도 아닌 상태는 없음.

확인 문제

05 다음 단어들과 그 의미 관계를 연결하시오.

(1) 아래 – 밑　•

(2) 자다 – 깨다　•

(3) 쓰다 – 달다　•

　• ㉠ 의미가 서로 비슷한 관계

　• ㉡ 의미가 서로 대립하는 관계

06 〈보기〉의 밑줄 친 말과 반의 관계에 있는 것은?

┌─보기─
선글라스를 <u>벗어</u> 봐. 눈이 잘 안 보여.
└

① 써　　　② 신어　　　③ 입어

07 〈보기〉의 말들을 의미 관계에 따라 구분하시오.

┌─보기─
좋다　곱다　나쁘다　열다　예쁘다　닫다
└

(1) 유의 관계:　　　　　(2) 반의 관계:

08 빈칸을 채워 〈보기〉의 ㉠, ㉡에 대한 설명을 완성하시오.

┌─보기─
㉠ 남자 – 여자　　㉡ 길다 – 짧다
└

(1) ㉠은 (　　　　)(이)라는 한 개의 의미 요소만 다르다.

(2) ㉡은 (　　　　)(이)라는 한 개의 의미 요소만 다르다.

01 단어들의 의미 관계에 대한 설명으로 알맞지 <u>않은</u> 것은?

① 유의 관계는 의미가 서로 비슷한 단어들이 맺는 관계이다.
② 유의어는 의미가 비슷해서 언제든지 서로 바꾸어 쓸 수 있다.
③ 한 단어에 여러 개의 유의어 또는 반의어가 있는 경우가 있다.
④ 반의 관계는 서로 짝을 이루어 대립하는 단어들이 맺는 관계이다.
⑤ 반의어는 공통적인 의미 요소를 가지고 있으면서 하나의 의미 요소만 다르다.

02 유의 관계에 있는 단어끼리 묶이지 <u>않은</u> 것은?

① 친구 – 벗
② 살갗 – 피부
③ 뛰다 – 걷다
④ 구두쇠 – 자린고비
⑤ 소박하다 – 수수하다

03 〈보기〉의 밑줄 친 말과 바꾸어 쓸 수 있는 것은?

〔보기〕
그 가게는 오전 10시에 <u>연다</u>.

① 맺는다　　　② 마련한다
③ 시작한다　　④ 받아들인다
⑤ 맞아들인다

04 반의 관계에 있는 단어가 <u>아닌</u> 것은?

① 사다 – 팔다
② 빠르다 – 느리다
③ 개업하다 – 폐업하다
④ 가난하다 – 만족하다
⑤ 게으르다 – 부지런하다

05 단어들의 의미 관계와 그 예가 알맞게 제시되지 <u>않은</u> 것은?

의미 관계	예
① 유의 관계	원인 – 이유
② 유의 관계	작다 – 적다
③ 반의 관계	남극 – 북극
④ 반의 관계	급하다 – 느긋하다
⑤ 반의 관계	상승하다 – 하강하다

06 〈보기〉의 ⓐ와 ⓑ의 반의어를 〈조건〉에 맞게 쓰시오.

〔보기〕
우리는 그들과 ⓐ<u>다를</u> 뿐, 우리가 ⓑ<u>틀린</u> 것은 아니다.

〔조건〕
• 기본형으로 쓸 것.

07 밑줄 친 말의 유의어로 알맞지 <u>않은</u> 것은?

① 시험을 <u>보다</u>. → 치르다
② 영화를 <u>보다</u>. → 감상하다
③ 술상을 <u>보다</u>. → 준비하다
④ 이따가 잠깐 <u>보자</u>. → 만나다
⑤ 집을 <u>보다가</u> 잠들었다. → 살피다

08 밑줄 친 말과 유의 관계 및 반의 관계에 있는 말이 알맞게 연결되지 <u>않은</u> 것은?

	예문	유의어	반의어
①	자동차가 <u>섰다</u>.	멈추었다	갔다
②	오일장이 <u>섰다</u>.	열렸다	끝났다
③	내 체면이 <u>섰다</u>.	구겼다	깎였다
④	눈에 핏발이 <u>섰다</u>.	생겼다	없어졌다
⑤	자리를 양보하고 <u>섰다</u>.	일어섰다	앉았다

09 우리말의 어휘 체계를 고려할 때, 〈보기〉의 ㉠과 ㉡의 의미 관계 유형과 가장 유사한 것은?

〔보기〕
㉠'얼굴'은 순우리말로 된 고유어로서, 그 유의어로는 고유어인 '낯'과 한자어인 ㉡'안면(顔面)' 등이 있다.

① 밥 – 진지
② 기원 – 근원
③ 기름 – 지방
④ 잔치 – 파티
⑤ 빠르다 – 이르다

10 〈보기〉의 밑줄 친 말과 같은 의미 관계가 나타나지 <u>않</u>는 것은?

〔보기〕
<u>낮말</u>은 새가 듣고 <u>밤말</u>은 쥐가 듣는다.

① 모르면 약 아는 게 병
② 소 잃고 외양간 고친다.
③ 가는 말이 고와야 오는 말이 곱다.
④ 배부른 돼지보다 배고픈 소크라테스가 낫다.
⑤ 맞은 놈은 펴고 자고 때린 놈은 오그리고 잔다.

11 단어의 의미 관계에 대한 이해로 알맞지 <u>않은</u> 것은?

① '바로'와 '즉시'는 유의 관계에 있군.
② '넓다'와 '깊다'는 반의 관계에 있군.
③ '앞'과 '뒤'는 방향 면에서 대립 관계에 있군.
④ '높다'와 '낮다'는 정도 면에서 대립 관계에 있군.
⑤ '사고'는 '생각'과 유의 관계에 있지만 '고향 생각이 난다.'에서 '생각'은 '사고'로 교체될 수 없군.

12 '남자'와 '소녀'가 반의어가 될 수 없는 이유를 〈조건〉에 맞추어 서술하시오.

〔조건〕
• 반의 관계의 성립 요건을 고려할 것.
• '남자'와 '소녀'의 구체적 의미 요소를 제시할 것.

상하 관계, 다의어, 동음이의어

| 교과 연계 |
중학교 국어 1학년_어휘의 체계와 양상의 활용

DAY 06 어휘의 체계
DAY 07 어휘의 양상
Ⅱ 어휘 ─ DAY 08 유의 관계, 반의 관계 ─ 상하 관계
DAY 09 상하 관계, 다의어, 동음이의어 ─ 다의어
DAY 10 언어의 본질 ─ 동음이의어

개념 정리

- **상하 관계**(위 상上 아래 하下 관계할 관關 맬 계係)

① 개념: 둘 이상의 단어에서 한 단어가 의미상 다른 단어를 포함하거나 다른 단어에 포함되는 경우 이들을 '상하 관계'에 있다고 해요. 이때 다른 단어를 포함하는 단어를 '상위어(상의어)', 다른 단어에 포함되는 단어를 '하위어(하의어)'라고 해요.

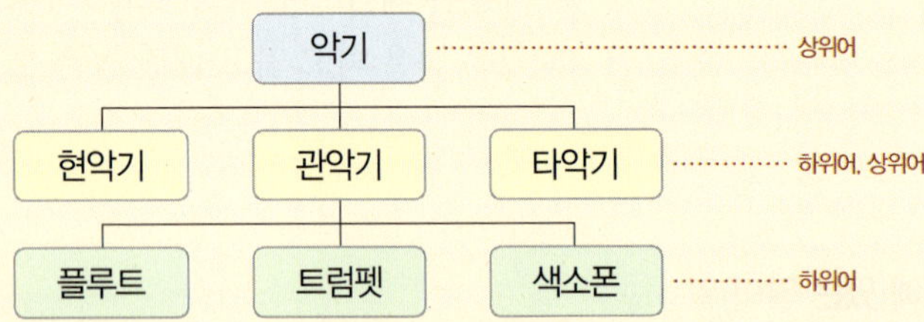

② 특징: 상위어(상의어)일수록 일반적·포괄적♦ 의미를 지니고, 하위어(하의어)일수록 개별적·한정적인 의미를 지녀요.

- **다의어**(많을 다多 뜻 의義 말씀 어語)

① 개념: 하나의 단어가 두 가지 이상의 뜻을 가진 단어를 '다의어'라고 해요.

> 손¹
> 「1」 사람의 팔목 끝에 달린 부분. 예 손을 잡다.
> 「2」 손끝의 다섯 개로 갈라진 부분. 또는 그것 하나하나. = 손가락. 예 손에 반지를 끼다.
> 「3」 일을 하는 사람. = 일손. 예 손이 모자라다.

♦ **포괄적** 일정한 대상이나 현상 따위를 어떤 범위나 한계 안에 모두 끌어넣는 것을 말함.

확인 문제

01 '개'의 상위어에 해당하지 <u>않는</u> 것은?

① 동물   ② 생물   ③ 진돗개

02 다음 단어들을 상위어와 하위어로 구분할 때, 바르게 연결되지 <u>않은</u> 것은?

| 운동 | 축구 | 구기 | 농구 | 배구 |

① 운동 – 구기   ② 구기 – 농구   ③ 축구 – 배구

03 〈보기〉에서 다의어와, ㉠의 상위어를 각각 찾아 쓰시오.

> 보기
> 오랜만에 아침에 일찍 일어나서 아침을 먹었다. 반찬으로 ㉠김치, 잡채, 계란찜, 된장찌개를 먹었다.

04 다음 빈칸에 공통으로 들어갈 알맞을 말을 쓰시오.

> □을 내밀었다. / 네 □에 달렸다. / □이 부족하다.

개념 정리

② 특징

- 다의어의 여러 의미 사이에는 서로 관련성이 있어요. 그래서 사전에서는 그 의미들이 하나의 표제어* 아래에 제시되어요.
- 하나의 중심적 의미*와 이것이 확장되어 달라진 여러 개의 주변적 의미가 있어요.

눈¹ 「1」 빛의 자극을 받아 물체를 볼 수 있는 감각 기관. ≒ 목자 → 중심적 의미
　　 「2」 물체의 존재나 형상을 인식하는 눈의 능력. = 시력 ┐
　　 「3」 사물을 보고 판단하는 힘.
　　 「4」 (('눈으로' 꼴로 쓰여)) 무엇을 보는 표정이나 태도. ├ 주변적 의미
　　 「5」 사람들의 눈길.
　　 「6」 태풍에서, 중심을 이루는 부분. ≒ 목 ┘

◆ **표제어** 사전 따위에서 뜻풀이 대상이 되는 표제(제목) 항목

◆ **중심적 의미** 가장 기본적이고 핵심적인 의미로, 첫 번째로 제시됨.

- **동음이의어**(같을 동同 소리 음音 다를 이異 뜻 의義 말씀 어語)

① 개념: 소리는 같으나 뜻이 다른 단어를 '동음이의어'라고 해요.

② 특징: 동음이의어들의 의미 사이에는 서로 관련성이 없어요. 그래서 각각의 단어가 사전에 다른 표제어로 제시되어요.

배¹ 「1」 사람이나 동물의 몸에서 위장, 창자, 콩팥 따위의 내장이 들어 있는 곳으로 가슴과 엉덩이 사이의 부위.
　　 「2」 절족동물, 특히 곤충에서 머리와 가슴이 아닌 부분.
　　 「3」 긴 물건 가운데의 볼록한 부분. ……
배² 사람이나 짐 따위를 싣고 물 위로 떠다니도록 나무나 쇠 따위로 만든 물건.
배³ 배나무의 열매.

동음이의어 → 배¹은 다의어

정보

다의어나 동음이의어의 구별

두 단어가 의미상 연상, 발전 관계에 있으면 다의어이고, 두 단어가 의미상 관련이 없다면 동음이의어예요.

예 ┌ 사람의 다리
　 └ 책상의 다리
　 → 다의어
　 ┌ 사람의 다리
　 └ 교량의 다리
　 → 동음이의어

확인 문제

05 다음 밑줄 친 단어의 종류를 고르시오.

> 밤에 식구들이 앉아 밤을 까고 있다.

(다의어 / 동음이의어)

06 밑줄 친 단어가 중심적 의미로 사용된 것은?

> 배¹ 「1」 가슴과 엉덩이 사이의 부위.
> 　　 「2」 절족동물에서 머리와 가슴이 아닌 부분.
> 　　 「3」 긴 물건 가운데의 볼록한 부분.

① 배가 나오다.　　　　② 기둥이 배가 볼록하다.
③ 개미의 몸은 머리, 가슴, 배로 나누어진다.

07 〈보기〉에 쓰인 '눈'의 의미를 사전에서 찾고자 한다. 찾아야 할 표제어의 개수로 알맞은 것은?

> 보기
> • 눈이 내리다.　　　　　• 눈이 초롱초롱하다.
> • 눈이 나빠 안경을 쓰다.

① 1개　　　　② 2개　　　　③ 3개

08 다음 단어들과 그 종류를 연결하시오.

(1) 꽃 – 장미　　　　　　• ㉠ 다의어
(2) 말[馬] – 말[言]　　　• ㉡ 동음이의어
(3) 발(신체) – 발(걸음)　• ㉢ 상하 관계

01 상하 관계에 대한 설명으로 알맞지 <u>않은</u> 것은?

① 상위어는 하위어를 포함한다.
② 상위어일수록 일반적인 의미를 지닌다.
③ 하위어일수록 개별적인 의미를 지닌다.
④ 하나의 단어는 상위어이면서 하위어가 될 수 있다.
⑤ 하위어일수록 상위어가 지니고 있는 특성을 적게 지니게 된다.

02 두 단어가 '상위어 – 하위어'의 순서로 제시되지 <u>않은</u> 것은?

① 곤충 – 매미
② 색깔 – 연두
③ 필기구 – 연필
④ 숨바꼭질 – 놀이
⑤ 현악기 – 바이올린

03 단어의 상하 관계를 중심으로 살펴볼 때 다음 설명이 알맞지 <u>않은</u> 것은?

① '직업'과 '검사'는 상하 관계에 있는 단어이다.
② '강수량'은 '강우량'을 포함하는 상위어에 해당한다.
③ '쌀', '보리', '현미', '콩'은 '곡식'에 포함되는 하위어이다.
④ '생물 → 동물 → 포유류 → 돌고래'로 갈수록 의미가 구체적이다.
⑤ '오토바이, 화물차 → 승용차 → 자동차'로 갈수록 의미가 포괄적이다.

04 〈보기〉의 밑줄 친 단어와 같은 의미로 쓰인 것은?

〔보기〕
배에 힘을 주고 있다.

① 물가가 배로 올랐다.
② 아까부터 배가 살살 아프다.
③ 태풍 때문에 배가 뜨지 못 했다.
④ 할아버지는 물이 많고 단 배를 좋아하신다.
⑤ 항아리의 배를 볼록하게 만드는 이유가 있다.

05 〈보기〉를 참고할 때, '손'에 대해 이해한 내용으로 알맞지 <u>않은</u> 것은?

〔보기〕
손¹「1」사람의 팔목 끝에 달린 부분.
「2」손끝의 다섯 개로 갈라진 부분.
「3」일을 하는 사람.
「4」어떤 일을 하는 데 드는 사람의 힘이나 노력, 기술.
「5」어떤 사람의 영향력이나 권한이 미치는 범위.
「6」사람의 수완이나 꾀.

① 「1」, 「2」는 '손'이 신체 일부분임을 나타내는군.
② '손이 많이 간다.'에서의 '손'은 「3」을 의미하는군.
③ '장사꾼의 손에 놀아난다.'의 '손'은 「6」의 뜻이군.
④ 「2」~「6」은 '손'의 주변적 의미에 해당하는군.
⑤ 「1」~「6」을 통해 '손'이 다의어임을 알 수 있군.

06 〈보기〉의 단어들을 포함할 수 있는 상위어 3개를 쓰시오.

〔보기〕
초가집   기와집   너와집   귀틀집

07 다음 밑줄 친 단어가 중심적 의미로 쓰인 것은?

① 옷에 주름이 <u>갔다</u>.
② 발령을 받아 다른 부서로 <u>가게</u> 되었다.
③ 나는 이번 방학에 혼자서 외갓집에 <u>갔다</u>.
④ 이상 사회로 <u>가는</u> 길은 아직 멀고 험하다.
⑤ 책상 위에 있던 돈이 어디로 <u>갔는지</u> 모른다.

08 〈보기〉의 '다리'의 동음이의어로 알맞은 것은?

〔보기〕
> 다리에 쥐가 난다.

① 의자 <u>다리</u> 하나가 부러졌다.
② 뱀은 <u>다리</u>가 없지만 빨리 움직인다.
③ 차가 밀려 <u>다리</u> 한가운데에 서 있다.
④ 오징어 <u>다리</u>를 씹으며 졸음을 쫓고 있다.
⑤ 안경은 <u>다리</u>가 부러져 수리하느라 맡겼다.

09 단어들의 의미 관계가 바르게 연결된 것은?

	상하 관계	유의 관계
①	식물 – 동물	근심 – 걱정
②	예술 – 음악	승낙 – 거부
③	언어 – 한국어	획득 – 상실
④	시루떡 – 인절미	흉내 – 시늉
⑤	발효 식품 – 된장	감기 – 고뿔

10 〈보기〉의 ㉠~㉤에 대한 이해로 알맞지 <u>않은</u> 것은?

〔보기〕
• ㉠눈이 소복히 쌓였다.
• 저울의 ㉡눈을 속였다.
• 그는 ㉢눈이 좋은 편이다.
• 사람 보는 ㉣눈이 정확하다.
• 너의 ㉤눈은 참 맑고 예쁘다.

① ㉠과 ㉡은 동음이의어군.
② ㉠과 ㉢은 의미 간에 서로 관련이 없군.
③ ㉡과 ㉤은 소리는 같지만 의미가 다르군.
④ ㉢과 ㉣은 사전에 하나의 표제어 아래 실리겠군.
⑤ ㉢~㉤ 중, ㉤은 가장 기본적인 의미에 해당하는군.

11 다음 중 밑줄 친 단어들의 관계가 나머지와 <u>다른</u> 것은?

① 선생님께 <u>벌</u>을 받았다. / <u>벌</u>에 쏘였다.
② <u>발</u>에 꼭 맞다. / 그 선수는 <u>발</u>이 빠르다.
③ <u>김</u>이 맛있다. / 할머니가 <u>김</u>을 매고 있다.
④ 자연산 <u>굴</u>을 땄다. / 땅속으로 <u>굴</u>을 팠다.
⑤ 아이는 이제 겨우 <u>돌</u>이 지났다. / <u>돌</u>을 던졌다.

12 〈보기〉에 제시된 ㉠~㉢의 의미 관계를 〈조건〉에 맞추어 서술하시오.

〔보기〕
• 땡볕에 얼굴이 ㉠<u>탔다</u>.
• 난로에서 장작이 ㉡<u>타고</u> 있다.
• 연이 바람을 ㉢<u>타고</u> 하늘로 올라간다.

〔조건〕
• '~은 ~으므로 ~이며, ~은 ~으므로 ~이다.'의 형태로 쓸 것.

언어의 본질

| 교과 연계 | 중학교 국어 1학년_언어 기호

Ⅱ 어휘
DAY 06 어휘의 체계
DAY 07 어휘의 양상 ─ 자의성
DAY 08 유의 관계, 반의 관계 ─ 사회성
DAY 09 상하 관계, 다의어, 동음이의어 ─ 역사성
DAY 10 언어의 본질 ─ 창조성

개념 정리

• 자의성 (마음대로 자恣 뜻 의意 성품 성性)

언어의 의미와 말소리는 임의적인 관계로, 필연적◆으로 결합한 것이 아니라 일정한 원칙 없이 우연히 맺어진 것이에요. 그래서 같은 의미를 나타내는 말소리가 언어마다 달라요. 이러한 언어의 본질을 '자의성'이라고 해요.

> 나라마다 말소리가 다른 것 외에 지역 방언, 유의어, 동음이의어 등도 언어의 자의성을 뒷받침하는 예가 될 수 있음.

◆ **필연적** 사물의 관련이나 일의 결과가 반드시 그렇게 될 수밖에 없는. 또는 그런 것

	한국어	영어	일본어	중국어
손	손[손]	hand[핸드]	て[테]	手[서우]
나무	나무[나무]	tree[트리]	き[기]	樹[슈]

정보

언어의 기호성

언어는 내용과 형식으로 이루어져 있는데, 의미는 언어의 내용이고, 말소리는 언어의 형식이에요. 이렇게 언어는 의미를 말소리로 나타내는 기호라고 보는 것을 언어의 기호성이라고 해요.

• 사회성 (모일 사社 모일 회會 성품 성性)

언어는 같은 언어를 사용하는 사람들 사이의 약속이므로 어느 한 개인이 마음대로 바꾸거나 정할 수 없어요. 개인이 언어를 마음대로 바꾸면 의사소통에 어려움이 생겨요. 이러한 언어의 본질을 '사회성'이라고 해요.

 를 '사과'라 부르는 것은 사람들이 를 '사과'라고 부르기로 약속했기 때문이에요.

확인 문제

01 〈보기〉의 단어를 언어의 형식과 내용으로 구분하시오.

> 보기
> 사람의 팔목 끝에 달린 부분 → 영어: hand[핸드]

(1) 형식: __________ (2) 내용: __________

02 다음의 빈칸에 들어갈 말로 알맞은 것은?

> 언어의 의미와 말소리의 관계는 (   )으로 맺어진 것이다.

① 필연적 ② 자의적 ③ 대등적

03 〈보기〉에서 알 수 있는 언어의 특성을 쓰시오.

> 보기
> 민수: 사랑을 영어로 'love[러브]', 중국어로 '愛[아이]'라고 해.
> 현정: 난 '사랑'을 '친구'라고 부르고 싶은데, 안 되겠지?

(1) 민수의 말: __________

(2) 현정의 말: __________

04 사회적 약속으로서 언어가 지니는 본질적 특성은?

① 기호성 ② 사회성 ③ 자의성

개념 정리

• 역사성(지낼 역歷 역사 사史 성품 성性)

언어는 시간의 흐름에 따라 있던 말이 사라지거나, 새로운 말이 생기기도 하고, 소리나 의미가 변하기도 해요. 이러한 언어의 본질을 '역사성'이라고 해요.

사라진 말	예 미르(용), 즈믄(천), 온(백), 가람(강), 뫼(산) 등
새로 생긴 말	예 컴퓨터, 인터넷, 누리꾼, 댓글, 인공위성, 스마트폰, 인공 지능 등
소리나 의미가 변한 말♦	예 • 영감(조선 시대 관리 → 중년이 지난 남자), 어리다(어리석다 → 나이가 적다) • 나무(나모 → 나무), 오징어(오증어 → 오젹어, 오적어 → 오징어) • 짐승(즁싱 → 즘싱 → 즘승 → 짐승 / 생물 전체 → 사람을 제외한 동물)

♦ **소리나 의미가 변한 말**
· 소리는 같고 의미만 변한 경우: 영감, 어리다
· 의미는 같고 소리만 변한 경우: 나무, 오징어
· 소리와 의미가 모두 변한 경우: 짐승

• 창조성♦ (비롯할 창創 지을 조造 성품 성性)

인간은 이미 알고 있는 언어를 바탕으로 새로운 단어나 문장을 무한히 만들어 낼 수 있어요. 이러한 언어의 본질을 '창조성'이라고 해요.

♦ **언어의 창조성** 말을 만들어 사용하는 것은 인간만의 고유한 특성임.

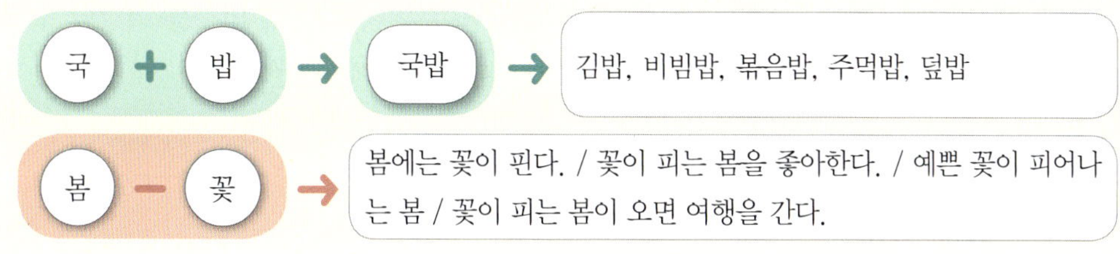

확인 문제

05 다음 단어와 그 설명을 연결하시오.

(1) 블로그 •　　　　• ㉠ 사라진 말

(2) 미르(용) •　　　　• ㉡ 새로 생긴 말

(3) 짐승 •　　　　• ㉢ 소리나 의미가 변한 말

06 〈보기〉에서 알 수 있는 언어의 본질은?

〔보기〕
'어엿브다'는 예전에는 '불쌍하다'라는 의미로 쓰였지만 지금은 '예쁘다'라는 의미로 쓰인다.

① 언어는 개인이 함부로 바꿀 수 없다.
② 언어는 시간의 흐름에 따라 변화한다.
③ 언어는 말소리와 그 의미가 임의로 결합된다.

07 〈보기〉와 관련된 언어의 특성은?

〔보기〕
'배', '나무', '좋아하다'라는 단어를 알면 '배나무', '배나무를 좋아한다.', '좋아하는 배나무'라는 말을 만들 수 있다.

① 자의성　　　② 역사성　　　③ 창조성

08 〈보기〉의 ㉠과 ㉡에 대한 설명의 빈칸에 들어갈 알맞은 말을 쓰시오.

〔보기〕
㉠ '즁싱 → 즘싱 → 즘승 → 짐승'의 과정을 거쳐 '생물'을 가리키다가 '사람이 아닌 동물'을 가리키게 됨.
㉡ 미역국, 무국, 콩나물국, 시금치국, 곰국, …….

(1) ㉠은 단어의 (　　　)와/과 (　　　)이/가 변할 수 있음을 보여 준다.
(2) ㉡은 인간이 새로운 (　　　)와/과 문장을 무한히 만들어 낼 수 있음을 보여 준다.

내신 대비 문제

01 언어의 본질에 대한 설명으로 알맞지 <u>않은</u> 것은?

① 언어는 시대의 변화와 함께 달라진다.
② 언어는 개인적인 이유로 수정할 수 있다.
③ 인간은 상황에 따른 새로운 말을 만들 수 있다.
④ 언어는 그 언어를 쓰는 사람들 간의 약속에 의해 결정된다.
⑤ 언어는 내용과 그것을 나타내는 형식으로 이루어져 있다.

02 〈보기〉에서 알 수 있는 사실은?

> **보기**
> · 한국어: 집[집]   · 중국어: 家[지아]
> · 영어: house[하우스]   · 프랑스어: maison[메종]

① 어느 나라의 말이든 언어는 변화한다.
② 언어는 일정한 문법 규칙에 따라 만들어진다.
③ 언어의 의미와 소리는 우연히 맺어진 것이다.
④ 의미가 하나의 말소리로 정해지면 바꾸기 어렵다.
⑤ 기존의 단어들을 가지고 새로운 단어들을 만들어 낼 수 있다.

03 언어의 역사성을 보여 주는 예가 <u>아닌</u> 것은?

① '얼굴'을 옛날에는 '얼골'이라고 불렀다.
② 숫자 '천(千)'을 옛날에는 '즈믄'이라고 하였다.
③ '어리다'는 예로부터 [어리다]라고 부르기로 정해 지켜 왔다.
④ 컴퓨터가 개발되면서 '컴퓨터', '인터넷'이라는 단어가 만들어졌다.
⑤ '놈'은 옛날에는 보통 사람을 가리켰으나 지금은 남자를 낮잡아 일컫는다.

04 언어의 사회성에 대한 대화 내용으로 알맞지 <u>않은</u> 것은?

① 문정: 언어는 그 사회를 구성하는 사람들 간의 약속이지.
② 혜은: 그렇게 부르기로 한 필연적인 이유가 있으니 반드시 지켜야 해.
③ 지연: 이를 어기면 한 단어가 가리키는 대상이 여러 개가 될 수가 있어.
④ 원지: 같은 대상을 자기 마음대로 부르면 서로의 말을 이해하지 못하게 될 거야.
⑤ 민성: 결국에는 언어를 통해 의사를 전달할 수 없게 되어서 사회가 혼란해지겠지.

05 〈보기〉와 관련된 언어의 본질로 알맞은 것은?

> **보기**
> 엄마가 손님에게 "어서 오세요. 이리 앉으세요."라고 말을 하는 엄마 옆에 있던 어린아이가 "저리 앉으세요. 어서 가세요."라는 말을 하였다.

① 사회성   ② 자의성
③ 역사성   ④ 창조성
⑤ 기호성

06 〈보기〉의 물음에 대한 답과 관련된 언어의 본질이 무엇인지 한 단어로 쓰시오.

> **보기**
> 같은 의미의 "감사합니다."라는 말을 왜 나라마다 다르게 표현하는 것일까?

07 〈보기〉에서 알 수 있는 언어의 본질은?

> **보기**
> '가방'을 '가방'이라 부르고 싶지 않아도 '가방'이라고 불러야 한다.

① 자의성 ② 사회성
③ 창조성 ④ 역사성
⑤ 기호성

08 언어의 변화에 대한 설명으로 알맞지 <u>않은</u> 것은?

① '반도체', '칩'은 새로운 문물이 들어오면서 새로 생겨난 말이다.
② '암행어사', '생원'은 사회 구성원의 흥미를 끌지 못해서 사라진 말이다.
③ '세수(洗手)하다'는 '손을 씻다. → 손과 얼굴을 씻다.'로 의미가 변한 말이다.
④ '가람 > 강(江)', '뫼 > 산(山)'은 고유어가 사라지고 한자어가 쓰인 경우이다.
⑤ '영감'은 가리키는 대상이 없어지면서 그것을 표현하는 말의 의미가 변한 경우이다.

09 〈보기〉에 대한 반응으로 알맞지 <u>않은</u> 것은?

> **보기**
> 일부의 사람들 정도만 '자장면'이라고 발음하던 '짜장면'이 마침내 표준어가 됐다. 2011년 국립 국어원은 실생활에서 많이 사용하지만 표준어 대접을 받지 못한 '짜장면' 등의 39개 단어를 표준어로 인정했다.

① 한 사회의 언어가 되려면 널리 쓰여야겠군.
② 언어에 대한 사회적 약속이 변할 수도 있군.
③ '짜장면'은 구성원들이 약속한 언어인 셈이군.
④ 언어가 사회성과 역사성을 지님을 알 수 있군.
⑤ 언어는 시간의 흐름에 따라 변하므로 개인이 마음대로 바꿀 수 없군.

고난도 문제

10 〈보기〉에 대한 이해로 알맞지 <u>않은</u> 것은?

> **보기**
> '줄기나 가지가 목질로 된 여러해살이 식물'을 중세에서는 '나모', 현대에는 '나무'라 부른다. 영어로는 tree[트리], 독일어로는 baum[바움]이라 부른다.

① 제시된 말들은 내용은 같지만 형식이 다르다.
② '나무'라는 말의 내용은 '줄기나 가지가 목질로 된 여러해살이 식물'이다.
③ '나모'가 '나무'로 변한 것은 언어의 의미는 같지만 형식이 변화된 것이다.
④ 말의 의미와 소리의 결합이 시대에 따라서는 필연적일 수 있음을 보여 준다.
⑤ 처음에 나무를 tree[트리], baum[바움]으로 발음한 것은 일정한 기준 없이 정한 것이지만 정해진 뒤에는 개인이 함부로 바꿀 수 없다.

고난도 문제

11 〈보기〉를 근거로 제시할 수 있는 언어의 본질은?

> **보기**
> • 동일한 의미가 지역에 따라 다르게 표현된다.
> • 소리는 다르나 뜻이 비슷한 유의어가 존재한다.
> • 소리는 같으나 뜻이 다른 동음이의어가 존재한다.

① 기호성 ② 사회성
③ 역사성 ④ 자의성
⑤ 창조성

서술형 문제 

12 '지우개'를 '빗자루'라고 부르면 안 되는 이유를 이 두 단어를 활용하여 서술하시오.

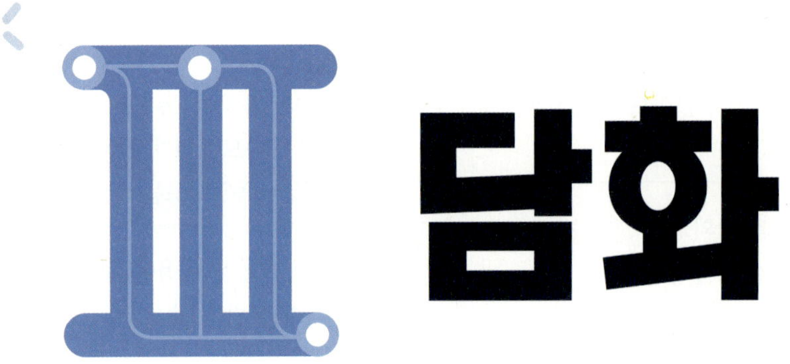

DAY 11 담화의 개념과 특성

Ⅲ 담화

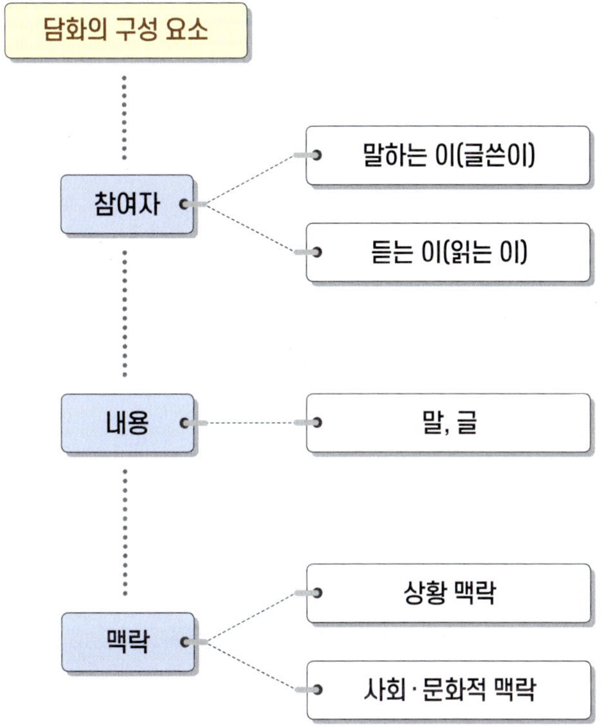

DAY 11 담화의 개념과 특성

| 교과 연계 | 중학교 국어 2학년_담화의 개념과 특성

개념 정리

- **담화**(말씀 담談 말씀 회話)**의 개념**(대개 개槪 생각 념念)

  머릿속에 떠오른 생각이 구체적인 의사소통 상황에서 문장 단위로 나타나는 것을 '발화'라고 해요. 이러한 발화들이 모여서 이루어진 것이 '담화'예요.

◆ **담화** 둘 이상의 문장이 연속되어 이루어지는 말의 단위로 화자와 청자가 주고받는 발화의 연속체. 담화는 말과 글을 모두 포함함.

- **담화의 구성 요소**(얽을 구構 이룰 성成 구할 요要 본디 소素)

  담화가 성립되기 위해서는 '말하는 이(글쓴이)'와 '듣는 이(읽는 이)'가 있어야 하고, 전하려는 '내용'이 있어야 해요. 이때 그 내용을 표현하고 이해하는 데 영향을 미치는 배경이나 환경인 '맥락(脈絡)'도 있어야 해요. 맥락에는 상황 맥락과 사회·문화적 맥락이 있어요.

◆ **맥락** 사물 따위가 이어져 있는 관계나 연관

A: 낼 보자. B: 그래, 잘 가.
A: 안녕!

> A와 B가 말하는 이와 듣는 이, 친근함을 드러내는 내용. 학교에서 수업이 끝나고 인사를 나누는 상황(맥락)이 있는 담화임.

상황 맥락	담화 장면과 직접적으로 관련된 맥락으로, 담화가 이루어지는 시간과 공간, 말하는 이와 듣는 이의 관계나 처지, 담화의 의도나 목적 등 담화에 직접적인 영향을 미치는 맥락
사회·문화적 맥락	담화에 영향을 미치는 성별, 세대, 지역, 문화 등의 사회·문화적 요인과 역사적 상황, 공동체의 의식이나 가치, 언어 습관 등 담화에 간접적인 영향을 미치는 맥락

확인 문제

01 담화로 보기 <u>어려운</u> 것은?

① 아기의 옹알이 ② 선생님의 연설
③ 학급 운영 회의

02 〈보기〉에 드러난 담화의 구성 요소를 구체적으로 쓰시오.

〔보기〕
(아들이 밤늦게까지 게임을 하고 있을 때)
아버지: 지금 몇 시니?

(1) 듣는 이: ______________
(2) 맥락: ______________

03 상황 맥락에 해당하지 <u>않는</u> 것은?

① 담화 목적 ② 시간과 공간 ③ 사회적 환경

04 빈칸을 채워 〈보기〉에 대한 설명을 완성하시오.

〔보기〕
아들: 늦었습니다. 아버지: 일찍도 들어온다!

(1) (   )개의 발화로 이루어진 담화이다.
(2) 아버지가 한 말의 의미를 이해하려면 (   ) 맥락을 알아야 한다.

개념 정리

• 담화의 특성(특별할 特特 성질 성性)

담화의 의미는 담화의 맥락에 따라 달라져요. 같은 말이라도 어떤 상황에서 쓰였는지에 따라 그 의미가 다르게 해석될 수 있어요.

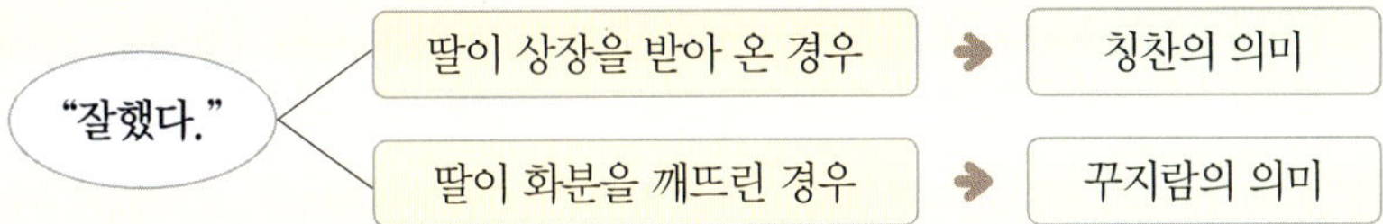

• 맥락을 고려하여 의사소통하기

① 상황 맥락 고려하기: 상황 맥락을 고려하지 않으면 의미가 명확하게 전달되지 않아 원활한 의사소통을 할 수 없으며 서로의 말을 오해할 수도 있어요. 따라서 담화가 이루어지는 상황 또는 말하는 이의 의도나 목적을 고려하여 듣고 말해야 해요.

(더운 여름날 창문이 닫힌 교실에서 창가에 앉은 학생에게)

A: 너무 덥지 않니?
→ B에게 창문을 열어 달라는 의도

B: 난 안 더워.
→ B는 창문을 열어 달라는 A의 의도를 파악하지 못하고 있음.

② 사회·문화적 맥락 고려하기: 사회·문화적 맥락의 차이로 인해 담화의 의미를 이해하지 못하거나 잘못 해석할 수 있어요. 따라서 담화 참여자*의 지역, 세대, 성별, 문화 등의 차이를 고려하여 듣고 말해야 해요.

(가) 할아버지: (뜨거운 국을 먹으며) 어우, 시원하다!
　　손자: 시원해요? 뜨겁기만 한데요.

(나) 민정: (식당 직원에게) 이모, 여기 설렁탕 두 그릇 주세요.
　　줄리엣: 저분이 너의 이모야?
→ (가)는 세대의 차이를, (나)는 문화의 차이를 고려하지 않은 담화임.

✦ **담화 참여자** 말하는 이(글쓴이)와 듣는 이(읽는 이)로, 담화 상황에서 말을 주고받으며 의미를 공유함. 말하는 이와 듣는 이는 고정되어 있지 않음.

확인 문제

05 다음 설명이 맞으면 ○, 틀리면 ×에 표시하시오.

(1) 같은 말이라면 상황이 바뀌어도 의미가 달라지지 않는다. （○, ×）

(2) 사회·문화적 맥락은 지역, 세대, 성별, 문화 등을 포함한다. （○, ×）

06 〈보기〉의 말의 의도를 쓰시오.

〔보기〕
(동생과 싸운 딸에게 엄마가) "잘했다, 잘했어."

07 〈보기〉에서 고려되어야 할 사회·문화적 맥락은?

〔보기〕
학생: 오늘 남아공* 했어요.　　어머니: 축구 했니?
• 남아공: 남아서 공부하다.

① 지역　　　② 세대　　　③ 성별

08 〈보기〉의 말을 외국인이 이해하기 위해 필요한 사회·문화적 맥락을 쓰시오.

〔보기〕
"차린 것은 없지만 많이 드세요."

01 담화에 대한 설명으로 알맞지 <u>않은</u> 것은?

① 담화는 발화가 모여 이루어진 언어 단위이다.
② 담화는 생각이 하나의 문장으로 실현된 것을 말한다.
③ 같은 말이라도 담화 맥락에 따라 그 의미가 달라진다.
④ 담화 상황에서 말하는 이와 듣는 이는 고정되어 있지 않다.
⑤ 담화의 의미에는 담화 참여자의 처지나, 말하는 의도 등이 영향을 준다.

02 담화를 구성하는 요소에 대한 설명으로 알맞지 <u>않은</u> 것은?

① 말하는 이는 자신의 의도를 표현하는 사람이다.
② 듣는 이는 말하는 이의 발화를 이해하는 사람이다.
③ 언어를 통해 전달되는 내용은 말하는 이의 생각과 메시지를 담고 있다.
④ 상황 맥락은 담화가 이루어지는 시간이나 장소 등 담화 장면과 관련되는 맥락을 말한다.
⑤ 사회·문화적 맥락은 지역, 세대, 문화 등 담화에 직접적으로 영향을 주는 맥락을 말한다.

03 〈보기〉에서 '엄마'의 말에 담긴 의도를 정확히 이해하기 위해 고려해야 할 요소로 가장 알맞은 것은?

〔보기〕
딸: 엄마, 아빠한테 전화 왔어요.
엄마: 나, 지금 씻는 중이야.

① 말하는 이　　　　② 듣는 이
③ 상황 맥락　　　　④ 사회·문화적 맥락
⑤ 대화 참여자의 관계

04 〈보기〉를 분석한 내용으로 알맞지 <u>않은</u> 것은?

〔보기〕
김 씨: (에어컨 리모컨을 가까이 둔 동료 이 씨에게) 무척 덥네요.
이 씨: (에어컨을 켜며) 요번 주 내내 덥네요.
김 씨: 이제 여름이네요.

① 담화 참여자는 김 씨와 이 씨 두 사람이로군.
② 김 씨와 이 씨는 말하는 이인 동시에 듣는 이로군.
③ 김 씨는 덥다는 생각을 발화를 통해 드러내고 있군.
④ 김 씨의 발화는 이 씨에게 에어컨을 켜 달라는 의미를 담고 있군.
⑤ 이 씨는 김 씨의 발화의 의도를 제대로 파악하지 못한 채 반응하고 있군.

05 〈보기〉에서 의사소통이 원활하지 않은 이유로 가장 알맞은 것은?

〔보기〕
(만원인 버스 안에서 문 앞에 서 있는 B에게)
A: (부드럽게) 저 이번에 내립니다.
B: 전 다음 정류장에서 내려요.

① 상대의 나이를 고려하지 않아서
② 담화의 맥락을 고려하지 않아서
③ 상대와의 관계를 고려하지 않아서
④ 듣는 이의 기분을 고려하지 않아서
⑤ 듣는 이의 배경지식을 고려하지 않아서

06 〈보기〉의 ㉠과 ㉡과 관련 있는 사회·문화적 맥락의 요소를 쓰시오.

〔보기〕
㉠ 경상도에서는 '이야기'를 '이바구'라고 한다.
㉡ 아들은 아버지가 뜨거운 탕 안에 몸을 담그고 "시원하다."라고 말하는 것을 이해하지 못했다.

07 다음 중 담화의 의도를 표현하는 방식이 나머지와 다른 것은?

① (버스 문 앞에 있는 사람에게) 내립시다.
② (동생이 언니에게) 주말에 영화 보러 가자.
③ (창가 쪽에 앉은 친구에게) 오늘 너무 덥지 않니?
④ (밤늦게 게임을 하는 동생에게) 너 내일 학교 안 가니?
⑤ (사장이 실수가 잦은 직원에게) 일한 지 몇 년이 되었죠?

08 〈보기〉의 담화 상황에서 '스티븐'이 보인 반응에 대한 이해로 가장 알맞은 것은?

> ┌ 보기 ┐
> 문기: 스티븐, 우리 엄마야. 인사해.
> 스티븐: 우리? 나의 엄마는 영국에 있는데?

① 스티븐은 인사하는 법을 잘 모르고 있군.
② 스티븐은 문기 엄마와 세대 차이를 느끼고 있군.
③ 스티븐은 문기가 속한 사회의 문화를 잘 모르고 있군.
④ 스티븐은 문기와 그의 엄마와의 관계를 잘못 알고 있군.
⑤ 스티븐은 '우리'라는 단어가 일인칭 대명사라는 것을 모르고 있군.

09 〈보기〉에서 '학생'이 당황한 이유와 관련 있는 사회·문화적 맥락으로 가장 알맞은 것은?

> ┌ 보기 ┐
> (제주도로 여행 간 학생이 승마 체험을 했을 때)
> 농장 주인: 말타기가 많이 어렵지? 폭삭 속았수다.
> 학생: 제가 속았다고요?

① 세대　　　② 성별　　　③ 직업
④ 지역　　　⑤ 종교

10 "괜찮아."의 의미가 알맞지 <u>않은</u> 것은?

① (옷이 어울리는지 묻는 친구에게) "괜찮아." → 호응의 뜻
② (살이 많이 쪄서 걱정하는 친구에게) "괜찮아." → 칭찬의 뜻
③ (자신을 병문안 온 친구에게) "괜찮아." → 안심시키려는 뜻
④ (음식을 더 먹을 것을 권하는 친구에게) "괜찮아." → 거절의 뜻
⑤ (모임이 끝나기 전에 먼저 가도 되는지 묻는 친구에게) "괜찮아." → 허락의 뜻

11 〈보기〉에 대한 이해로 알맞지 <u>않은</u> 것은?

> ┌ 보기 ┐
> (가) 할머니: 우리 강아지가 방학도 아닌데 어떻게 왔어?
> 손자: 기차 타고 왔어요. 그런데 할머니는 맨날 저보고 왜 강아지라고 하세요?
> (나) 할머니: 어서 일어나라.
> 손자: 그간 야자하느라 힘들었어요. 늦잠 좀 잘게요.
> 할머니: 야자, 그게 뭐냐?

① (가)의 손자는 할머니 세대의 언어 습관을 모르는군.
② (가)의 손자는 할머니 말의 의도를 파악하지 못하는군.
③ (나)의 할머니는 손자 세대의 언어를 이해하지 못하는군.
④ (나)의 할머니는 성별에 따른 문화적 차이를 미처 생각하지 못하는군.
⑤ (가)와 (나)는 모두 사회·문화적 맥락을 고려해 의사소통을 해야 한다는 것을 보여 주는군.

12 담화 상황에서 맥락을 고려해야 하는 까닭을 〈조건〉에 맞추어 서술하시오.

> ┌ 조건 ┐
> • '~ 때문에 ~하면 ~ 수 있다.'의 문장형으로 쓸 것.

IV 국어의 역사와 규범

DAY 12~14

DAY 12	한글의 창제 원리
DAY 13	올바른 발음
DAY 14	올바른 표기

Ⅳ 국어의 역사와 규범

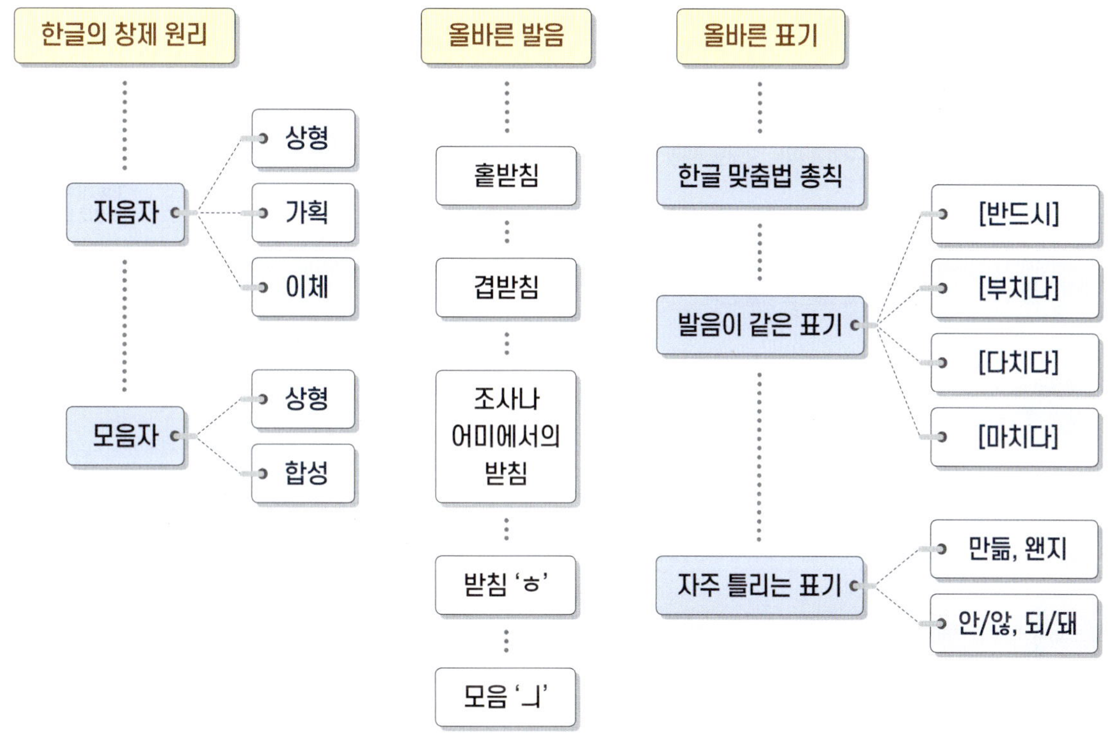

한글의 창제 원리
자음자
상형
가획
이체
모음자
상형
합성
올바른 발음
홑받침
겹받침
조사나 어미에서의 받침
받침 'ㅎ'
모음 'ㅢ'
올바른 표기
한글 맞춤법 총칙
발음이 같은 표기
[반드시]
[부치다]
[다치다]
[마치다]
자주 틀리는 표기
만듦, 왠지
안/않, 되/돼

학습 목표 한글의 창제 원리를 이해하고 단어를 정확하게 발음하고 표기해야 해!

한글의 창제 원리

개념 정리

• 자음자의 창제 원리

– 상형의 원리: 발음 기관*의 모양을 본떠 기본자 'ㄱ, ㄴ, ㅁ, ㅅ, ㅇ'을 만든 것을 말해요.

– 가획의 원리: 자음 기본자에 소리의 세기에 따라 획을 더하여 만든 것을 말해요.

– 이체*자: 기본자에 획을 더했으나 가획의 의미는 없는 예외적인 글자를 말해요.

기본자가 나타내는 음보다 가획하여 만든 음이 더 세다는 의미가 없음.

기본자(상형)	창제 원리	가획자		이체자
	혀뿌리가 목구멍을 막는 모양을 본뜸.	ㅋ		ㆁ (옛이응)
	혀가 윗잇몸에 닿는 모양을 본뜸.	ㄷ	ㅌ	ㄹ
	입 모양을 본뜸.	ㅂ	ㅍ	
	이 모양을 본뜸.	ㅈ	ㅊ	ㅿ (반치음)
	목구멍의 모양을 본뜸.	ㆆ (여린 히읗)	ㅎ	

◆ **발음 기관** 음성을 내는 데 쓰는 신체의 각 부분. 성대, 목젖, 구개(입천장), 이, 잇몸, 혀 따위가 있음.

◆ **이체** 체제나 형상이 다른 것

정보

기본자(17자) 이외의 자음자의 창제 원리

병서자

둘 이상의 같거나 다른 자음자를 가로로 나란히 쓴 글자(병서)
예 ㄲ, ㄸ, ㅃ, ㅆ, ㅺ, ㅼ, ㅆ, ㅉ

연서자

두 개의 자음자를 세로로 이어 쓴 글자(연서)
예 ㅱ, ㅸ, ㅹ, ㆄ

확인 문제

01 다음 빈칸에 들어갈 알맞은 말을 쓰시오.

> 자음 기본자는 (   )의 모양을 본떠서 만들었다.

02 다음 자음과 그 창제 원리를 바르게 연결하시오.

(1) ㄴ •　　　　　• ㉠ 목구멍의 모양을 본뜸.

(2) ㅁ •　　　　　• ㉡ 혀가 윗잇몸에 닿는 모양을 본뜸.

(3) ㅇ •　　　　　• ㉢ 입 모양을 본뜸.

03 〈보기〉에서 설명하는 한글 창제 원리의 명칭을 쓰시오.

> ─ 보기 ─
> 자음 기본자에 소리의 세기에 따라 획을 더하여 만드는 원리

(　　　　　　　　　　)

04 〈보기〉의 자음자 중 이체자를 찾아 ○표 하시오.

> ─ 보기 ─
> ㄱ　　ㅋ　　ㆁ　　ㄹ　　ㅍ

개념 정리

• 모음자의 창제 원리

– 상형의 원리: 하늘, 땅, 사람 즉 자연의 모양을 본떠 기본자 'ㆍ, ㅡ, ㅣ'를 만든 것을 말해요.

– 합성의 원리: 모음의 기본자를 합쳐서 초출자와 재출자를 만든 것을 말해요.

초출자	ㅗ, ㅏ, ㅜ, ㅓ	'ㆍ' 하나와 'ㅡ, ㅣ'가 결합한 글자
재출자	ㅛ, ㅑ, ㅠ, ㅕ	'ㆍ' 하나와 초출자가 결합한 글자

기본자(상형)	창제 원리	초출자	재출자
	하늘의 둥근 모양을 본뜸.	ㅗ, ㅏ ㅜ, ㅓ	ㅛ, ㅑ ㅠ, ㅕ
	땅의 평평한 모양을 본뜸.		
	사람이 서 있는 모양을 본뜸.		

• 한글의 특성

– 새롭고 체계적인 문자예요.

– 하나의 글자가 하나의 소리로 발음되어요.

– 소리가 비슷하면 모양도 비슷해서 다른 글자에 비해 배우기 쉬워요.

– 자음자와 모음자를 서로 결합하여 하나의 음절로 모아서 쓰는 방식인 '모아쓰기'를 사용해요.

꿀 정보

단모음과 이중 모음

모음은 크게 단모음과 이중 모음으로 분류할 수 있어요.

단모음
소리를 낼 때 입술이나 혀가 고정되어 움직이지 않는 모음
예 ㅏ, ㅐ, ㅓ, ㅔ, ㅗ, ㅚ, ㅜ, ㅟ, ㅡ, ㅣ

이중 모음
소리를 낼 때 입술이나 혀가 움직이는 모음
예 ㅑ, ㅒ, ㅕ, ㅖ, ㅘ, ㅙ, ㅛ, ㅝ, ㅞ, ㅠ, ㅢ

확인 문제

05 ㉠~㉢에 들어갈 알맞은 말을 쓰시오.

> 상형의 원리란 (㉠), (㉡), 사람 즉 자연의 모양을 본떠 기본자 'ㆍ, ㅡ, (㉢)'를 만든 것이다.

06 〈보기〉를 참고하여 빈칸에 알맞은 모음자를 쓰시오.

> **보기**
>
> ㅣ + ㆍ → ㅏ

(1) ㆍ + ㅡ → (   )　　(2) ㆍ + ㅣ → (   )

07 〈보기〉의 글자들을 부르는 명칭이 무엇인지 쓰시오.

> **보기**
>
> ㅛ, ㅑ, ㅠ, ㅕ

(   )

08 한글의 특성으로 맞으면 ○, 틀리면 ✕표 하시오.

(1) 복잡해서 배우기 어려운 글자이다. (○, ✕)

(2) 다른 나라 글자를 본떠 만든 것이다. (○, ✕)

(3) 모아쓰기 방식을 사용해 글자를 쓴다. (○, ✕)

01 〈보기〉의 ㉠~㉢ 중 한글 자음자의 창제 원리에 대한 설명으로 알맞은 것만 고른 것은?

〔보기〕
㉠ 기본자에 획을 더할 때마다 소리가 세진다.
㉡ 기본자와 기본자를 합쳐 가획자를 만들었다.
㉢ 기본자는 발음 기관의 모양을 본떠 만들어졌다.
㉣ 근거 없이 기본자에 획을 더한 예외적인 글자도 있다.

① ㉠, ㉡
② ㉢, ㉣
③ ㉠, ㉡, ㉢
④ ㉠, ㉢, ㉣
⑤ ㉡, ㉢, ㉣

02 자음 기본자의 창제 원리로 알맞지 <u>않은</u> 것은?

① ㄱ: 혀뿌리가 목구멍을 막는 모양을 본뜸.
② ㄴ: 혀끝이 아랫잇몸에 닿는 모양을 본뜸.
③ ㅁ: 입 모양을 본뜸.
④ ㅅ: 이 모양을 본뜸.
⑤ ㅇ: 목구멍 모양을 본뜸.

03 〈보기〉의 설명에 해당하는 자음자로 알맞은 것은?

〔보기〕
기본자에 획을 더했으나 가획의 의미는 없는 예외적인 글자

① ㆆ
② ㅈ
③ ㅌ
④ ㅍ
⑤ ㄹ

04 모음의 기본자가 본뜬 모양을 알맞게 연결한 것은?

	·	―	ㅣ
①	하늘	사람	물
②	하늘	물	사람
③	땅	하늘	사람
④	땅	사람	하늘
⑤	하늘	땅	사람

05 〈보기〉의 한글 모음을 표로 정리할 때, ㉠~㉢에 들어갈 모음자를 알맞게 나눈 것은?

〔보기〕
·, ―, ㅣ, ㅗ, ㅛ, ㅏ, ㅑ, ㅜ, ㅠ, ㅓ, ㅕ

기본자	초출자	재출자
㉠	㉡	㉢

	㉠	㉡	㉢
①	·, ―, ㅣ	ㅗ, ㅛ, ㅏ, ㅑ	ㅓ, ㅜ, ㅕ, ㅠ
②	·, ㅏ, ㅣ	ㅗ, ㅛ, ―, ㅑ	ㅓ, ㅜ, ㅕ, ㅠ
③	·, ㅗ, ㅣ	ㅓ, ㅏ, ㅑ, ㅛ	―, ㅜ, ㅕ, ㅠ
④	·, ―, ㅣ	ㅗ, ㅜ, ㅏ, ㅓ	ㅛ, ㅠ, ㅑ, ㅕ
⑤	·, ㅓ, ㅏ	ㅗ, ―, ㅣ, ㅛ	ㅓ, ㅜ, ㅕ, ㅠ

06 〈보기〉는 한글 표기 방식을 보여 주는 것이다. 이를 통해 알 수 있는 한글의 특성을 한 단어로 쓰시오.

〔보기〕
ㄱ ㅣ ㅁ → 김

07 상형의 원리로 만들어진 글자만으로 이루어진 것은?

① 금   ② 알   ③ 삯
④ 흙   ⑤ 빗

08 〈보기〉에서 설명하고 있는 글자가 결합하여 만들어진 것은?

〔보기〕

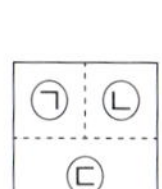

- ㉠: 이 모양을 본떠 만든 글자에 두 번 획을 더하여 만든 글자
- ㉡: 'ㅣ' + '·'로 만든 글자
- ㉢: 목구멍의 모양을 본떠 만든 글자

① 액   ② 창   ③ 합
④ 덕   ⑤ 식

09 〈보기〉의 설명에 해당하는 단어로 가장 알맞은 것은?

〔보기〕

하늘과 땅의 모양을 본떠 만든 모음자를 합하여 만든 모음자로만 이루어진 단어

① 부산
② 기차
③ 오이
④ 우유
⑤ 자석

고난도 문제

10 〈보기〉의 ㉠~㉢을 파악한 내용으로 알맞지 <u>않은</u> 것은?

〔보기〕

㉠ ㄴ → ㄷ   ㉡ ㄷ → ㅌ   ㉢ ㄷ → ㄸ

① ㉠은 소리가 세짐에 따라 자음의 기본자에 획을 추가하는 원리를 적용한 것이다.
② ㉡은 가획의 원리가 적용된 글자에 가획의 원리를 한 번 더 적용한 것이다.
③ ㉢은 같은 자음자를 나란히 옆에 쓰는 방식을 사용한 것이다.
④ ㉢의 방식으로 만든 글자는 현재 사용되지 않는다.
⑤ ㉠~㉢은 모두 소리가 나는 위치가 같다.

고난도 문제

11 〈보기〉의 휴대 전화 글자판을 설명한 내용으로 알맞지 <u>않은</u> 것은?

〔보기〕

① 글자판에 이체자가 모두 배치되었다.
② 글자판에 합성의 원리가 반영되었다.
③ 모음 자판은 모음 기본자로 구성되었다.
④ 현재 사용되는 자음 14자가 배치되었다.
⑤ 글자판에 한글 자모음의 기본자가 모두 배치되었다.

서술형 문제

12 자음과 모음의 기본자를 만드는 원리의 공통점과 차이점을 서술하시오.

✎

개념 정리

• 받침의 발음 ① – 홀받침, 쌍받침

우리말에서는 받침소리로 'ㄱ, ㄴ, ㄷ, ㄹ, ㅁ, ㅂ, ㅇ'의 7개의 자음만 발음해요. 이 밖의 홀받침과 쌍받침* 즉, 'ㄲ, ㅋ', 'ㅅ, ㅆ, ㅈ, ㅊ, ㅌ', 'ㅍ'은 어말* 또는 자음 앞에서 각각 대표음 [ㄱ, ㄷ, ㅂ]으로 발음한답니다.

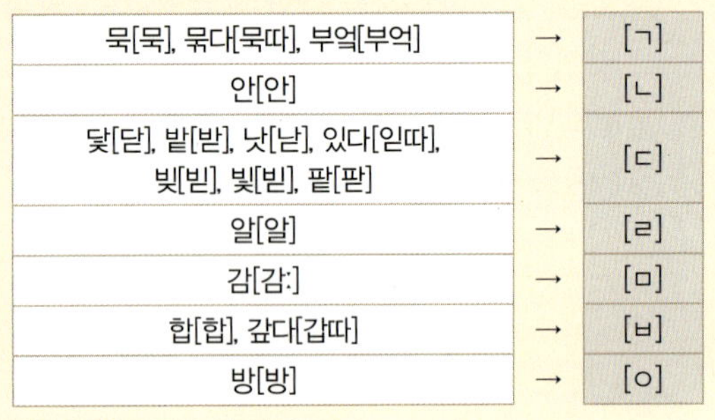

묵[묵], 묶대[묵따], 부엌[부억]	→	[ㄱ]
안[안]	→	[ㄴ]
닻[닫], 밭[받], 낫[낟], 있다[읻따], 빚[빋], 빛[빋], 팥[팓]	→	[ㄷ]
알[알]	→	[ㄹ]
감[감ː]	→	[ㅁ]
합[합], 갚대[갑따]	→	[ㅂ]
방[방]	→	[ㅇ]

받침이 달라도 대표음으로만 발음함.

◆ **쌍받침** 같은 자음자가 겹쳐서 된 받침

◆ **어말** 단어의 끝

정보

받침 뒤의 된소리 발음

받침 'ㄱ(ㄲ, ㅋ, ㄳ, ㄺ), ㄷ(ㅅ, ㅆ, ㅈ, ㅊ, ㅌ), ㅂ(ㅍ, ㄼ, ㄿ, ㅄ)' 뒤에 연결되는 자음 'ㄱ, ㄷ, ㅂ, ㅅ, ㅈ'은 된소리로 발음돼요.

◆ **겹받침** 서로 다른 두 개의 자음으로 이루어진 받침

• 받침의 발음 ② – 겹받침

우리말의 겹받침은 'ㄳ, ㄵ, ㄶ, ㄺ, ㄻ, ㄼ, ㄽ, ㄾ, ㄿ, ㅀ, ㅄ'으로 모두 열한 개예요. 이 겹받침을 어말이나 자음 앞에서 발음할 때에는 겹받침 두 개의 자음 중 하나로 발음한답니다.

겹받침의 앞엣것을 대표음으로 발음하는 경우

ㄳ	→	[ㄱ]	예 넋[넉]
ㄵ	→	[ㄴ]	예 앉대[안따]

ㄼ, ㄽ, ㄾ	→	[ㄹ]	예 얇다[얄ː따]
ㅄ	→	[ㅂ]	예 값[갑]

※ 'ㄼ'의 예외 경우

- '밟–'의 경우 자음 앞에서 'ㄼ'이 [ㅂ]으로 소리나고 뒤의 소리는 된소리로 바뀜. 예 밟대[밥ː따]
- '넓–'의 경우 '넓'이 '–적하다', '–죽하다', '–둥글다'와 만날 때 'ㄼ'이 [ㅂ]으로 소리남.

  예 넓적하대[넙쩌카다], 넓죽하대[넙쭈카다], 넓둥글대[넙뚱글다]

확인 문제

01 다음 빈칸에 들어갈 알맞은 자음을 쓰시오.

> 우리말에서 받침소리로 쓸 수 있는 자음은 'ㄱ, ㄴ, ㄷ, (   ), ㅁ, ㅂ, (   )'의 (   )개이다.

02 다음 단어들의 받침의 발음을 쓰시오.

(1) 밖 → (   )　　　(2) 솥 → (   )

03 단어의 발음이 올바르게 쓰인 것은?

① 넋[넛]　　② 값[갓]　　③ 넓둥글다[넙뚱글다]

04 〈보기〉에서 겹받침의 앞엣것을 대표음으로 발음하는 것에 ○표 하시오.

> 보기
>
> ㄳ　　ㅄ　　ㄿ　　ㄵ　　ㄼ

개념 정리

겹받침의 뒤엣것을 대표음으로 발음하는 경우

ㄺ	→	[ㄱ]	예 흙[흑]
ㄻ	→	[ㅁ]	예 삶[삼ː]
ㄿ	→	[ㅂ]	예 읊다[읍따]

※ 'ㄺ'의 예외
• 용언의 어간◆ 끝에 사용된 'ㄺ'은 'ㄱ' 앞에서 [ㄹ]로 발음함.
　예 맑게[말께], 묽고[물꼬], 얽거나[얼꺼나]

◆ **용언의 어간** 동사나 형용사가 활용할 때 변하지 않는 부분

• 받침의 발음 ③ - '받침+모음으로 시작된 조사나 어미◆, 접미사'의 결합

홑받침이나 쌍받침일 때는 제 소릿값대로 뒤 음절 첫소리로 옮겨 발음하고, 겹받침일 때는 뒤엣것만을 뒤 음절 첫소리로 옮겨서 발음해요. 이때, 'ㅅ'을 뒤 음절로 옮겨 발음할 때는 된소리◆인 [ㅆ]으로 발음한답니다.

◆ **어미** 용언 및 서술격 조사가 활용하여 변하는 부분

◆ **된소리** 발음 기관의 근육을 긴장시키거나 목소리가 나오는 통로를 좁혀 내는 소리. 'ㄲ', 'ㄸ', 'ㅃ', 'ㅆ', 'ㅉ' 따위가 있음.

홑받침, 쌍받침의 경우

옷이	→	[오시]
깎아	→	[까까]
덮이다	→	[더피다]

겹받침의 경우

앉아	→	[안자]	값이	→	[갑씨]
삶이	→	[살ː미]	넋이	→	[넉씨]
닭을	→	[달글]	없을	→	[업쓸]

확인 문제

05 밑줄 친 단어의 발음이 맞으면 ○, 틀리면 ×에 표시하시오.

(1) 오늘따라 달이 <u>밝다[발다]</u>. 　　　　(○ , ×)

(2) 엄마가 <u>삶은[살은]</u> 행주를 주셨다. 　(○ , ×)

(3) 시를 <u>읊던[읍떤]</u> 태주의 목소리가 좋았다. 　(○ , ×)

06 다음 단어들의 올바른 발음을 고르시오.

(1) 맑지 → [막찌 / 말찌]

(2) 묽고 → [묵꼬 / 물꼬]

(3) 삶이 → [삼ː이 / 살ː미]

(4) 읊지 → [을찌 / 읍찌]

07 〈보기〉의 단어들을 발음할 때 겹받침의 공통된 발음을 쓰시오.

> **보기**
>
> 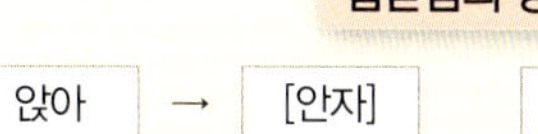
> 맑게　　밝게　　읽고

（　　　　　　　　）

08 다음 단어들의 알맞은 발음을 찾아 연결하시오.

(1) 닭을 •

(2) 핥다 •

(3) 넋이 •

　• ㉠ [할다]
　• ㉡ [할따]
　• ㉢ [닥을]
　• ㉣ [달글]
　• ㉤ [너기]
　• ㉥ [넉씨]

개념 정리

• 받침 'ㅎ'의 발음

• 'ㅎ(ㄶ, ㅀ)' 뒤에 'ㄱ, ㄷ, ㅈ'이 결합되는 경우에는, 뒤 음절 첫소리와 합쳐서 [ㅋ, ㅌ, ㅊ]으로 발음해요.

놓고[노코]	않던[안턴]	닳지[달치]

• 'ㅎ(ㄶ, ㅀ)' 뒤에 'ㅅ'이 결합되는 경우에는, 'ㅅ'을 [ㅆ]으로 발음해요.

닿소[다:쏘]	많소[만:쏘]	싫소[실쏘]

• 'ㅎ' 뒤에 'ㄴ'이 결합되는 경우에는 [ㄴ]으로 발음해요.

놓는[논는]	쌓네[싼네]

• 'ㅎ(ㄶ, ㅀ)' 뒤에 모음으로 시작되는 어미나 접미사가 결합되는 경우에는, 'ㅎ'을 발음하지 않아요.

낳은[나은]	많아[마:나]

• 모음 'ㅢ'의 발음

• 이중 모음♦ [ㅢ]로 발음하는 것을 원칙으로 해요.

의사[의사]	의자[의자]	의술[의술]

• 자음을 첫소리로 가지고 있는 음절의 'ㅢ'는 [ㅣ]로 발음해요.

늴리리[닐리리]	무늬[무니]	희망[히망]

• 단어의 첫음절 이외의 '의'는 [ㅣ]로, 조사 '의'는 [ㅔ]로 발음하는 것도 허용해요.

주의[주의/주이]	의의[의의/의이]	그녀의[그녀의/그녀에]

♦ **이중 모음** 발음하는 동안 입술 모양이나 혀의 위치가 변하는 모음으로 'ㅑ', 'ㅐ', 'ㅕ', 'ㅖ', 'ㅘ', 'ㅙ', 'ㅛ', 'ㅝ', 'ㅞ', 'ㅠ', 'ㅢ' 따위가 있음.

확인 문제

09 〈보기〉에 해당하는 예로 알맞지 <u>않은</u> 것은?

> **보기**
> 'ㅎ(ㄶ, ㅀ)' 뒤에 'ㄱ, ㄷ, ㅈ'이 결합되는 경우에는, 뒤 음절 첫소리와 합쳐서 [ㅋ, ㅌ, ㅊ]으로 발음해요.

① 놓고 　　② 좋소 　　③ 닳지

10 밑줄 친 단어의 올바른 발음을 고르시오.

(1) 나는 어깨가 <u>닿는</u>[닫:는 / 단:는] 것이 싫어.

(2) 우리 집 개가 <u>낳은</u>[나은 / 나흔] 강아지들이 참 예쁘다.

11 밑줄 친 부분을 'ㅔ'로 발음할 수 있는 예로 알맞은 것은?

① 띄엄띄엄 　　② 논의<u>의</u> 　　③ 늴리리

12 다음 밑줄 친 단어의 올바른 발음을 쓰시오.

(1) 삼촌은 <u>희망</u>에 차 있었다. 　　　　(　　　　)

(2) 그 옷의 <u>무늬</u>가 참 예쁘다. 　　　　(　　　　)

(3) 병원에서 <u>의사</u> 선생님을 만났다. 　(　　　　)

01 받침의 발음이 나머지와 <u>다른</u> 하나는?

① 빗   ② 옺
③ 겉   ④ 젖
⑤ 앞

02 밑줄 친 부분의 발음으로 알맞은 것은?

① 그를 대할 낯[낫]도 없다.
② 손님[솜님]맞이를 하느라 정신이 없다.
③ 강[강]물이 반짝반짝 보석처럼 빛난다.
④ 엄마는 부엌[부억] 안에서 맛있는 빵을 만든다.
⑤ 숲[숩]속으로 들어가니 마음까지 상쾌해졌다.

03 겹받침의 발음에 대한 설명으로 알맞지 <u>않은</u> 것은?

① 겹받침을 어말이나 자음 앞에서 발음할 때에는 겹받침 두 개의 자음 중 하나로 발음한다.
② 겹받침 'ㄳ', 'ㄵ', 'ㄼ, ㄽ', 'ㅄ'은 앞의 자음을 대표음으로 발음한다.
③ 겹받침 'ㄻ, ㅍ'은 뒤의 자음을 대표음으로 발음한다.
④ 겹받침 'ㄼ'은 앞의 자음을 대표음으로 발음하나 예외적으로 '밟–'이 모음 앞에 올 경우에는 [ㅂ]으로 발음한다.
⑤ 겹받침 'ㄺ'은 뒤의 자음을 대표음으로 발음하나 예외적으로 용언의 어간 끝에 사용된 'ㄺ'은 'ㄱ' 앞에서 [ㄹ]로 발음한다.

04 〈보기〉의 밑줄 친 부분의 발음으로 알맞은 것은?

> **보기**
>
> 창수야, 이 공원 엄청 <u>넓고</u> 좋다.

① [널고]   ② [널꼬]
③ [널브고]   ④ [넙고]
⑤ [넙꼬]

05 〈보기〉의 밑줄 친 부분의 발음 중 알맞은 것끼리만 묶은 것은?

> **보기**
> • 이 과일의 값은[갑은/갑쓴] 얼마예요?
> • 옷이 생각보다 얇지[얄:찌/얍:찌] 않다.
> • 엄마 없이[업시/업씨] 하루를 버텨야 한다.
> • 아기가 아이스크림을 핥아[할따/할타] 먹었다.

① 갑쓴, 얄:찌, 업시, 할따
② 갑쓴, 얄:찌, 업씨, 할따
③ 갑은, 얄:찌, 업시, 할타
④ 갑쓴, 얄:찌, 업씨, 할타
⑤ 갑은, 얍:찌, 업시, 할따

06 다음 학생들의 대화에서 밑줄 친 부분의 발음을 올바르게 고쳐 쓰시오.

> 학생 1: 계란을 삶아[삼마] 먹었더니 너무 맛있었어.
> 학생 2: 하하. 맛있었겠다.

07 겹받침의 발음이 같은 것끼리 묶은 것은?

① 값, 읊다 ② 맑게, 흙과
③ 묽고, 넋이 ④ 삶과, 앉다
⑤ 짧다, 넓적하다

08 〈보기〉에서 알 수 있는 발음 원리로 가장 알맞은 것은?

〔보기〕
얇다[얄:따]   넓게[널께]   밟고[밥:꼬]

① 겹받침 'ㄼ'은 자음 앞에서 모두 [ㄹ]로 발음된다.
② 겹받침 'ㄼ'은 자음 앞에서 모두 [ㅂ]으로 발음된다.
③ 겹받침 'ㄼ'은 '넓–'의 경우에만 자음 앞에서 [ㄹ]로 발음된다.
④ 겹받침 'ㄼ'은 모음 앞에서는 [ㅂ]으로 발음된다.
⑤ 겹받침 'ㄼ'은 '밟–'의 경우 자음 앞에서 [ㅂ]으로 발음된다.

09 표준 발음이 올바르지 않은 것은?

① 옷 + 이 → 옷이[오시]
② 깎 + 아 → 깎아[까까]
③ 닭 + 을 → 닭을[닥글]
④ 없 + 을 → 없을[업쓸]
⑤ 밖 + 에서 → 밖에서[바께서]

10 〈보기〉의 밑줄 친 부분과 동일한 원리로 발음해야 하는 말로 가장 알맞은 것은?

〔보기〕
그 박물관에 내일 가는 것도 좋소.

① 장바구니를 일단 내려놓고 손을 씻어.
② 그 일을 해결할 수 있는 방법은 많소.
③ 고양이가 새끼를 낳은 것을 알고 있니?
④ 마음의 짐을 내려놓는 방법도 생각해 봐.
⑤ 많고 많은 음식 중에 꼭 그것을 먹어야 하니?

11 〈보기〉를 참고하여 주어진 단어의 발음을 순서대로 쓰시오.

〔보기〕
• 모음 'ㅢ'는 이중 모음 [ㅢ]로 발음하는 것을 원칙으로 해요.
• 자음을 첫소리로 가지고 있는 음절의 'ㅢ'는 [ㅣ]로 발음해요.

의문   의복   띄어

12 표준 발음이 하나뿐인 예로 알맞은 것은?

① 무늬 ② 그의 ③ 의의
④ 그대의 ⑤ 토의의

13 〈보기〉의 ㉠~㉫ 중 발음이 올바른 것끼리 바르게 묶은 것은?

〔보기〕
㉠ 무릎[무릅] ㉢ 흙도[흑도]
㉡ 굵은[굴근] ㉣ 암탉[암탈]
㉤ 값이[갑시] ㉫ 넓둥글다[넙뚱글다]

① ㉠, ㉡, ㉢
② ㉠, ㉢, ㉫
③ ㉡, ㉢, ㉣
④ ㉡, ㉣, ㉤
⑤ ㉢, ㉤, ㉫

14 〈보기〉의 ㉠~㉣에 대한 내용으로 알맞지 <u>않은</u> 것은?

〔보기〕
㉠ 아빠가 삽으로 땅을 파셨다.
㉡ 숲에 작은 집이 있었다.
㉢ 박이 주렁주렁 열렸다.
㉣ 부엌에서 언제까지 있을 거니?

① ㉠의 '삽'과 ㉡의 '숲'은 홀로 쓰일 때 받침의 발음이 같다.
② ㉠의 '삽으로'는 [사브로]로, ㉡의 '숲에'는 [수페]로 발음해야 한다.
③ ㉢의 '박'과 '밖'은 동일한 소리로 발음된다.
④ ㉢의 '박'과 ㉣의 '엌'은 받침의 발음이 같다.
⑤ ㉣의 '부엌'은 홀로 쓰일 때는 [부억]으로 발음되지만 '부엌에서'와 같이 조사가 붙으면 [부어게서]로 발음된다.

15 〈보기〉는 모음 'ㅢ'의 발음 양상을 정리한 것이다. ⓐ~ⓔ에 들어갈 모음으로 알맞지 <u>않은</u> 것은?

〔보기〕
· 자음을 첫소리로 가지고 있는 'ㅢ': ⓐ 로 발음함.
· 단어의 첫음절 이외의 'ㅢ': ⓑ 로 발음하는 것이 원칙이지만 ⓒ 로 발음하는 것도 허용함.
· 조사 'ㅢ': ⓓ 로 발음하는 것이 원칙이지만 ⓔ 로 발음하는 것도 허용함.

① ⓐ: ㅣ
② ⓑ: ㅢ
③ ⓒ: ㅡ
④ ⓓ: ㅢ
⑤ ⓔ: ㅔ

16 〈보기 1〉을 참고하여 〈보기 2〉의 밑줄 친 부분을 발음한 것으로 올바른 것은?

〔보기 1〕
제11항 겹받침 'ㄻ, ㄺ, ㄿ'은 어말 또는 자음 앞에서 각각 [ㄱ, ㅁ, ㅂ]으로 발음한다.
　　　다만, 용언의 어간 말음 'ㄺ'은 'ㄱ' 앞에서 [ㄹ]로 발음한다.
제23항 받침 'ㄱ(ㄲ, ㅋ, ㄳ, ㄺ), ㄷ(ㅅ, ㅆ, ㅈ, ㅊ, ㅌ), ㅂ(ㅍ, ㄼ, ㄿ, ㅄ)' 뒤에 연결되는 'ㄱ, ㄷ, ㅂ, ㅅ, ㅈ'은 된소리로 발음한다.

〔보기 2〕
· 하늘은 유난히 맑고 바람도 잔잔한 날에
· 전국이 맑다가 차차 흐려지겠습니다.

① [막고], [말따가]
② [말고], [막다가]
③ [말꼬], [막따가]
④ [말꼬], [막다가]
⑤ [말고], [말따가]

17 다음 밑줄 친 단어의 발음을 쓰고 그에 해당하는 발음 규칙이 무엇인지 서술하시오.

그는 세 사람의 몫도 거뜬히 해냈다.

올바른 표기

| 교과 연계 | 중학교 국어 2학년_단어의 정확한 발음과 표기

IV 국어의 역사와 규범
DAY 12 한글의 창제 원리
DAY 13 올바른 발음
DAY 14 올바른 표기
한글 맞춤법 총칙
발음이 같아서 헷갈리는 표기
자주 틀리는 표기

개념 정리

• 한글 맞춤법♦의 원칙

> 제1항 한글 맞춤법은 표준어를 소리대로 적되, 어법에 맞도록 함을 원칙으로 한다.

한글 맞춤법 제1항에서 '소리대로 적되'라는 말은 표준어를 소리 나는 대로 적는 것이 원칙이라는 의미예요. '어법에 맞도록 함'이라는 말은 음운 환경이 달라져도 한글의 뜻을 파악하기 쉽도록 형태소♦의 본래 형태를 고정하여 표현한다는 의미예요.

♦ **한글 맞춤법** 우리말을 한글로 적을 때 지켜야 할 기준을 정하여 놓은 것

♦ **형태소** 뜻을 가진 가장 작은 말의 단위

표기와 소리가 일치하는 것		표기와 소리가 일치하지 않는 것	
예 구름[구름]	나비[나비]	예 꽃이[꼬치]	늙지[늑찌]

• 발음이 같아서 헷갈리는 표기

[반드시]	반드시	예 **반드시** 시간을 지킬 거야.	[부치다]	부치다	예 편지를 집으로 **부치다**.
	반듯이	예 **반듯이** 앉아 있어라.		붙이다	예 메모지를 벽에 덕지덕지 **붙이다**.
[다치다]	다치다	예 자전거를 타다가 넘어져서 **다치다**.	[마치다]	마치다	예 일을 **마치다**.
	닫히다	예 바람이 세게 불어 문이 **닫히다**.		맞히다	예 수수께끼를 **맞히다**.

확인 문제

01 다음 빈칸에 들어갈 알맞은 말을 쓰시오.

> 한글 맞춤법은 표준어를 (　　　)대로 적되, (　　　)에 맞도록 함을 원칙으로 한다.

02 〈보기〉의 단어를 표기와 소리가 일치하는 것과 표기와 소리가 일치하지 않는 것으로 나누시오.

> 보기
> 꽃을　나무　사람　떡볶이　입술

표기와 소리가 일치하는 것	표기와 소리가 일치하지 않는 것

03 다음 단어들의 올바른 표기를 골라 ○표 하시오.

(1) 밥을 / 바블　(2) 꽃게 / 꼳게　(3) 무늬 / 무니

04 다음 문장에 넣을 수 있는 올바른 표기를 찾아 연결하시오.

(1) 은행 문이 (　　　).　•

(2) 포스터를 벽에 (　　　).　•

• ㉠ 다치다
• ㉡ 닫히다
• ㉢ 부치다
• ㉣ 붙이다

개념 정리

• 자주 틀리는 표기 ①

만듬(×) / 만듦(○)

용언의 어간과 어미는 구별하여 적는 것이 원칙*이므로 '만들다'의 경우 어간인 '만들–'에 명사를 만들어 주는 어미 '–ㅁ'을 붙여 만든 '만듦'이 올바른 표기예요.

⟨예⟩ 가구를 만듬(×) / 가구를 만듦(○)

웬지(×) / 왠지(○)

'왜 그런지 모르게, 또는 뚜렷한 이유도 없이'의 의미를 지닌 '왜인지'의 줄임말이므로 '웬지'가 아닌 '왠지'로 표기해야 해요.

⟨예⟩ 왠지 그녀가 자꾸 생각이 난다.(○) / 웬지 그녀가 자꾸 생각이 난다.(×)

◆ **한글 맞춤법 제15항** 용언의 어간과 어미는 구별하여 적는다.
⟨예⟩ 먹어(○), 머거(×)
좋고(○), 조코(×)

• 자주 틀리는 표기 ②

안/않	'아니'의 준말	안	⟨예⟩ 서점에 아니 갔다. → 서점에 안 갔다.
	'아니하–'의 준말	않	⟨예⟩ 서점에 가지 아니하다. → 서점에 가지 않다.
되/돼	'되어'로 풀 수 없는 말	되	⟨예⟩ 그거 잡아도 되어+니? → 돼니? (×) / 되니? (○)
	'되어'로 풀 수 있는 말	돼	⟨예⟩ 그거 잡아도 되어+요? → 돼요? (○) / 되요? (×)

🍯 **정보**

'되/돼'와 동일한 '뵈/봬'

'되/돼'처럼 '뵈/봬' 역시 '뵈어'로 풀 수 있는 말은 '봬', '뵈어'로 풀 수 없는 말은 '뵈'를 사용해요.
⟨예⟩ 내일 뵈어 + 요
→ 봬요(○) / 뵈요(×)
그를 뵈어 + 면
→ 봬면(×) / 뵈면(○)

확인 문제

05 다음 문장에서 올바른 표기를 골라 ○표 하시오.

(1) 오늘 공부를 무사히 (마쳤다 / 맞혔다).

(2) 재선이는 두 다리를 (반드시 / 반듯이) 폈다.

06 밑줄 친 단어의 표기가 맞으면 ○, 틀리면 ×에 표시하시오.

(1) 맛있는 음식을 <u>만듦</u>.　　　　　(○ , ×)

(2) <u>웬지</u> 기분이 좋아졌다.　　　　(○ , ×)

07 다음 문장에서 올바른 표기를 골라 ○표 하시오.

(1) 배가 아파서 점심을 (안 / 않) 먹었다.

(2) 오늘은 책을 한 권도 읽지 (안 / 않)았다.

08 다음 빈칸에 들어갈 알맞은 말을 쓰시오.

'되/돼'의 사용을 구분하는 기준은 '(　　　　)'로 풀어 쓸 수 있느냐 없느냐이다.

내신 대비 문제

01 한글 맞춤법 제1항에 대한 설명으로 알맞지 <u>않은</u> 것은?

① 우리가 한글을 쓸 때 지켜야 할 규칙을 한글 맞춤법이라고 한다.
② 한글 맞춤법에서 '소리대로 적되'라는 것은 표준어를 소리 나는 대로 적는 것이 원칙이라는 의미이다.
③ '어법에 맞도록' 적는다는 말은 한글의 뜻을 파악하기 쉽게 본모양을 밝혀서 적어야 한다는 의미이다.
④ 한글 맞춤법에 따르면 '나비, 동물'은 소리대로 표기해야 한다.
⑤ 한글 맞춤법의 소리대로 적으라는 원칙에 따라 '꽃이', '꽃만'은 '꼬치', '꼰만'으로 표기해야 한다.

02 〈보기〉의 ㉠~㉣을 분류 기준에 따라 알맞게 나눈 것은?

┌─ 보기 ─────────────────────────────┐
㉠ 값어치　　㉡ 달래　　㉢ 노름　　㉣ 걸음
└──────────────────────────────────┘

	어법에 맞게 적음.	소리 나는 대로 적음.
①	㉠, ㉡	㉢, ㉣
②	㉠, ㉣	㉡, ㉢
③	㉠, ㉢	㉡, ㉣
④	㉠, ㉡, ㉢	㉣
⑤	㉡	㉠, ㉢, ㉣

03 밑줄 친 단어의 표기가 올바르지 <u>않은</u> 것은?

① 그녀는 <u>웃음</u>이 많다.
② 생각보다 호수가 <u>깊다.</u>
③ 아기가 방긋방긋 <u>웃는다.</u>
④ 오늘 엄마와 시장에 <u>가따.</u>
⑤ 넌 참 <u>행복한</u> 사람인 것 같아.

04 〈보기〉의 문장들이 잘못된 이유로 알맞은 것은?

┌─ 보기 ─────────────────────────────┐
• 호랑나비의 무니가 예쁘다.
• 이버네 여행 온 캠핑장이 조타.
• 우리 집 앞 개울은 생각보다 널따.
└──────────────────────────────────┘

① 뜻을 파악하기 쉽게 적었기 때문이다.
② 표준어의 발음대로 적지 않았기 때문이다.
③ 본래의 단어 형태를 알아볼 수 있게 적었기 때문이다.
④ 문장에 반드시 들어가야 할 품사가 빠졌기 때문이다.
⑤ 어법에 맞지 않게 소리 나는 대로 표기하였기 때문이다.

05 〈보기〉의 ㉠~㉢ 중 표기가 올바른 것끼리 묶은 것은?

┌─ 보기 ─────────────────────────────┐
• 너는 내일까지 ㉠<u>반드시</u> 그 일을 마쳐야 한다.
• 퀴즈의 문제를 잘 ㉡<u>맞혀야</u> 다음 단계에 진출한다.
• 다리에 얼른 반창고를 ㉢<u>부쳐라.</u>
└──────────────────────────────────┘

① ㉠　　　　　　　　　　② ㉡
③ ㉠, ㉡　　　　　　　　④ ㉡, ㉢
⑤ ㉠, ㉢

06 다음 문장에서 잘못된 표기를 찾아 알맞게 고쳐 쓰시오.

┌──────────────────────────────────┐
오늘따라 매운 떠뽀끼나 김치찌게가 먹고 싶다.
└──────────────────────────────────┘

07 밑줄 친 부분의 준말을 알맞게 적은 것은?

① 자꾸 울면 아니 돼. → 않
② 책을 읽지 아니하다. → 않
③ 다음 주 일요일에 뵈어요. → 뵈
④ 왜인지 몸이 으슬으슬 춥다. → 웬지
⑤ 치료가 잘 되어서 다행이다. → 되서

08 〈보기〉의 ㉠~㉢을 고쳐 쓰기 위한 방법으로 알맞은 것은?

> **보기**
> ㉠ 인간은 언젠가는 모두 능는다.
> ㉡ 무거운 짐을 지다가 허리가 달혔다.
> ㉢ 왠지 좋은 이리 생길 것 가튼 기분이 들었다.

① ㉠의 '인간은'을 '인가는'으로 고쳐 쓴다.
② ㉠의 '능는다'를 '늙는다'로 고쳐 쓴다.
③ ㉡의 '달혔다'를 '닳쳤다'로 고쳐 쓴다.
④ ㉢의 '가튼'을 '같튼'으로 고쳐 쓴다.
⑤ ㉢의 '이리'를 '일리'로 고쳐 쓴다.

09 밑줄 친 단어를 어법에 맞게 고쳐 쓴 것은?

① 바로 머거도 되니? → 멀어도
② 이바네 혓바늘이 생겼어. → 입아네
③ 산을 너머야 바다가 보인다. → 넘어야
④ 얼른 오뚜기처럼 일어나야지. → 오뚝기
⑤ 우리는 해도지를 보러 바다에 갔다. → 해돋이

10 〈보기〉에서 잘못된 표기를 찾아 고쳐 쓴 것으로 알맞지 않은 것은?

> **보기**
> 수진아, 요즘 하는 일은 잘 돼지? 만난 지 오레 되어서 걱정이 마나. 저번에 다친 팔은 이제 아프지 안지? 왠지 오늘따라 네가 생각나네. 언제든지 연락해. 항상 기다릴게.

① 돼지 → 되지 ② 오레 → 오래
③ 마나 → 많아 ④ 안지 → 않지
⑤ 왠지 → 웬지

11 올바른 표기로 이루어진 문장이 아닌 것은?

① 너는 왜 발근 색 옷만 입어?
② 엄마를 도와서 청소와 빨래를 하자.
③ 그와의 말다툼은 이제 그만하고 싶어.
④ 저 건물 뒤에 새로운 쇼핑몰이 생길 거래.
⑤ 오늘 저녁에는 맛있는 해산물을 먹는 게 어때?

12 〈보기〉의 한글 맞춤법을 참고하여 주어진 문장에서 알맞은 표기를 고르고 그 이유를 서술하시오.

> **보기**
> 제15항 용언의 어간과 어미는 구별하여 적는다.

> 우리는 산을 (너머 / 넘어) 마을에 도착했다.

음운과 통일 시대의 국어

DAY 15~18

DAY 15	음운의 개념과 종류
DAY 16	모음 체계
DAY 17	자음 체계
DAY 18	통일 시대의 국어

V 음운과 통일 시대의 국어

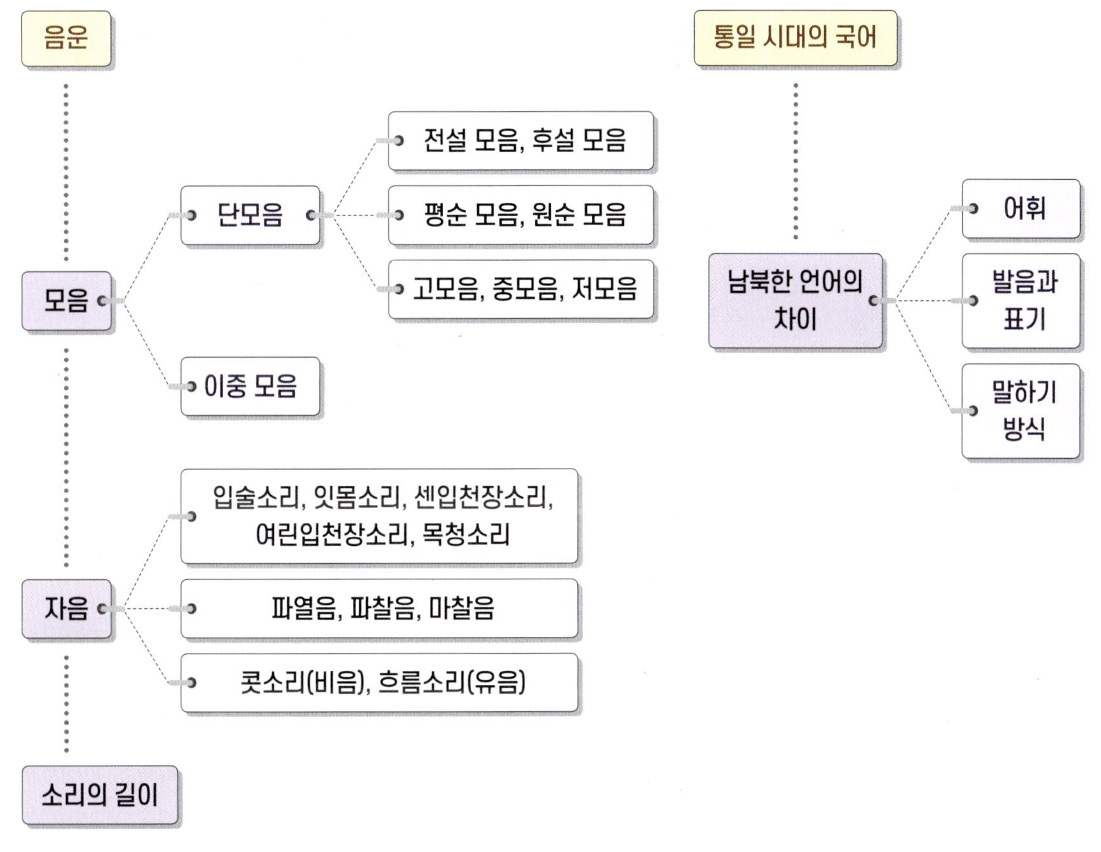

음운의 개념과 종류

| 교과 연계 | 중학교 국어 3학년_음운의 체계와 특성

V 음운과 통일 시대의 국어
DAY 15 음운의 개념과 종류
DAY 16 모음 체계
DAY 17 자음 체계
DAY 18 통일 시대의 국어

음운의 개념
음운의 종류 ① - 모음과 자음
음운의 종류 ② - 소리의 길이

개념 정리

• 음운의 개념

단어의 뜻을 구별해 주는 소리의 가장 작은 단위를 '음운'이라고 해요. 음운 자체는 뜻을 가지고 있지 않지만 음운의 차이로 말의 뜻이 달라져요. 이러한 국어의 음운에는 모음, 자음, 소리의 길이 등이 있답니다.

> **꿀 정보**
>
> **음운과 음절**
>
> 음운은 더 이상 쪼갤 수 없는 소리의 가장 작은 단위이지만, 글자 수를 나타내는 음절은 음운 단위로 쪼갤 수 있어요.
>
> **음절**
> 한 번에 낼 수 있는 소리의 단위 예 그, 약, 굴 등

확인 문제

01 다음 빈칸에 들어갈 말로 알맞은 것은?

> 음운이란 (   )의 뜻을 구별해 주는 가장 작은 소리의 단위를 말한다.

① 소리　　　　② 형태　　　　③ 말

02 〈보기〉를 참고하여 단어의 음운을 분석하시오.

> **보기**
>
> 담 → ㄷ, ㅏ, ㅁ

(1) 벌 → (   )

(2) 종 → (   )

03 다음은 음운을 중심으로 〈보기〉의 단어들 간의 차이를 정리한 것이다. 빈칸에 들어갈 알맞은 내용을 쓰시오.

> **보기**
>
> 갈　　강　　갓

→ 자음 (,   ,   )에 의해 뜻이 달라진다.

04 다음 단어에 사용된 음운의 개수를 쓰시오.

(1) 달 (   )　　　　(2) 산 (   )

(3) 친구 (   )　　　　(4) 선물 (   )

개념 정리

• 음운의 종류 ① – 모음과 자음

모음	• 발음할 때 공기의 흐름이 발음 기관의 방해를 받지 않고 나옴. • 홀로 발음될 수 있어 모음만으로도 음절을 이룰 수 있음.
자음	• 발음할 때 공기의 흐름이 발음 기관의 방해를 받고 나옴. • 홀로 음절을 이룰 수 없어 모음과 결합해야 음절을 이룰 수 있음.

모음
ㅏ, ㅐ, ㅑ, ㅒ, ㅓ, ㅔ, ㅕ, ㅖ
ㅗ, ㅘ, ㅙ, ㅚ, ㅛ, ㅜ, ㅝ, ㅞ
ㅟ, ㅠ, ㅡ, ㅢ, ㅣ

자음
ㄱ, ㄲ, ㄴ, ㄷ, ㄸ, ㄹ, ㅁ, ㅂ
ㅃ, ㅅ, ㅆ, ㅇ, ㅈ, ㅉ, ㅊ, ㅋ
ㅌ, ㅍ, ㅎ

• 음운의 종류 ② – 소리의 길이

모음과 자음 이외에, 단어의 뜻을 구별하는 음운의 기능을 하는 것 중 하나로 소리의 길고 짧음에 따라 단어의 뜻이 구분돼요.

눈[눈] ——— 눈[눈ː]　　말[말] ——— 말[말ː]　　굴[굴] ——— 굴[굴ː]

꿀 정보

분절 음운과 비분절 음운

분절 음운
도막으로 나눌 수 있으면서 의미의 차이를 가져오는 것을 말함. 예) 자음, 모음

비분절 음운
의미의 차이는 있지만 도막으로 나눌 수 없는 것을 말함. 예) 소리의 길이, 음의 높낮이, 음의 강약 등

확인 문제

05 다음 단어들의 뜻을 구별해 주는 소리를 찾아 쓰시오.

(1) 불 – 물 → (　　：　　)

(2) 낫 – 낮 → (　　：　　)

(3) 섬 – 숨 → (　　：　　)

06 다음 모음에 대한 설명이 맞으면 ○, 틀리면 ×에 표시하시오.

(1) 단어의 뜻을 구별하는 음운에 해당한다.　　(○ , ×)

(2) 홀로 소리 낼 수 없으므로 반드시 자음과 함께 발음해야 한다.　　(○ , ×)

(3) 발음할 때 공기의 흐름이 발음 기관의 방해를 받지 않고 나온다.　　(○ , ×)

07 다음은 자음의 특징을 정리한 것이다. 빈칸에 들어갈 알맞은 내용을 쓰시오.

> • 발음할 때 (　　　　)의 흐름이 발음 기관의 방해를 받고 나온다.
> • 'ㄱ, ㄲ, ㄴ, ㄷ, ㄸ, ㄹ, ㅁ, (　　), ㅃ, ㅅ, ㅆ, (　　), ㅈ, ㅉ, ㅊ, ㅋ, (　　), ㅍ, ㅎ'이 있다.

08 밑줄 친 단어의 뜻을 고려할 때, 소리의 길이를 알맞게 표시한 것은?

① 그 <u>말[말ː]</u>은 매우 빨리 달린다.

② 나뭇가지 위에 <u>눈[눈ː]</u>이 쌓였다.

③ 어제는 <u>밤[밤ː]</u>에 잠을 자지 못했다.

내신 대비 문제

01 음운에 대한 설명으로 알맞은 것은?

① 뜻을 가진 가장 작은 말의 단위이다.
② 음운은 보다 더 작은 단위로 쪼갤 수 있다.
③ 우리말의 음운에는 모음과 자음, 소리의 길이 등이 있다.
④ 모음과 자음이 어울려 한 덩어리로 내는 말소리의 단위이다.
⑤ 우리말의 음운은 '모음 + 자음', '자음 + 모음' 등의 두 가지 방식으로만 결합한다.

02 단어들의 뜻을 구별해 주는 소리를 정리한 것으로 알맞지 <u>않은</u> 것은?

① 발-말 → (ㅂ : ㅁ)
② 돌-둘 → (ㅗ : ㅜ)
③ 강-방 → (ㄱ : ㅂ)
④ 산-손 → (ㅏ : ㅗ)
⑤ 풀-뿔 → (ㅍ : ㅂ)

03 음운의 개수가 나머지와 <u>다른</u> 것은?

① 소리
② 호수
③ 각도
④ 아침
⑤ 부자

04 단어에 쓰인 모음과 자음을 알맞게 분석한 것은?

① 오리 - ㅇ, ㅗ, ㄹ, ㅣ
② 새장 - ㅅ, ㅐ, ㅈ, ㅏ
③ 찌개 - ㅈ, ㅈ, ㅣ, ㄱ, ㅐ
④ 숙제 - ㅅ, ㅜ, ㄱ, ㅈ, ㅓ, ㅣ
⑤ 철학 - ㅊ, ㅓ, ㄹ, ㅎ, ㅏ, ㄱ

05 다음 단어와 자음의 수가 같은 것끼리 묶은 것은?

> 곤드레

① 감각, 사자
② 방문, 짝꿍
③ 수영, 캠핑
④ 관광, 강아지
⑤ 민들레, 옥수수

06 다음은 〈보기〉의 단어에 대한 발음 방법을 비교한 것이다. 빈칸에 들어갈 단어를 순서대로 쓰시오.

〈보기〉

> 아이　　바지

→ 〈보기〉의 단어 중 '(　　　)'는 발음할 때 공기의 흐름이 발음 기관의 방해를 받고 나오고, '(　　　)'는 발음할 때 공기의 흐름이 발음 기관의 방해를 받지 않고 나온다.

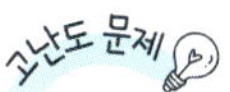

07 자음과 모음에 대해 대화를 나눈 내용으로 알맞지 <u>않</u>은 것은?

① 형준: 우리말의 자음과 모음은 음운의 종류에 해당한다고 해.
② 태수: 그렇다면 자음이나 모음이 바뀌면 말의 뜻도 달라질 수 있겠구나.
③ 상미: 그런데 모음은 홀로 소리 낼 수 있어서 모음만으로도 음절을 이룰 수 있대.
④ 지아: 그렇지만 자음이나 모음은 소리가 나오는 방식은 서로 동일하다고 할 수 있어.
⑤ 미리: 반면 자음은 홀로 음절을 이룰 수 없어서 모음을 더하여 소리 내야 한다고 해.

08 〈보기〉의 ㉠~㉢에 대한 설명으로 알맞지 <u>않</u>은 것은?

〔보기〕
㉠ 밤   ㉡ 박   ㉢ 방

① ㉠은 'ㅂ', 'ㅏ', 'ㄲ'으로 나눌 수 있다.
② ㉡과 ㉢은 각각 3개의 음운으로 이루어져 있다.
③ ㉠~㉢은 동일하게 'ㅏ'라는 모음을 포함하고 있다.
④ ㉠~㉢은 소리의 길이에 따라 뜻이 서로 구별된다.
⑤ ㉠~㉢이 다른 뜻의 말이 되게 하는 것은 자음의 영향이다.

09 밑줄 친 단어 중 길게 소리 내야 하는 것은?

① 오랜만에 <u>굴</u>을 먹으니 더 맛있다.
② 가는 <u>말</u>이 고와야 오는 말이 곱다.
③ 너는 어쩌면 그렇게 <u>눈</u>이 예쁘니?
④ 밤에는 하늘에 <u>별</u>이 반짝반짝 빛난다.
⑤ <u>병</u>을 깨끗하게 씻어서 분리배출 해야 한다.

10 〈보기〉의 ㉠~㉣ 중 길게 소리 내야 하는 단어를 포함한 문장을 모두 골라 바르게 묶은 것은?

〔보기〕
㉠ 하늘에서 펑펑 <u>눈</u>이 내렸다.
㉡ 그녀가 보고 싶어 <u>병</u>이 났다.
㉢ 원시인들은 <u>굴</u> 속에서 생활했다.
㉣ 조용하던 <u>말</u>이 갑자기 날뛰었다.

① ㉠, ㉡   ② ㉢, ㉣
③ ㉠, ㉡, ㉢   ④ ㉠, ㉢, ㉣
⑤ ㉡, ㉢, ㉣

11 〈보기〉를 탐구한 내용으로 알맞지 <u>않</u>은 것은?

〔보기〕
ㅂ   ㅗ   ㅁ   ㅇ

① 모두 공기의 흐름이 발음 기관의 방해를 받고 나오는 소리들이다.
② 말의 뜻을 구별하여 주는 소리의 가장 작은 단위인 음운에 해당한다.
③ 소리의 길이나 높낮이, 억양 등의 정보를 포함하고 있지 않다.
④ 'ㅂ', 'ㅗ', 'ㅁ'을 이용하여 '봄'이라는 글자를 만들 수 있다.
⑤ '봄'의 끝소리에 'ㅁ' 대신 'ㅇ'을 넣으면 뜻이 다른 새로운 단어가 된다.

12 다음 문장에 사용된 분절 음운을 종류별로 분석하여 서술하시오.

친구를 만난다.

모음 체계

| 교과 연계 | 중학교 국어 3학년_음운의 체계와 특성

V 음운과 통일 시대의 국어
- DAY 15 음운의 개념과 종류
- DAY 16 모음 체계 — 단모음 / 이중 모음
- DAY 17 자음 체계
- DAY 18 통일 시대의 국어

개념 정리

• 단모음과 이중 모음

모음은 크게 단모음과 이중 모음으로 분류할 수 있어요. 단모음과 이중 모음으로 분류하는 기준은 소리를 낼 때 입술이나 혀의 움직임 유무랍니다. 소리를 낼 때 입술이나 혀가 고정되어 움직이지 않는 모음을 '단모음'이라 하고, 입술이나 혀가 움직이는 모음을 '이중 모음'이라고 해요.

단모음	ㅏ, ㅐ, ㅓ, ㅔ, ㅗ, ㅚ, ㅜ, ㅟ, ㅡ, ㅣ
이중 모음	ㅑ, ㅒ, ㅕ, ㅖ, ㅘ, ㅙ, ㅛ, ㅝ, ㅞ, ㅠ, ㅢ

• 단모음의 분류 ① – 혀의 높이에 따른 구분

단모음을 발음할 때 혀의 높이에 따라 고모음, 중모음, 저모음♦으로 나눠요.

고모음	발음할 때 입이 조금 열려서 혀의 위치가 높은 모음	ㅣ, ㅟ, ㅡ, ㅜ
중모음	발음할 때 입이 더 열려서 혀의 위치가 중간인 모음	ㅔ, ㅚ, ㅓ, ㅗ
저모음	발음할 때 입이 크게 열려서 혀의 위치가 낮은 모음	ㅐ, ㅏ

♦ 고모음, 중모음, 저모음
고모음은 입이 조금만 열리므로 폐(閉)모음, 저모음은 입이 많이 벌어지므로 개(開)모음이라고 부르기도 함.

확인 문제

01 〈보기〉에 제시된 모음 중 단모음만 찾아 쓰시오.

> **보기**
> ㅏ, ㅑ, ㅓ, ㅕ, ㅋ, ㅜ, ㅔ, ㅠ

02 다음 ㉠과 ㉡에 들어갈 알맞은 말을 쓰시오.

> 모음은 발음할 때 (㉠)의 모양이나 (㉡)의 위치가 변하느냐, 변하지 않느냐에 따라 단모음과 이중 모음으로 나뉜다.

03 이중 모음이 사용된 말이 <u>아닌</u> 것은?

① 개울　　　② 유부　　　③ 의사

04 고모음이 사용된 것에는 '고', 중모음이 사용된 것에는 '중', 저모음이 사용된 것에는 '저'를 쓰시오.

(1) 낫 (　　　)　　　(2) 위 (　　　)

(3) 봉 (　　　)　　　(4) 해 (　　　)

개념 정리

• 단모음의 분류 ② – 혀의 최고점의 위치에 따른 구분

단모음을 발음할 때 혀의 최고점의 앞뒤 위치에 따라 전설 모음과 후설 모음으로 나눠요.

전설 모음	입천장의 중간점을 기준으로 하여 혀의 최고점이 그 앞쪽에 있을 때 발음이 되는 모음	ㅐ, ㅔ, ㅚ, ㅟ, ㅣ
후설 모음	입천장의 중간점을 기준으로 하여 혀의 최고점이 그 뒤쪽에 있을 때 발음이 되는 모음	ㅏ, ㅓ, ㅗ, ㅜ, ㅡ

• 단모음의 분류 ③ – 입술의 모양에 따른 구분

단모음을 발음할 때 입술의 모양에 따라 원순 모음과 평순 모음으로 나눠요.

원순 모음	발음할 때 입술을 둥글게 오므리는 모음	ㅗ, ㅚ, ㅜ, ㅟ
평순 모음	발음할 때 입술을 평평하게 하는 모음	ㅏ, ㅐ, ㅓ, ㅔ, ㅡ, ㅣ

• 단모음 체계 정리표

혀의 앞뒤 위치	전설 모음		후설 모음	
입술의 모양 혀의 높이	평순 모음	원순 모음	평순 모음	원순 모음
고모음	ㅣ	ㅟ	ㅡ	ㅜ
중모음	ㅔ	ㅚ	ㅓ	ㅗ
저모음	ㅐ		ㅏ	

꿀 정보

국어의 모음 사각도

확인 문제

05 발음을 고려하여 다음 모음을 혀의 최고점의 앞뒤 위치에 따라 분류하시오.

(1) ㅚ •

(2) ㅏ •

(3) ㅡ •

• ㉠ 전설 모음

• ㉡ 후설 모음

06 단모음의 분류 기준이 <u>아닌</u> 것은?

① 혀의 높이

② 입술의 모양

③ 입술의 크기

07 단모음에 대한 설명이 맞으면 ○, 틀리면 ×에 표시하시오.

(1) 전설 모음에는 'ㅐ, ㅔ, ㅚ, ㅟ, ㅣ'가 있다. (○ , ×)

(2) 혀의 높이에 따라 원순 모음과 평순 모음으로 나눈다. (○ , ×)

(3) 입술의 모양에 따라 고모음, 중모음, 저모음으로 나뉜다. (○ , ×)

08 전설 모음이 사용된 말이 <u>아닌</u> 것은?

① 가구　　　② 위인　　　③ 매미

01 모음에 대한 설명으로 알맞지 <u>않은</u> 것은?

① 우리말의 단모음은 모두 10개이다.
② 'ㅑ, ㅒ, ㅕ, ㅖ, ㅘ, ㅙ'는 이중 모음이다.
③ 발음 시 혀의 높이에 따라 고모음, 중모음, 저모음으로 나뉜다.
④ 발음할 때 혀의 움직임 유무에 따라 전설 모음과 후설 모음으로 나뉜다.
⑤ 단모음 중 'ㅏ, ㅐ, ㅓ, ㅔ, ㅡ, ㅣ'는 발음할 때 입술을 둥글게 오므리지 않는다.

02 밑줄 친 말 중 이중 모음이 포함되지 <u>않은</u> 것은?

① <u>의사</u> 선생님을 만나고 왔다.
② 나무에 <u>열매</u>가 많이 열렸다.
③ 오늘 <u>우유</u>를 너무 많이 마셨다.
④ 이번 주에 회사에서 <u>야유회</u>를 간다.
⑤ <u>친구</u>가 상을 탄 것을 진심으로 축하해 주었다.

03 〈보기〉와 같이 단모음을 분류할 때, ㉠에 해당하는 것은?

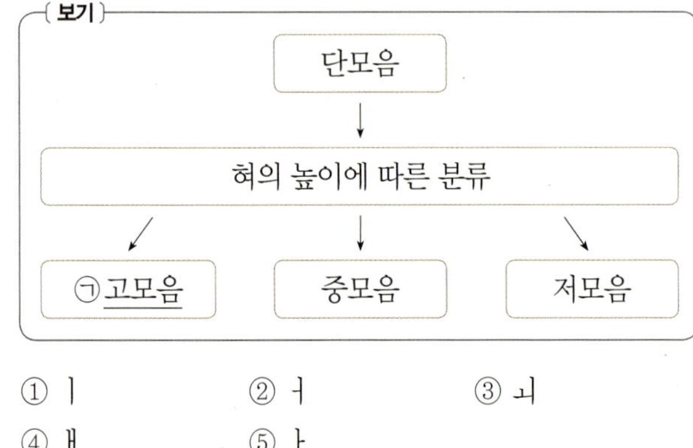

① ㅣ   ② ㅓ   ③ ㅚ
④ ㅐ   ⑤ ㅏ

04 혀의 최고점이 앞쪽에 있는 모음끼리 묶은 것은?

① ㅐ, ㅏ   ② ㅚ, ㅜ
③ ㅟ, ㅣ   ④ ㅜ, ㅡ
⑤ ㅓ, ㅗ

05 〈보기〉와 같이 모음을 구분한 기준으로 알맞은 것은?

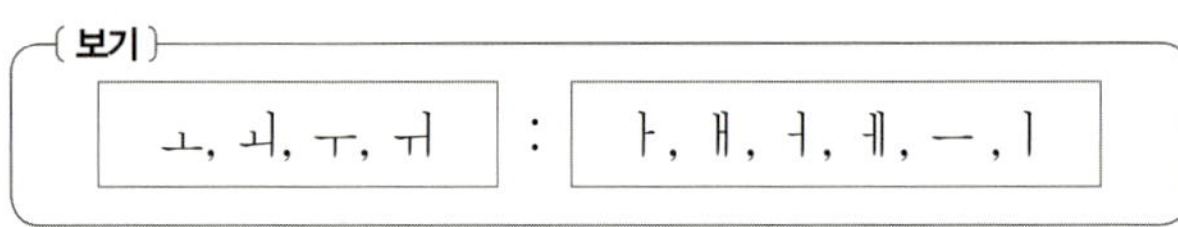

① 혀의 높이 차이
② 혀의 앞뒤 위치
③ 소리의 길이 차이
④ 입술의 모양 차이
⑤ 입술의 움직임의 유무

06 〈보기〉를 참고하여 제시된 모음이 어떤 모음에 해당하는지 쓰시오.

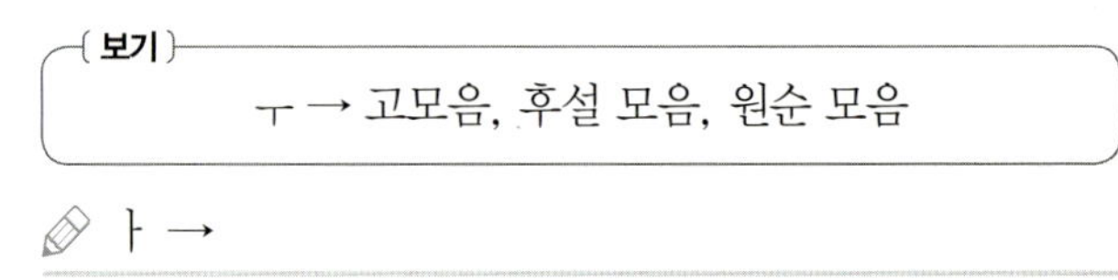

✎ ㅏ →

07 평순 모음이 사용된 말이 <u>아닌</u> 것은?

① 아이　　　② 금괴　　　③ 개미
④ 곤충　　　⑤ 어부

08 〈보기〉에 제시된 모음들의 공통적인 특징으로 알맞은 것은?

> **보기**
>
> ㅣ, ㅟ, ㅡ, ㅜ

① 발음할 때 혀의 높이가 높다.
② 발음할 때 혀를 평평하게 만든다.
③ 발음할 때 입술이 둥글게 오므라진다.
④ 발음할 때 혀의 최고점의 위치가 앞쪽에 있다.
⑤ 발음할 때 입술 모양이나 혀의 위치가 변한다.

09 〈보기〉에서 설명하는 모음이 사용된 말로 알맞은 것은?

> **보기**
>
> • 혀의 높이가 중간 정도임.
> • 입술이 둥글게 오므라짐.
> • 입천장의 중간점을 기준으로 혀의 최고점의 위치가 앞쪽에 있음.

① 구두　　　② 외갓집　　　③ 우산
④ 빵　　　　⑤ 옥수수

고난도 문제

10 〈보기〉의 ㉠~㉤ 중 단모음이 사용되지 <u>않은</u> 것은?

> **보기**
>
> 재형: ㉠애들아, 이번 ㉡회의 주제는 '한 줄 서기를 잘 합시다'야.
> 유림: 요즘 ㉢급식실 갈 때 줄 서기를 잘 지키지 않아 ㉣사고가 많이 나는 것 같아.
> 수아: 그래, 지난주에도 예빈이가 다쳤잖아. 이번 기회에 안전 ㉤교육 시간을 따로 마련해야 할 것 같아.

① ㉠　　　② ㉡　　　③ ㉢
④ ㉣　　　⑤ ㉤

고난도 문제

11 ㉠~㉣에 들어갈 모음을 알맞게 짝지은 것은?

혀의 높이 ＼ 혀의 앞뒤 위치 입술 모양	전설 모음		후설 모음	
	평순 모음	원순 모음	평순 모음	원순 모음
고모음	㉠	ㅟ	ㅡ	㉣
중모음	ㅔ	㉡	ㅓ	ㅗ
저모음	ㅐ		㉢	

	㉠	㉡	㉢	㉣
①	ㅣ	ㅏ	ㅚ	ㅜ
②	ㅏ	ㅣ	ㅜ	ㅚ
③	ㅚ	ㅏ	ㅜ	ㅣ
④	ㅣ	ㅚ	ㅏ	ㅜ
⑤	ㅜ	ㅣ	ㅏ	ㅚ

서술형 문제

12 다음 단어에 쓰인 모음을 혀의 최고점의 앞뒤 위치, 입술 모양, 혀의 높이의 순으로 분석하여 서술하시오.

> 보석

자음 체계

| 교과 연계 | 중학교 국어 3학년_음운의 체계와 특성

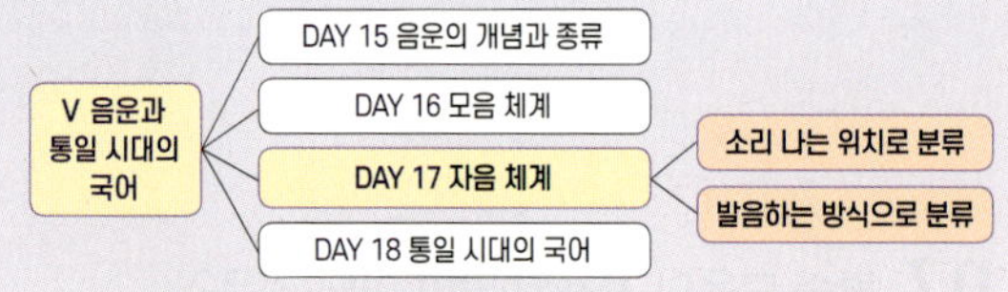

개념 정리

• 자음의 분류 ① – 소리 나는 위치

자음은 소리가 나는 위치, 즉 소리를 낼 때 공기의 흐름이 입속의 어느 부분에서 방해를 받는지에 따라 입술소리, 잇몸소리, 센입천장소리, 여린입천장소리, 목청소리로 나눠요.

입술소리(양순음)	두 입술 사이에서 나는 소리	ㅂ, ㅃ, ㅍ, ㅁ
잇몸소리(치조음)	혀끝이 윗잇몸에 닿아서 나는 소리	ㄷ, ㄸ, ㅌ, ㅅ, ㅆ, ㄴ, ㄹ
센입천장소리(경구개음)	혓바닥과 센입천장 사이에서 나는 소리	ㅈ, ㅉ, ㅊ
여린입천장소리(연구개음)	혀의 뒷부분과 여린입천장 사이에서 나는 소리	ㄱ, ㄲ, ㅋ, ㅇ
목청소리(후음)	목청 사이에서 나는 소리	ㅎ

• 자음의 분류 ② – 발음하는 방식

자음은 발음하는 방식에 따라서 먼저 입안이나 코안이 울리는지 그렇지 않은지에 따라 울림소리와 안울림소리로 구분할 수 있어요. 이 중 울림소리에는 콧소리와 흐름소리♦가 있고 안울림소리로는 파열음, 마찰음, 파찰음이 있답니다.

울림소리	콧소리(비음)	입안의 통로를 막고 공기를 코로 내보내면서 내는 소리	ㅁ, ㄴ, ㅇ
	흐름소리 (유음)	혀끝을 잇몸에 가볍게 대었다가 떼거나 잇몸에 댄 채 공기를 그 양옆으로 흘려보내면서 내는 소리	ㄹ
안울림소리	파열음	공기의 흐름을 잠시 막았다가 그 막은 자리를 일시에 터뜨리면서 내는 소리	ㅂ, ㅃ, ㅍ, ㄷ, ㄸ, ㅌ, ㄱ, ㄲ, ㅋ
	파찰음	공기의 흐름을 막았다가 서서히 터뜨리면서 마찰을 일으켜 내는 소리	ㅈ, ㅉ, ㅊ
	마찰음	입안이나 목청 사이의 통로를 좁혀 그 틈 사이로 공기를 내보내어 마찰을 일으키면서 내는 소리	ㅅ, ㅆ, ㅎ

꿀 정보

발음 기관 단면도 - 자음

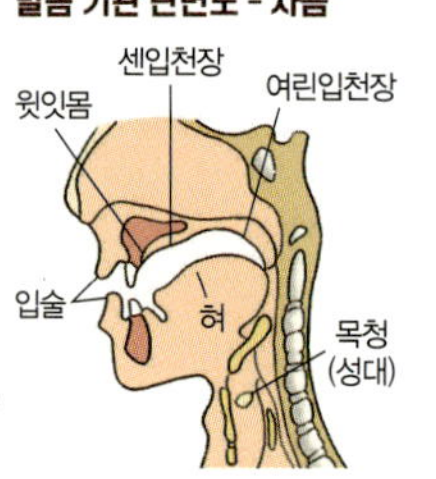

♦ **콧소리와 흐름소리** 콧소리와 흐름소리는 한자어로 각각 비음(鼻音)과 유음(流音)이라고 함.

확인 문제

01 다음 빈칸에 들어갈 알맞은 말을 쓰시오.

> 자음은 소리가 나는 위치에 따라 (   ), 잇몸소리, (   ), 여린입천장소리, 목청소리로 나뉜다.

02 다음 자음의 소리 나는 위치에 따른 명칭을 쓰시오.

(1) ㄷ: (   )　　(2) ㅎ: (   )

03 콧소리에 해당하는 자음이 <u>아닌</u> 것은?

① ㅁ　　　　② ㄹ　　　　③ ㅇ

04 다음과 같은 특징을 갖는 자음의 명칭을 쓰시오.

> 공기의 흐름을 막았다가 서서히 터뜨리면서 마찰을 일으키며 내는 소리

개념 정리

• 안울림소리의 분류

안울림소리(파열음, 파찰음, 마찰음)는 소리의 세기에 따라 다시 예사소리, 된소리, 거센소리로 나눌 수 있어요.

예사소리	발음 기관의 근육을 긴장시키지 않고 약하게 내는 소리	ㅂ, ㄷ, ㄱ, ㅈ, ㅅ
된소리	발음 기관의 근육을 긴장시키거나 목소리가 나오는 통로를 좁혀 내는 소리	ㅃ, ㄸ, ㄲ, ㅉ, ㅆ
거센소리	발음 기관의 근육을 긴장시켜 숨을 거세게 터뜨려 내는 소리	ㅍ, ㅌ, ㅋ, ㅊ

• 자음 체계 정리표

소리 내는 방법		소리 나는 위치	입술소리	잇몸소리	센입천장 소리	여린입천장 소리	목청소리
안울림 소리	파열음	예사소리	ㅂ	ㄷ		ㄱ	
		된소리	ㅃ	ㄸ		ㄲ	
		거센소리	ㅍ	ㅌ		ㅋ	
	파찰음	예사소리			ㅈ		
		된소리			ㅉ		
		거센소리			ㅊ		
	마찰음	예사소리		ㅅ			
		된소리		ㅆ			ㅎ
		거센소리					
울림 소리	콧소리		ㅁ	ㄴ		ㅇ	
	흐름소리			ㄹ			

꿀 정보

소리 나는 위치에 따른 분류의 한자어 표현

입술소리	양순음 (兩脣音)
잇몸소리	치조음 (齒槽音)
센입천장 소리	경구개음 (硬口蓋音)
여린입천장 소리	연구개음 (軟口蓋音)
목청소리	후음(喉音)

확인 문제

05 다음 자음이 파열음이면 '파', 마찰음이면 '마', 파찰음이면 '찰'을 쓰시오.

(1) ㅅ (   )   (2) ㅃ (   )   (3) ㅈ (   )

06 다음 자음을 울림소리와 안울림소리로 구분하여 연결하시오.

(1) ㄲ •

(2) ㅌ •

(3) ㅇ •

• ㉠ 울림소리

• ㉡ 안울림소리

07 다음 설명이 맞으면 ○, 틀리면 ×에 표시하시오.

(1) 'ㅈ, ㅉ, ㅊ'는 파찰음에 해당한다. (○, ×)

(2) 울림소리에는 콧소리와 흐름소리가 있다. (○, ×)

(3) 발음하는 방식에 따라 입술소리, 잇몸소리, 센입천장소리 등으로 나뉜다. (○, ×)

08 다음 문장에서 알맞은 말을 골라 ○표 하시오.

(1) 센입천장소리는 (잇몸 / 혓바닥)과 센입천장 사이에서 나는 소리이다.

(2) (예사소리 / 거센소리)는 발음 기관의 근육을 긴장시키지 않고 약하게 내는 소리이다.

01 〈보기〉의 ㉠~㉢ 중 '자음'에 대한 설명으로 알맞은 것끼리 묶은 것은?

〔보기〕
㉠ 소리 나는 위치에 따라 5가지 소리로 나눌 수 있다.
㉡ 소리의 세기에 따라 예사소리, 된소리, 거센소리로 나눌 수 있다.
㉢ 성대에서의 울림 여부에 따라 울림소리와 안울림소리로 나뉜다.
㉣ 공기의 흐름을 잠시 막았다가 그 막은 자리를 일시에 터뜨리면서 내는 소리는 파열음이다.

① ㉠, ㉡　　　　　② ㉢, ㉣
③ ㉠, ㉡, ㉣　　　④ ㉠, ㉢, ㉣
⑤ ㉡, ㉢, ㉣

02 〈보기〉의 ㉠의 위치에서 소리 나는 자음끼리 알맞게 묶은 것은?

〔보기〕

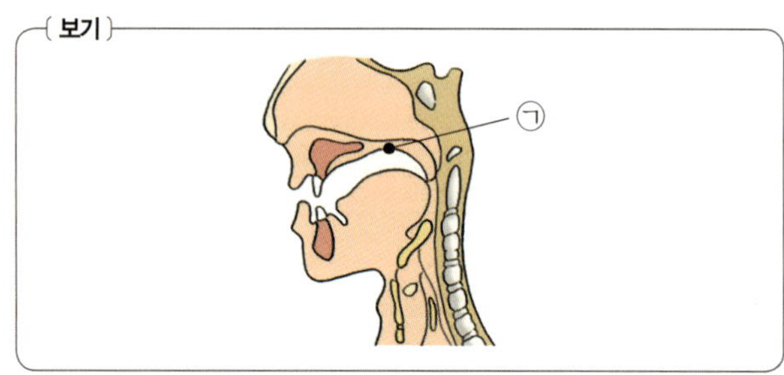

① ㅁ, ㅂ　　　　　② ㄴ, ㄷ
③ ㅈ, ㅉ　　　　　④ ㄱ, ㄲ
⑤ ㅇ, ㅎ

03 〈보기〉의 자음과 소리 나는 위치가 같은 것은?

〔보기〕

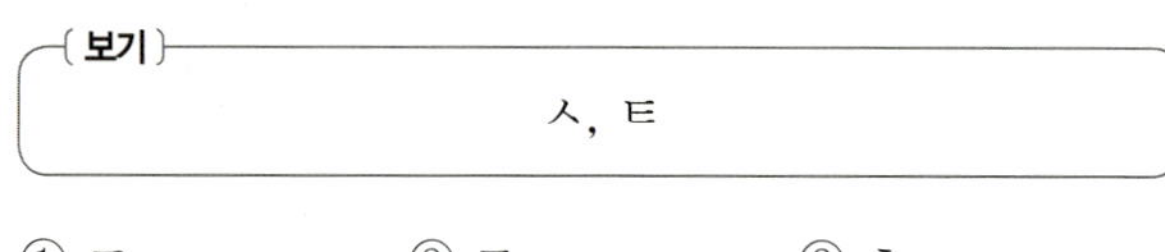

① ㅍ　　　② ㄹ　　　③ ㅊ
④ ㅃ　　　⑤ ㅋ

04 〈보기〉의 단어에 사용된 자음과 소리 내는 방법이 동일한 자음으로만 이루어진 단어로 알맞은 것은?

〔보기〕

바다

① 수사　　　　　② 호수
③ 도구　　　　　④ 다람쥐
⑤ 고라니

05 〈보기〉와 같은 특성이 있는 자음이 사용된 단어로 알맞은 것은?

〔보기〕
혀끝을 잇몸에 가볍게 대었다가 떼거나 잇몸에 댄 채 공기를 그 양옆으로 흘려보내면서 내는 소리

① 난방　　　　　② 가위
③ 칼날　　　　　④ 단추
⑤ 모자

06 〈보기〉에서 설명하는 자음을 모두 쓰시오.

〔보기〕
입안의 통로를 막고 공기를 코로 내보내면서 내는 소리

07 밑줄 친 단어 중 자음이 예사소리로만 이루어진 것은?

① <u>빨리</u> 움직여야 한다.
② 어제 산 <u>바지</u>가 불편하다.
③ <u>통나무</u>로 다리를 만들었다.
④ 산마다 <u>단풍</u>이 곱게 물들었다.
⑤ <u>지하철</u>을 타고 가는 것이 낫다.

08 〈보기〉에 제시된 자음들의 공통적인 특징으로 알맞은 것은?

┌─ 보기 ┐

ㅃ, ㄸ, ㄲ, ㅉ, ㅆ

① 센입천장과 혓바닥 사이에서 나는 소리이다.
② 공기의 흐름을 막았다가 일시에 터뜨리면서 내는 소리이다.
③ 발음 기관의 근육을 긴장시켜 숨을 거세게 터뜨려 내는 소리이다.
④ 공기의 흐름을 막았다가 서서히 터뜨리면서 마찰을 일으켜 내는 소리이다.
⑤ 발음 기관의 근육을 긴장시키거나 목소리가 나오는 통로를 좁혀 내는 소리이다.

09 소리 나는 위치가 동일한 자음으로만 이루어진 단어로 알맞은 것은?

① 가재　　　　② 항구
③ 파리　　　　④ 도토리
⑤ 자동차

고난도 문제

10 〈보기〉의 자음들에 대한 설명으로 알맞지 <u>않은</u> 것은?

┌─ 보기 ┐

ㄱ, ㅋ, ㅂ, ㅃ, ㅁ, ㄴ, ㅅ, ㅎ

① 울림소리 중 콧소리가 두 개 있다.
② 예사소리, 된소리, 거센소리가 모두 제시되어 있다.
③ 안울림소리에 해당하는 자음 중 파열음, 마찰음만 제시되어 있다.
④ 'ㅅ'과 'ㅎ'은 소리 나는 위치는 다르나 둘 다 마찰음이라는 공통점이 있다.
⑤ 'ㄱ → ㅋ', 'ㅂ → ㅃ'의 변화로 소리 나는 위치가 바뀌는 양상을 살펴볼 수 있다.

11 〈보기〉의 조건을 모두 만족하는 자음이 사용된 단어로 알맞은 것은?

┌─ 보기 ┐

• 혀의 뒷부분과 여린입천장 사이에서 나는 소리
• 공기의 흐름을 잠시 막았다가 그 막은 자리를 일시에 터트리면서 내는 소리
• 발음 기관의 근육을 긴장시켜 숨을 거세게 터뜨려 내는 소리

① 카메라　　　　② 라디오
③ 탕수육　　　　④ 가자미
⑤ 자전거

서술형 문제

12 다음 단어에 쓰인 자음을 소리 나는 위치에 따라 분류하여 설명하시오.

┌─────────────┐
│　　고구마　　│
└─────────────┘

통일 시대의 국어

| 교과 연계 | 중학교 국어 3학년_통일 시대의 국어에 대한 관심

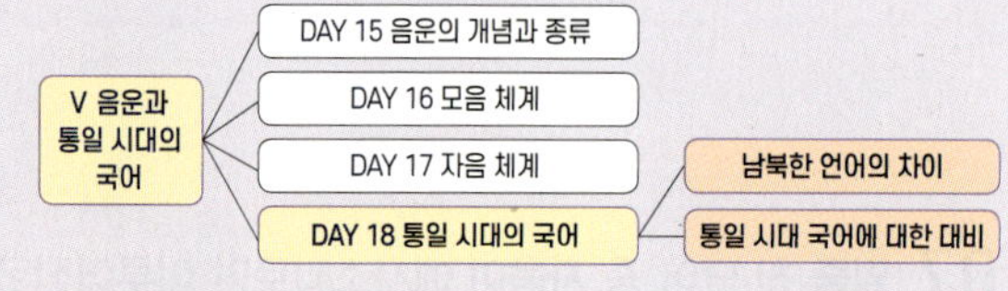

개념 정리

• 남북한 언어에 차이가 생긴 까닭

남한과 북한의 말과 글은 근본적으로는 같지만, 분단 이후 사회 체제와 생활 방식이 달라지는 동안 남북한의 교류가 거의 없었고 그 결과 언어에서 상당한 차이가 생기게 되었어요.

• 남북한 언어의 차이 ① – 어휘

남한과 북한의 어휘는 의미는 같지만 형태가 다른 어휘도 있고 형태는 같지만 의미가 다른 어휘도 있어요.

의미는 같지만 형태가 다른 어휘

남한		북한		남한		북한
누룽지		가마치		도시락		곽밥
오징어		낙지		어묵		물고기떡

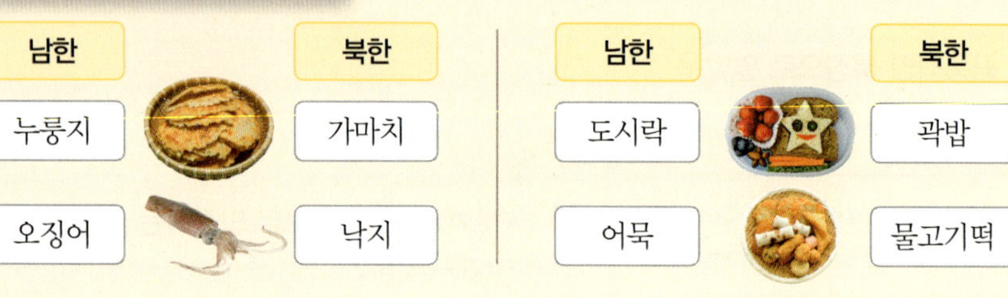

형태는 같지만 의미가 다른 어휘

바쁘다	남한	'일이 많거나 또는 서둘러서 해야 할 일로 인하여 딴 겨를이 없다.'의 의미임.
	북한	'겨를이 없다.'의 의미 외에 '힘이 부치거나 참기가 힘들다.'의 의미로도 사용됨.
일없다	남한	'소용이나 필요가 없다.'의 의미임.
	북한	정중한 사양의 뜻이나 '괜찮다.'의 의미로 사용됨.

꿀 정보

북한의 '말다듬기 운동'

북한에서는 1966년 외래어와 한자어를 고유어로 바꾸는 '말다듬기 운동'을 시행했어요.

◆ 의미는 같지만 형태가 다른 남북한 어휘

남한	북한
냉장고	랭동기
주차장	차마당
단짝	딱친구
캐러멜	기름사탕
상추	부루
커튼	창가림막
볼펜	원주필
나이프	밥상칼
도넛	가락지빵

확인 문제

01 다음 남북한 언어 차이에 대한 설명이 맞으면 ○, 틀리면 ×에 표시하시오.

(1) 남북한은 근본적인 언어 체계부터 다르다. (○ , ×)
(2) 남북한의 교류가 거의 없어 언어에 차이가 생겼다. (○ , ×)

02 〈보기〉에 해당하는 단어를 쓰시오.

〔보기〕
남한: '소용이나 필요가 없다.'의 의미
북한: '괜찮다.'처럼 정중한 사양의 의미

____

03 〈보기〉의 남한 말에 해당하는 북한 말로 알맞은 것은?

〔보기〕
누룽지

① 낙지　　　② 지함　　　③ 가마치

04 다음 북한 말에 해당하는 남한 말을 쓰시오.

(1) 곽밥 → (　　　　)　　　(2) 물고기떡 → (　　　　)

개념 정리

• 남북한 언어의 차이 ② – 발음과 표기

남한에서는 두음 법칙◆을 따라서 'ㄹ'과 '녀, 뇨, 누, 니'가 단어의 첫소리에 나타나지 않지만, 북한에서는 이러한 소리가 단어의 첫소리에 나타나요. 또한 단어를 표기할 때 남한에서는 사이시옷을 쓰지만, 북한에서는 쓰지 않는답니다.

◆ **두음 법칙** 첫소리가 'ㄴ, ㄹ'인 한자가 단어의 첫머리에 올 때, 현실 발음에 따라 'ㄴ, ㄹ'이 탈락하거나 변한 소리대로 표기하는 것

남한 말		북한 말		남한 말		북한 말
여성	–	녀성		풋말	–	표말
연세	–	년세		뒷일	–	뒤일
노인	–	로인		햇빛	–	해빛
양심	–	량심		바닷가	–	바다가
역사	–	력사		등굣길	–	등교길
유행	–	류행		나룻배	–	나루배
낙원	–	락원		장맛비	–	장마비

• 남북한 언어의 차이 ③ – 말하기 방식

남한 사람들은 완곡하고, 우회적인 표현을 선호하지만, 북한 사람들은 직접적, 직설적인 표현을 선호해요.

• 통일 시대의 국어에 대한 대비

남북한 언어의 이질성 극복 방안	• 남북한 말을 정리하여 사전을 편찬한다. 예 겨레말큰사전 • 여러 분야에서의 지속적인 남북한 간의 교류를 확대하여 남북한 언어의 차이를 줄일 수 있는 방법을 다양하게 모색해야 한다.
우리가 지녀야 할 태도	• 남북한의 언어 차이에 집중하기보다 남북한이 원래 같은 언어를 사용하는 한민족이라는 사실을 기억한다. • 남북한의 언어 차이를 극복해야 한다는 필요성을 느끼고 지속적인 관심을 가져야 한다.

확인 문제

05 다음 빈칸에 들어갈 알맞은 말을 쓰시오.

> 남북한 언어는 어휘, (   ), 표기에서 그 차이가 나타난다.

06 다음 남한 말과 동일한 북한 말을 찾아 연결하시오.

(1) 낙원 •   • ㉠ 락원

(2) 풋말 •   • ㉡ 로인

(3) 노인 •   • ㉢ 표말

07 다음 문장에서 알맞은 말을 골라 ○표 하시오.

(1) 북한에서는 (사이시옷 / 받침 'ㅅ')을 사용하지 않는다.

(2) 남한에서는 'ㄹ'과 '녀, 뇨, 누, 니'가 단어의 (첫소리 / 끝소리)에 나타나지 않는다.

08 남북한 언어의 이질성 극복 방안으로 알맞은 것은?

① 직접적, 직설적 표현을 사용하도록 노력한다.

② 남북한 언어가 근본적 차이가 있음을 인정한다.

③ 교류 확대를 통해 차이를 줄일 방안을 모색한다.

01 남북한 언어에 대한 설명으로 알맞은 것은?

① 의미나 형태가 같은 말은 찾아볼 수 없다.
② 언어의 차이는 어휘 사용에서만 나타나고 있다.
③ 남한과 북한의 말은 근본적으로 다른 점이 있다.
④ 분단 이전부터 언어 체계상 차이가 생기기 시작했다.
⑤ 사회 체제가 달라지면서 상당한 차이가 생기게 되었다.

02 〈보기〉의 ㉠~㉢ 중 북한 언어 사용의 특징으로 알맞은 것만 골라 묶은 것은?

〔보기〕
㉠ 한자어를 사용하지 않는다.
㉡ 직접 화법보다 간접 화법이 선호된다.
㉢ 단어를 표기할 때 사이시옷을 사용하지 않는다.
㉣ 'ㄹ'과 '녀, 뇨, 누, 니'가 단어의 첫소리에 나타난다.

① ㉠, ㉡   ② ㉠, ㉣
③ ㉡, ㉢   ④ ㉡, ㉣
⑤ ㉢, ㉣

03 의미는 같지만 형태가 다른 남한 말과 북한 말을 알맞게 연결한 것은?

	남한 말	북한 말
①	볼펜	부루
②	상추	랭동기
③	누룽지	물고기떡
④	도시락	곽밥
⑤	오징어	차마당

04 〈보기〉의 단어 중 북한의 표기법에 맞는 것만 골라 묶은 것은?

〔보기〕
역사   념원   뒷일   장마비

① 역사, 념원   ② 역사, 뒷일
③ 념원, 뒷일   ④ 념원, 장마비
⑤ 뒷일, 장마비

05 〈보기〉를 통해 알 수 있는 남북한 언어의 차이점으로 알맞은 것은?

〔보기〕

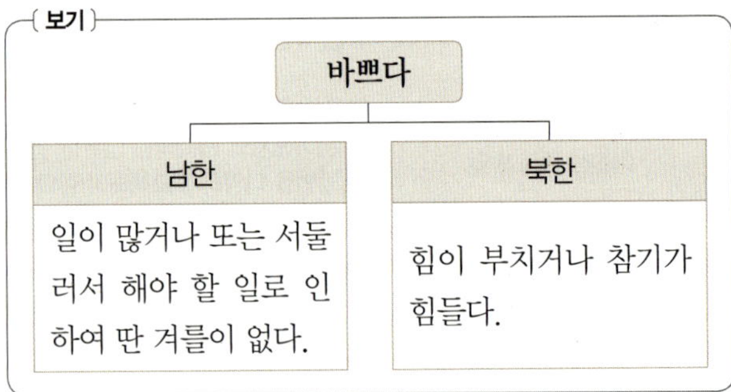

① 의미는 같지만 형태가 다른 어휘가 존재한다.
② 형태는 같지만 의미가 다른 어휘가 존재한다.
③ 표기는 같지만 발음이 다른 어휘가 존재한다.
④ 발음은 같지만 표기가 다른 어휘가 존재한다.
⑤ 의미는 같지만 표현이 다른 어휘가 존재한다.

06 〈보기〉의 밑줄 친 단어를 북한 말로 바꾸어 쓰시오.

〔보기〕
나룻배를 이용하자.

07 다음과 같은 상황이 벌어지는 이유로 알맞은 것은?

> 우리가 아는 사람을 만났을 때 자주 하는 인사말인 "언제 밥 한번 먹어요."라는 말을 북한 사람에게 하면 북한 사람은 이를 있는 그대로 알아듣고 연락을 기다릴 수 있다.

① 남북한의 어휘에 차이가 있기 때문
② 남북한 언어의 발음에 차이가 있기 때문
③ 남북한 언어의 표기에 차이가 있기 때문
④ 남북한 사람들의 이념에 차이가 있기 때문
⑤ 남북한 사람들의 말하기 방식에 차이가 있기 때문

08 남북한의 언어 차이의 극복 방안으로 알맞지 <u>않은</u> 것은?

① 여러 분야에서 지속적인 교류를 유지한다.
② 남북한 말을 정리하여 공동의 사전을 편찬한다.
③ 서로의 주체성을 인정하고 각자의 언어를 더 공고히 한다.
④ 남북한의 언어 차이를 극복해야 할 필요성을 가져야 한다.
⑤ 민간 차원, 국가 차원에서 남북한 언어 차이를 좁힐 수 있는 다양한 방안을 모색한다.

09 〈보기〉의 ㉠~㉤ 중 남한 말과 다른 북한 말의 특성을 보여 주는 단어가 <u>아닌</u> 것은?

> ─〔보기〕─
> 수아: 밤나무에 다람쥐들의 ㉠량식이 가득해!
> 주민: 정말 그렇네. 아, 저걸 보니 나도 배고프다. 저기 ㉡표말을 보니 저쪽에서 ㉢곽밥을 먹을 수 있대.
> 태주: 얼른 ㉣벤치에 앉아서 ㉤가락지빵을 먹자.

① ㉠   ② ㉡
③ ㉢   ④ ㉣
⑤ ㉤

10 〈보기〉의 설명과 관련 있는 북한 말로 알맞은 것은?

> ─〔보기〕─
> 북한은 1966년에 어휘 정리 사업으로 외래어와 한자어를 고유어로 다듬는 데 주안점을 둔 순화 운동인 '말 다듬기' 운동을 전국적으로 전개하였다.

① 기발   ② 녀성
③ 해빛   ④ 랭동기
⑤ 밥상칼

11 통일 시대의 국어를 대비하는 태도에 대해 대화를 나누었다고 할 때, 그 내용으로 알맞지 <u>않은</u> 것은?

① 태윤: 통일 시대에 대비하여 남북한 언어 차이를 극복하기 위해 노력해야 한다는 점을 알려야겠어.
② 윤정: 그렇다면 인터넷에 남북한 언어 문제를 해결해야 하는 이유에 대해 글을 써서 올리는 건 어떨까?
③ 주원: 상대방의 언어를 존중하는 태도가 중요하므로 북한 말을 중심으로 어휘를 통일하는 게 좋겠어.
④ 재진: 나는 서로의 언어를 이해하기 위해 북한의 언어문화와 생활 모습에 대한 자료를 찾아보려고 해.
⑤ 영민: 남북한 언어의 이질성을 극복할 수 있는 구체적인 방안은 무엇일지 친구들과 토의해 보아야겠어.

12 〈보기〉의 사례에서 의사소통의 과정에 문제가 발생한 이유가 무엇인지 서술하시오.

> ─〔보기〕─
> 남한 사람: 저, 실례지만 여기에 앉아도 될까요?
> 북한 사람: 아, 그럼요. 일없습네다.
> 남한 사람: 네?

VI 문장

DAY 19~24

DAY 19	문장 성분, 주어, 서술어
DAY 20	목적어, 보어
DAY 21	관형어, 부사어, 독립어
DAY 22	홑문장과 겹문장, 이어진문장
DAY 23	안은문장과 안긴문장 1
DAY 24	안은문장과 안긴문장 2

VI 문장

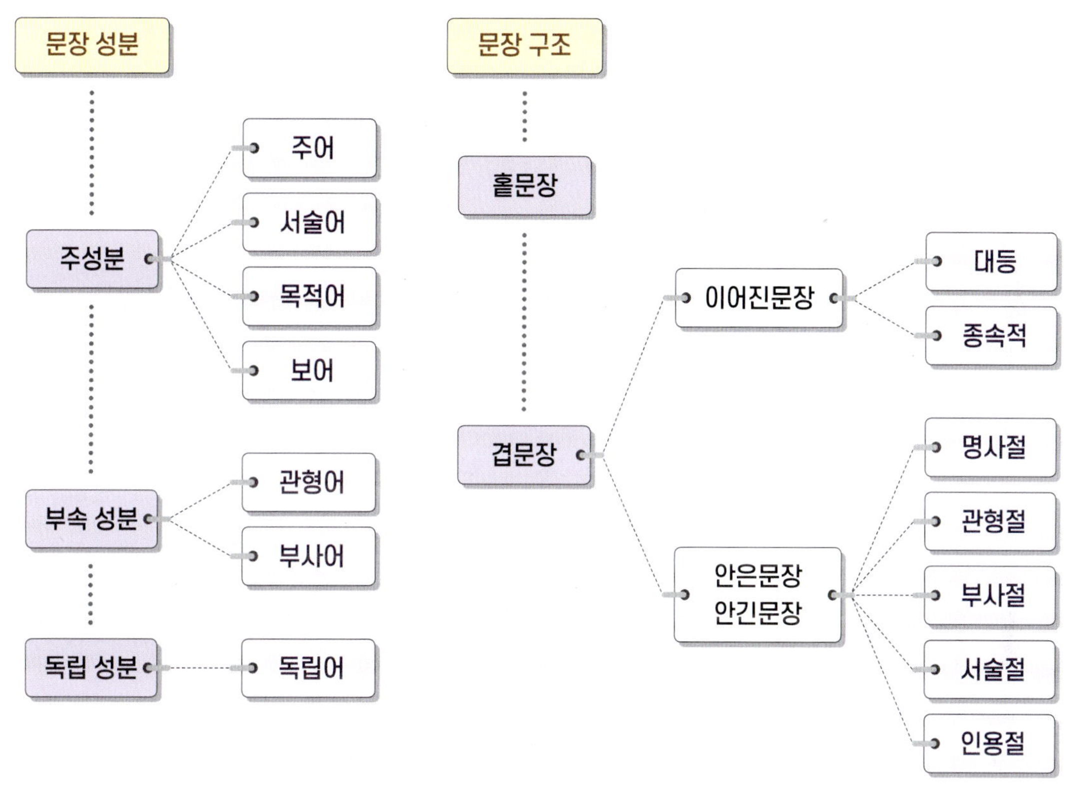

문장 성분
주성분
주어
서술어
목적어
보어
부속 성분
관형어
부사어
독립 성분
독립어
문장 구조
홑문장
겹문장
이어진문장
대등
종속적
안은문장
안긴문장
명사절
관형절
부사절
서술절
인용절

학습 목표

문장의 짜임과 양상을
탐구하고 활용해야 해!

DAY 19 문장 성분, 주어, 서술어

| 교과 연계 | 중학교 국어 3학년_문장의 짜임

개념 정리

• 문장 성분(글월 문文 글 장章 이룰 성成 나눌 분分)

문장◆ 안에서 일정한 문법적 기능을 하는 각 부분을 '문장 성분◆'이라고 해요. 문장 성분은 문장을 이루는 데 기본적으로 필요한 '주성분', 주로 주성분을 꾸며 주는 역할을 하는 '부속 성분', 다른 문장 성분과는 직접적인 관련이 없는 '독립 성분'으로 나뉘어요.

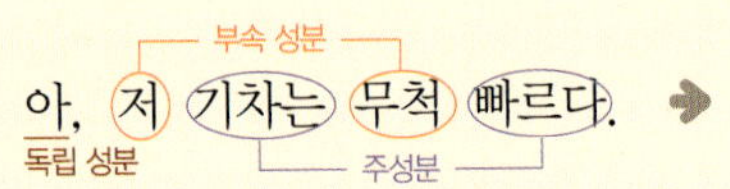

> 문장을 이루는 데 '기차는'과 '빠르다'는 꼭 필요한 반면, '아'와 '저', '무척'은 없어도 문장이 성립되어요.

• 주어(주인 주主 말씀 어語)

① 개념

주성분 중에서 문장에서 동작이나 작용, 상태나 성질의 주체를 나타내는 문장 성분을 '주어'라고 해요. 문장에서 '누가', '무엇이'에 해당하는 말이지요.

비가 온다.	꽃이 예쁘다.	그는 성실하다.
동작의 주체	상태의 주체	성질의 주체

체언＋주격 조사 '이/가', '께서', '에서'◆	예 아기가 운다. / 선생님께서 말씀하셨다. / 우리 학교에서 우승했다.
체언＋보조사('은/는' 등)	예 놀부는 심술궂다. / 마을은 매우 고요하다.
체언(조사 생략)	예 옷 팔렸어. / 너 진짜 갈 거야?

② 특징

- 일반적으로 문장의 맨 앞에 놓여요.
- 주어가 같거나 앞뒤 문맥으로 보아 주어가 분명할 경우 생략되기도 해요. 예 (날씨가) 춥다.

◆ 문장 생각이나 감정을 완결된 내용으로 표현하는 최소의 언어 형식을 말함.

◆ 문장 성분의 종류

주성분	주어 서술어 목적어 보어
부속 성분	관형어 부사어
독립 성분	독립어

◆ '께서', '에서' '께서'는 높임의 대상에 붙으며, 이때 서술어에는 높임을 나타내는 선어말 어미 '−시−'를 붙임. '에서'는 단체를 나타내는 명사 뒤에 붙으면 주격 조사의 역할을 함.

확인 문제

01 문장을 이루는 데 반드시 필요한 문장 성분이 <u>아닌</u> 것은?

① 주어　　　② 서술어　　　③ 부사어

02 〈보기〉에서 동작이나 작용, 상태나 성질의 주체를 나타내는 문장 성분을 찾아 쓰시오.

┌ 보기 ┐
나는 피아노 연습을 열심히 한다.

03 밑줄 친 말 중 주어가 <u>아닌</u> 것은?

① 하루 종일 <u>바람이</u> 불었다.
② <u>우리</u> 철수는 어디에 갔니?
③ <u>그녀는</u> 아기에게 우유를 먹였다.

04 〈보기〉의 엄마의 말에서 생략된 주어를 쓰시오.

┌ 보기 ┐
형선: 책가방 어디 있어요?　　엄마: 책상 밑에 있어.

개념 정리

• **서술어**(펼 서敍 지을 술 述 말씀 어語)

① 개념

주성분 중에서 주어의 동작이나 작용, 상태나 성질 등을 풀이하는 문장 성분을 '서술어'라고 해요. 문장에서 '어찌하다', '어떠하다', '무엇이다'에 해당하는 말이지요.

비가 **온다**.	꽃이 **예쁘다**.	나는 **학생이다**.
'무엇이 어찌하다' 구조	'무엇이 어떠하다' 구조	'누가 무엇이다' 구조

'어찌하다'와 같이 주어의 동작이나 작용을 나타내는 경우(동사)	예 그녀가 웃는다. / 나는 수박을 좋아한다.
'어떠하다'와 같이 주어의 상태나 성질을 나타내는 경우(형용사)	예 흥부는 착하다. / 집이 매우 낡았다.
'무엇이다'와 같이 주어를 지정하는 경우(체언+서술격 조사)	예 이것은 책이다. / 이제 동생은 중학생이다.

② 특징

• 서술어에 따라 필요로 하는 문장 성분의 개수가 달라져요. 이를 서술어의 자릿수라고 해요.

• 서술어가 같거나 앞뒤 문맥으로 보아 서술어가 분명할 경우 서술어를 생략하기도 해요.

예 누가 방 청소했어? / 선영이가 (청소했어).

꿀 정보

문장의 기본 구조

서술어의 종류에 따라 '누가/무엇이 어찌하다', '누가/무엇이 어떠하다', '누가/무엇이 무엇이다'로 나뉘요.

◆ 서술어의 자릿수

• 주어만을 필수적으로 요구하는 서술어: 비가 온다.
• 주어 외에 목적어, 보어, 부사어 중 하나를 더 필수적으로 요구하는 서술어: 나는 수박을 좋아한다. / 물이 얼음이 되었다. / 이 땅은 농사에 적합하다.
• 주어, 목적어, 부사어 세 가지를 필수적으로 요구하는 서술어: 엄마는 빵을 동생에게 주었다.

확인 문제

05 〈보기〉에서 주성분에 해당하는 말을 모두 찾아 쓰시오.

> **보기**
>
> 저 멀리 태양이 멋지게 솟는다.

____

06 밑줄 친 말 중 서술어에 해당하는 것은?

① 새들이 한꺼번에 <u>날아간다</u>.
② <u>아름다운</u> 그녀가 버스에 탔다.
③ 그는 학교까지 <u>힘들게</u> 걸어갔다.

07 〈보기〉에서 생략할 수 있는 문장 성분끼리 묶인 것은?

> **보기**
>
> 밤새 비가 많이 내렸다.

① 밤새, 많이   ② 비가, 많이   ③ 비가, 내렸다

08 다음 문장과 그 기본 구조를 연결하시오.

(1) 바다는 넓다. •   • ㉠ 무엇이 어찌하다

(2) 토끼가 뛴다. •   • ㉡ 무엇이 어떠하다

(3) 그것은 책이다. •   • ㉢ 무엇이 무엇이다

09 〈보기〉에서 서술어와 주성분에 해당하는 말을 찾아 쓰시오.

> **보기**
>
> 마당 위에 떨어진 눈은 살아 있다.

(1) 서술어:

(2) 주성분:

01 문장 성분에 대한 설명으로 알맞지 <u>않은</u> 것은?

① 문장 성분은 문장을 이루는 각 부분을 말한다.
② 주어와 서술어는 문장을 이루는 데 꼭 필요한 성분이다.
③ 부속 성분은 주성분이나 독립 성분을 꾸며 주는 역할을 한다.
④ 주어는 문장에서 동작, 작용, 상태, 성질 등의 주체가 되는 문장 성분이다.
⑤ 문장에서 주어의 동작, 작용, 상태, 성질 등을 풀이하는 문장 성분은 서술어이다.

02 밑줄 친 말이 주어가 <u>아닌</u> 것은?

① <u>번개가</u> 번쩍 쳤다.
② 모든 <u>인간은</u> 존엄하다.
③ 그녀는 이제 <u>학생이</u> 아니다.
④ <u>삼촌께서</u> 그에게 용돈을 주셨다.
⑤ <u>영서는</u> 극장에서 영화를 자주 본다.

03 〈보기〉에 드러난 주어의 총 개수로 알맞은 것은? (단, 생략된 주어까지 모두 포함할 것.)

> ┤보기├
> 윤정: 여기, 책상 위에 있는 이것은 뭐예요?
> 엄마: 너에게 생일 선물로 주는 거야.
> 윤정: 아, 가방이다. 이 가방 정말 예뻐요.

① 1개　　　② 2개　　　③ 3개
④ 4개　　　⑤ 5개

04 밑줄 친 말이 서술어가 <u>아닌</u> 것은?

① 소문이 학교에 쫙 <u>번졌다</u>.
② 물이 추위에 얼음이 <u>되었다</u>.
③ 유아는 일부러 큰 옷을 <u>샀다</u>.
④ 아린이는 <u>재미있는</u> 이야기를 잘한다.
⑤ 효정이는 차 안에서 음악을 <u>듣고 있다</u>.

05 〈보기〉에 대한 설명으로 알맞지 <u>않은</u> 것은?

> ┤보기├
> 수증기가 구름이 되었다.

① 주성분만으로 이루어져 있다.
② 두 개의 주어를 포함하고 있다.
③ 세 개의 문장 성분으로 이루어져 있다.
④ '되었다'는 문장에서 '어찌하다'에 해당한다.
⑤ 문장 성분 중 한 개를 생략하면 문장이 성립하지 않는다.

06 〈보기〉의 대화에서 인물들이 공통적으로 생략하고 있는 문장 성분이 무엇인지 쓰시오.

> ┤보기├
> 승민: 오랜만이다. 잘 지냈지?
> 수환: 잘 지냈지. 넌?

07 서술어의 종류가 나머지와 <u>다른</u> 것은?

① 오후에는 비가 내렸다.
② 온종일 참새가 지저귄다.
③ 나는 그의 시선에 흠칫 놀랐다.
④ 이제 그녀의 건강은 매우 좋다.
⑤ 그 친구는 벌레를 굉장히 싫어한다.

08 〈보기〉에서 주성분 이외의 문장 성분의 개수는?

> [보기]
> 어느새 주위는 칠흑같이 깜깜하다. 어디선가 희미한 빗소리만이 들린다.

① 1개　　　　② 2개　　　　③ 3개
④ 4개　　　　⑤ 5개

09 〈보기〉에서 주성분만을 골라 묶은 것은?

> [보기]
> 일요일에 저는 집에서 푹 쉬었어요. 그동안 피곤이 많이 쌓였나 봐요. 이제 힘이 좀 나네요.

① 일요일에, 저는, 쉬었어요, 이제, 힘이, 나네요
② 저는, 집에서, 쉬었어요, 피곤이, 힘이, 나네요
③ 저는, 집에서, 많이, 쌓였나 봐요, 이제, 나네요
④ 저는, 많이, 피곤이, 쌓였나 봐요, 힘이, 나네요
⑤ 저는, 쉬었어요, 피곤이, 쌓였나 봐요, 힘이, 나네요

고난도 문제

10 〈보기〉에 대한 탐구로 알맞지 <u>않은</u> 것은?

> [보기]
> ㉠드디어 산에 올라갔다. ㉡산에 눈이 펄펄 내렸다. ㉢찬바람이 몹시 매서웠다. ㉣그러나 우리는 환호성을 질렀다.

① 총 주어의 개수는 4개이다.
② ㉠의 주어는 '우리는'이다.
③ ㉡에서 주성분은 2개이다.
④ ㉢에서 '몹시'를 생략해도 문장이 성립한다.
⑤ ㉠, ㉡과 달리 ㉢과 ㉣은 '누가/무엇이 어찌하다' 구조이다.

고난도 문제

11 〈보기〉에 대한 이해로 알맞지 <u>않은</u> 것은?

> [보기]
> 남편: ㉠날씨가 쌀쌀해.
> 아내: ㉡제법 춥죠? ㉢참, 수진이가 학교에서 전화했어요. ㉣반 대표로 상장을 받았대요.
> 남편: ㉤아버지께서 그 소식을 들으면 기뻐하시겠어.

① ㉠은 어떤 상태나 성질의 주체이군.
② ㉡에서 '제법'이 없어도 문장이 성립하는군.
③ ㉢에는 주체의 동작을 나타내는 말이 쓰였군.
④ ㉡, ㉣처럼 주어는 문맥에 따라 생략될 수도 있군.
⑤ ㉤처럼 주어가 없어도 의미가 통하기도 하는군.

서술형 문제

12 문장 성분의 주성분 여부를 기준으로 〈보기〉의 ㉠과 ㉡의 차이를 서술하시오.

> [보기]
> ㉠ 그분은 멋지다.　　　㉡ 눈동자가 무척 맑다.

DAY 20 목적어, 보어

| 교과 연계 | 중학교 국어 3학년_문장의 짜임

개념 정리

• 목적어 (눈 목目 과녁 적的 말씀 어語)

① 개념

어떤 서술어는 '누구를'이나 '무엇을'이라는 문장 성분이 있어야만 완전한 문장이 돼요. 이렇게 서술어가 나타내는 동작의 대상이 되는 문장 성분을 '목적어'라고 해요. 이 목적어는 문장을 이루는 데 필수적으로 요구되는 주성분 중 하나예요.

> (가) 그는 달린다.
> (나) 그는 부른다.
> (→ 그는 **노래를** 부른다.)

→ (가)는 완결한 의미를 지닌 완전한 문장인 반면, (나)는 동작의 대상이 무엇인지 알 수 없어 문장이 완전하지 않아요.

나는 **책을** 읽는다.
읽는 대상

엄마가 **아기를** 안았다.
안는 대상

체언 + 목적격 조사 '을/를'	예 언니는 **옷을** 샀다. / 고양이가 **비를** 맞았다.
체언 + 보조사	예 그는 **노래도** 잘 부른다. / 동생은 밥에서 **콩만** 골라낸다.
체언(조사 생략)	예 나도 이제 **밥** 먹으려고. / 너 **사과** 좋아해?

② 특징

• 목적어가 연달아 나올 수 있어요. 예 나는 어머니께 **용돈을 이만 원을** 받았다.
• 문장의 앞뒤 맥락에서 목적어가 무엇인지 알 수 있는 경우 목적어를 생략하기도 해요.
  예 밥 먹었어? / 응, **(밥을)** 먹었지.

◆ **목적어** 목적어를 필요로 하는 서술어는 타동사임. 자동사는 목적어를 필요로 하지 않음.
예 달리다(자동사), 부르다(타동사)

확인 문제

01 목적어를 필요로 하는 문장에 해당하는 것은?

① 그는 웃는다.　　② 하늘이 푸르다.
③ 엄마는 입는다.

02 〈보기〉에서 목적어를 모두 찾아 쓰시오.

〔보기〕
난 밥 먹기가 싫다. 내가 좋아하는 반찬만 골라 먹는다고 엄마에게 야단을 맞기 때문이다.

03 밑줄 친 말이 목적어가 아닌 것은?

① 나는 숙제를 했다.　　② 누나는 그림도 잘 그린다.
③ 어느새 밤이 깊었다.

04 다음 문장에서 목적어가 실현된 형태를 〈보기〉에서 찾아 빈칸에 그 기호를 쓰시오.

〔보기〕
㉠ 체언　　㉡ 체언 + 보조사　　㉢ 체언 + 목적격 조사

(1) 너는 강아지 기르니? 　　　　(　　)
(2) 철수는 그네만 좋아한다. 　　(　　)

개념 정리

• **보어**(도울 보補 말씀 어語)

① 개념

　서술어가 '되다'나 '아니다'인 경우 주어 외에 '누가', '무엇이'라는 문장 성분이 있어야만 완전한 문장이 돼요. 이렇게 서술어 '되다', '아니다'를 보충하는 문장 성분을 '**보어**'라고 해요. 이 보어는 문장을 이루는 데 필수적으로 요구되는 주성분 중 하나예요.

물이 **얼음이** 되었다.
물이 무엇이 되었는지 그 의미를 보충함.

그는 **학생이** 아니다.
그가 무엇이 아닌지 그 의미를 보충함.

체언＋보격 조사 '이/가'◆	예 그가 선생님이 되었다. / 형이 가수가 되었다.
체언＋보조사	예 그것이 동물은 아니다. / 오늘이 그날은 아니다.
체언(조사 생략)	예 구름이 비 된다. / 수증기가 구름 된다.

◆ 보격 조사 '이/가' 주격 조사 '이/가'와 형태가 같아서 보어와 주어의 형태가 같음. 따라서 보어를 취한 문장은 '～이/가(주어) ＋ ～이/가(보어) ＋ 되다/아니다(서술어)' 형태임.

② 특징

• '주어＋보어＋서술어' 구조로, 보어는 서술어 '되다'나 '아니다' 앞에 놓여야 해요.

　예 물이(주어) 얼음이(보어) 되었다(서술어).

• 보어는 주어와 서술어만으로 의미가 완전하지 않아서 보충하는 것이므로 생략될 수 없어요. 다만, 문장의 앞뒤 맥락에서 보어가 무엇인지 알 수 있는 경우 보어를 생략하기도 해요.

　예 너 학생이지? 저는 (학생이) 아니에요.

확인 문제

05 완전한 문장으로 볼 수 <u>없는</u> 것은?

① 꽃이 피었다.
② 그녀는 예쁘다.
③ 우리는 되었다.

06 다음 밑줄 친 말이 반드시 필요로 하는 문장 성분을 〈보기〉에서 모두 찾아 쓰시오.

　보기
　초등학교 3학년인 동생은 이제 어린애가 <u>아니다</u>.

07 〈보기〉의 빈칸에 알맞은 말을 순서대로 쓰시오.

　보기
　수증기가 구름☐ 되고, 구름이 비☐ 되네.

08 〈보기〉의 빈칸에 들어갈 말로 어울리지 <u>않는</u> 것은?

　보기
　그는 ＿＿＿＿＿ 아니다

① 어른이　　　② 교사가　　　③ 학생회장을

09 〈보기〉에 쓰인 보어의 총 개수는? (단, 생략된 것을 포함할 것.)

　보기
　학생 1: 이 반 반장이 너야?
　학생 2: 난 아니야. 반장은 영진이가 되었어.
　학생 1: 그래, 영진이가 반장이 되었구나!

① 1개　　　② 2개　　　③ 3개

내신 대비 문제

01 문장 성분에 대한 설명으로 알맞지 <u>않은</u> 것은?

① 서술어는 주어의 동작이나 상태 등을 설명하는 문장 성분이다.
② 목적어는 서술어가 나타내는 동작의 대상이 되는 문장 성분이다.
③ 보어는 서술어의 불완전한 의미를 보충해 주는 문장 성분이다.
④ 목적어와 보어는 모두 그 위치의 이동이 자유로운 문장 성분이다.
⑤ 목적어와 보어는 모두 서술어의 성격에 따라 필요한 문장 성분이다.

02 밑줄 친 말 중 주성분이 <u>아닌</u> 것은?

① <u>고모가</u> 시인이다.
② 이순신은 <u>장군이</u> 되었다.
③ 그는 은애에게 <u>전화를</u> 했다.
④ 빗방울이 <u>하나둘씩</u> 떨어진다.
⑤ 동생은 온종일 음악을 <u>듣는다</u>.

03 목적어를 취할 수 있는 서술어로만 바르게 묶인 것은?

① 빠르다, 타다
② 끓이다, 솟다
③ 흘리다, 추다
④ 미워하다, 넓다
⑤ 칭찬하다, 크다

04 밑줄 친 말 중 문장 성분이 <u>다른</u> 것은?

① 너, <u>숙제</u> 해 왔어?
② 그는 하고 싶은 <u>것만</u> 한다.
③ 점심시간이 되려면 <u>오 분</u> 남았다.
④ 배가 고파 밥을 <u>세 공기나</u> 먹었어.
⑤ 이걸로 안 돼. <u>저것이라도</u> 가지고 와.

05 밑줄 친 말 중 보어가 <u>아닌</u> 것은?

① 밥이 <u>죽이</u> 되었다.
② 그는 <u>죄인이</u> 아니다.
③ 그것은 <u>동물이</u> 아니다.
④ 일이 <u>엉망진창으로</u> 되었다.
⑤ 소년은 이제 어엿한 <u>어른이</u> 되었다.

06 〈보기〉의 빈칸에 들어갈 알맞은 말을 쓰시오.

> **보기**
>
> 그는 어른이 되어 가면서 거짓말쟁이가 되었다. 이제 그는 순수한 청년이 __________.

07 밑줄 친 부분을 생략해도 문장이 성립하는 것은?

① 넌 돈 좀 <u>있니?</u>
② 물이 <u>얼음이</u> 되었다.
③ 토마토는 <u>과일이</u> 아니다.
④ 동생이 <u>시계를</u> 망가뜨렸다.
⑤ 밤하늘에 <u>반짝이는</u> 별이 떴다.

08 〈보기〉의 ㉠의 예로 알맞지 <u>않은</u> 것은?

〔보기〕
　　보어는 대개 체언에 보격 조사가 붙은 형태가 일반적이지만 ㉠체언에 보조사만 붙기도 한다.

① 그가 <u>범인은</u> 아니다.
② 물이 <u>얼음으로</u> 되었다.
③ 이것이 심각한 <u>문제는</u> 아니다.
④ 영수는 우리 동네 <u>주민도</u> 아니다.
⑤ 우리 반 반장이 <u>학생회장도</u> 되었다.

09 〈보기 1〉에 대한 설명으로 알맞은 것을 〈보기 2〉에서 모두 고른 것은?

〔보기 1〕
A. 정답은 2번이 아니다.
B. 한글은 우리의 문자이다.
C. 조는 학생들이 의외로 많다.
D. 놀부 부인이 흥부를 주걱으로 때렸다.

〔보기 2〕
ㄱ. A는 주성분만으로 이루어져 있는 문장이다.
ㄴ. B는 '우리의'를 생략해도 문장이 성립된다.
ㄷ. C는 3개의 필수적인 문장 성분을 가지고 있다.
ㄹ. D는 목적어를 반드시 필요로 하는 서술어가 쓰였다.

① ㄱ, ㄴ　　　② ㄴ, ㄷ　　　③ ㄷ, ㄹ
④ ㄱ, ㄴ, ㄹ　　　⑤ ㄴ, ㄷ, ㄹ

10 문장에 대해 분석한 내용으로 알맞지 <u>않은</u> 것은?

- 형은 차를 몰고 멀리 <u>갔다.</u> → '갔다'는 목적어를 필요로 하는 말이다. ──────── ①
- 아기가 정말 <u>귀엽다.</u> → '귀엽다'는 주체의 상태나 성질을 풀이하는 말이다. ──────── ②
- 나는 <u>눈을</u> 감는다. → '눈을'은 서술어가 나타내는 행위의 대상이 되는 말이다. ──────── ③
- <u>드넓은</u> 바다가 맑다. → '드넓은'은 문장이 성립하는 데 필수적이지 않은 말이다. ──────── ④
- 그는 <u>개척자가</u> 되었다. → '개척자가'는 서술어 앞에서 의미를 보충하는 말이다. ──────── ⑤

11 〈보기〉에 대한 이해로 알맞지 <u>않은</u> 것은?

〔보기〕
정우: ㉠과제 다했어?
희진: ㉡아니, 난 신이 아니야. ㉢그렇게 많이 내 주었는데……. ㉣어디 가서 밥이나 먹자.
정우: ㉤난 그것도 모르고 만나자고 했군.

① ㉠: 목적격 조사를 생략해도 목적어가 될 수 있군.
② ㉡: 서술어를 보충하는 성분이 쓰였군.
③ ㉢: 목적어는 문맥상 분명할 때 생략될 수 있군.
④ ㉣: 주어와 목적어가 생략되어 있군.
⑤ ㉤: 보조사로도 목적어를 만들 수 있군.

12 〈보기〉의 밑줄 친 말의 문장 성분을 각각 밝히고, 그 역할 면에서의 공통점을 서술하시오.

〔보기〕
동생이 <u>커피를</u> 탔다.　　　그는 <u>신사가</u> 아니다.

개념 정리

• 관형어(갓 관冠, 모양 형形, 말씀 어語)

① 개념

부속 성분 중에서 체언을 꾸며 주는 기능을 하는 문장 성분을 '관형어'라고 해요. 문장에서 '어떤', '무엇의'에 해당하는 말로, 체언의 뜻을 자세하게 해 주어요.

> 관형어 체언
> 그는 새 신발을 샀다.
>
> 관형어 체언
> 웃는 얼굴이 예쁘다.

관형사 단독	예 그는 헌 옷을 입었다. / 나는 옛 추억을 떠올렸다.
체언＋관형격 조사 '의'	예 우리는 할머니의 이야기를 들었다. / 그녀는 그의 편지를 읽었다.
체언(관형격 조사 생략)	예 그는 흥부 아내를 만났다. / 나는 시골 학교에 다닌다.
용언의 어간＋관형사형 어미	예 하얀 눈이 내린다. / 이것은 읽던 책이 아니다.
체언＋서술격 조사＋관형사형 어미	예 어머니는 맏이인 누나를 믿음직하게 생각하였다.

② 특징

- 체언 없이 단독으로 쓰일 수 없어요. 예 그는 옛 추억을 떠올린다.(○) 그는 옛 떠올린다.(×)
- 꾸밈을 받는 체언 앞에만 올 수 있어요. 예 그는 새 신발을 샀다.(○) 그는 신발을 새 샀다.(×)
- 의존 명사 앞에는 반드시 관형어가 있어야 해요. 예 그저 기쁠 따름이다. / 이 책은 직접 만든 것이다.
- 여러 관형어가 연달아 쓰여 하나의 체언을 꾸며 줄 수 있어요. 예 저 두 예쁜 아이를 보아라.

확인 문제

01 〈보기〉의 밑줄 친 부분이 꾸며 주는 말을 찾아 쓰시오.

> 보기
> 나는 김소월의 시를 이따금 읽는다.

02 밑줄 친 부분 중 관형어로 볼 수 없는 것은?

① 추운 겨울이 왔다.
② 배가 멀리 떠나간다.
③ 온 국민이 우승을 기원했다.

03 〈보기〉에서 관형격 조사가 생략된 관형어를 찾아 쓰시오.

> 보기
> 학교 선생님이 새 책을 학생들에게 나눠 주셨다.

04 밑줄 친 관형어와 그 형태를 연결하시오.

(1) 빨간 고추 •　　　• ㉠ 관형사

(2) 모든 인간 •　　　• ㉡ 체언＋관형격 조사

(3) 나의 조국 •　　　• ㉢ 용언의 어간＋관형사형 어미

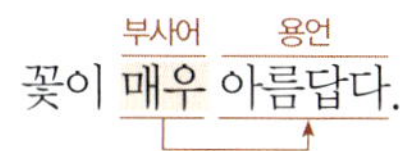 **개념 정리**

• **부사어**(버금 부 副 말씀 사詞 말씀 어語)

① 개념

　부속 성분 중에서 주로 용언을 꾸며 주는 기능을 하는 문장 성분을 '**부사어**'라고 해요. 관형어, 다른 부사어 또는 문장 전체를 꾸며 주기도 해요. 문장에서 '어떻게', '어디에서'에 해당하는 말이지요.

부사어　용언
꽃이 매우 아름답다.

부사어　부사어　용언
자동차가 매우 빨리 달린다.

부사 단독	예 영화가 무척 재미있다. / 사고가 자주 일어난다.
체언＋부사격 조사◆	예 햇볕에 옷을 말렸다. / 나는 너와 다르다.
용언의 어간＋부사형 어미 '-게', '-도록', '-(아)서' 등	예 그는 일을 쉽게 한다. / 해가 지도록 놀았다.

② 특징

• 자리 이동이 관형사보다 자유로워요. 예 음식이 엄청 짜다. / 엄청 음식이 짜다.

• 보조사와의 결합이 비교적 자유로워요. 예 기차가 빨리도 간다. / 기차가 빨리만 간다.

• 문장이 성립하는 데 꼭 필요한 부사어◆가 있어요. 예 나는 누나와 닮았다. / 나는 그에게 선물을 주었다.
　　　　　　　　　　　　　　　　　　　　　　　　　　주어와 부사어 요구　　　　주어, 목적어, 부사어 요구

• **독립어**(홀로 독獨 설 립立 말씀 어語)

① 개념

　문장의 어느 성분과도 직접적인 관련이 없는 문장 성분을 '**독립어**'라고 해요. 감탄사, 호격 조사가 붙은 명사, 문장과 문장을 이어 주는 말, 대답하는 말 등이 있어요.

어머, 눈이 오네.
감탄사

나래야, 집에 가자.
체언＋호격 조사

② 특징

　주로 문장의 첫머리에 놓이며, 생략해도 문장은 성립해요. 예 (어머나,) 벌써 꽃이 피었네.

끌 정보

접속 부사어

문장이나 단어를 연결해 주는 부사어를 '접속 부사어'라고 해요.
예 비가 왔다. 그래서 길이 질다.

◆ **부사격 조사** 부사격 조사에는 처소(에, 에서, 에게, 로 등), 도구(로), 시간(에), 자격(로), 비교(과/와, 보다), 원인 · (로, 에), 동반(과/와, 하고) 등의 의미를 나타내는 것들이 있으며 이러한 조사들이 붙어 부사어를 이룸.

◆ **문장이 성립하는 데 꼭 필요한 부사어** 부사어는 부속 성분이라서 생략해도 되지만 특정 서술어는 부사어를 필수적으로 요구함(필수적 부사어).
• 다르다, 비슷하다, 같다 등: 체언＋조사 '와/과'
• 주다, 두다, 넣다 등: 체언＋조사 '에/에게'
• 삼다, 변하다: 체언＋조사 '(으)로'

확인 문제

05 〈보기〉의 빈칸에 공통으로 들어갈 문장 성분은?

보기
• 하늘이 ＿＿＿ 높다.　• 굵은 빗방울이 ＿＿＿ 내린다.

① 관형어　　　② 부사어　　　③ 독립어

06 〈보기〉에서 문장이 성립하는 데 없어도 되는 말은?

보기
나는 본래 너와 다르다.

07 〈보기〉에서 부사어를 꾸며 주는 부사어와 관형어를 꾸며 주는 부사어를 각각 찾아 쓰시오.

보기
• 차가 매우 빨리 달린다.　• 나는 아주 예쁜 집을 보았다.

08 〈보기〉에서 독립어를 모두 찾아 쓰시오.

보기
엄마: 수지야, 생일 선물이야.　수지: 와! 고마워요.

01 밑줄 친 부분 중 부속 성분에 해당하지 <u>않는</u> 것은?

① 그의 집에는 <u>아기자기한</u> 물건이 많다.
② <u>확실히</u> 그는 반장으로서 역할을 잘한다.
③ <u>어느</u> 마을에 가난한 농부가 살고 있었다.
④ 오랜만이니 우리 차나 한잔하러 가요, <u>네?</u>
⑤ 이틀째 꼬박 밤을 샜다. <u>그러므로</u> 자야 한다.

02 〈보기〉에서 관형어의 특징에 해당하는 것을 골라 묶은 것은?

> ┌ 보기 ┐
> ㄱ. 체언 없이 혼자서는 쓰일 수 없다.
> ㄴ. 체언이 그대로 관형어가 될 수 있다.
> ㄷ. 모든 보조사와 자유롭게 결합할 수 있다.
> ㄹ. 위치를 비교적 자유롭게 이동할 수 있다.

① ㄱ, ㄴ　　　② ㄱ, ㄷ　　　③ ㄴ, ㄷ
④ ㄴ, ㄹ　　　⑤ ㄷ, ㄹ

03 밑줄 친 부분 중 문장 성분이 <u>다른</u> 것은?

① 이 맛은 <u>색다른</u> 맛이다.
② 가을은 <u>독서의</u> 계절이다.
③ 나는 <u>맨</u> 처음에 학교에 도착했다.
④ 잠잠하던 바람이 다시 <u>거세게</u> 분다.
⑤ 그때 <u>고생한</u> 일은 이제 추억이 되었다.

04 밑줄 친 부분 중 부사어로 볼 수 <u>없는</u> 것은?

① 이번 시험은 <u>유독</u> 어렵다.
② 밤새 함박눈이 <u>펑펑</u> 내린다.
③ 준영이는 <u>집으로</u> 가는 중이다.
④ 나는 그의 제안을 <u>기쁘게</u> 받아들였다.
⑤ <u>정부에서</u> 요번에 실시한 조사 결과를 발표했다.

05 밑줄 친 부분의 기능을 분석한 내용으로 알맞지 <u>않은</u> 것은?

① 새들이 <u>아주</u> 높이 날아간다. → 부사어를 꾸밈.
② 그녀는 <u>매우</u> 현명한 여인이다. → 관형어를 꾸밈.
③ 올해는 비가 유난히 <u>많이</u> 내린다. → 용언을 꾸밈.
④ 그들은 <u>처음부터</u> 각오가 대단했다. → 체언을 꾸밈.
⑤ <u>과연</u> 내가 그 일을 할 수 있을까? → 문장 전체를 꾸밈.

06 〈보기〉에 쓰인 각각의 관형어와 부사어를 모두 찾아 쓰시오.

> ┌ 보기 ┐
> 나는 냉장고에서 꺼낸 빨간 감을 맛있게 먹었다.

07 〈보기〉의 밑줄 친 부분과 같은 문장 성분이 쓰이지 <u>않은</u> 것은?

> **보기**
> <u>와</u>, 정말 반갑다. 이게 얼마 만이야?

① <u>예</u>, 잘 알겠습니다.
② <u>영은아</u>, 우리 같이 놀자.
③ <u>모름지기</u> 아이들은 실컷 놀아야 한다.
④ <u>어머나</u>, 깜박하고 숙제를 집에 놓고 왔어.
⑤ <u>사랑</u>, 듣기만 해도 가슴이 따뜻해지는 말이다.

08 〈보기〉와 문장 성분의 구성 방식이 동일한 것은?

> **보기**
> 엄마, 저 많이 늦어요.

① 와, 이 김밥 정말 맛있다.
② 선아야, 너 집에 언제 갈 거야?
③ 어머, 지우가 의외로 일을 잘하네.
④ 할아버지, 제가 진심으로 사랑합니다.
⑤ 물, 그것은 인간에게 꼭 필요한 물질이다.

09 밑줄 친 부분을 생략했을 때, 문장의 의미가 제대로 전달되지 <u>않는</u> 것은?

① <u>우아</u>, 우리 반이 이겼다.
② 밥은 먹었니? / 밥을 <u>먹었지</u>.
③ 너, 어디에 있어? / 집에 <u>있어</u>.
④ <u>어머나</u>! 밤새 꽃이 활짝 폈네.
⑤ 나의 성격은 <u>동생과</u> 완전 다르다.

10 밑줄 친 부분 중 문장이 성립하는 데 필수적인 성분이 <u>아닌</u> 것은?

① 그는 이제 어엿한 <u>사회인이</u> 되었다.
② 태연은 노트북을 <u>사물함에</u> 넣어 두었다.
③ 그는 위기를 전화위복의 <u>발판으로</u> 삼았다.
④ <u>그</u> 강아지는 넓은 풀밭에서 실컷 뛰어놀았다.
⑤ 한 달 걸릴 일을 몰아쳐서 <u>일주일</u> 만에 끝냈다.

11 〈보기〉에 대한 이해로 알맞지 <u>않은</u> 것은?

> **보기**
> ㉠ 저 세 젊은 사람들이 노인을 도와주었다.
> ㉡ 땀이 아주 많이 난다. / 아주 많이 땀이 난다.
> ㉢ 집에 먹을 것이 없다. / 그는 구경만 할 뿐이다.
> ㉣ 나는 온갖 근심을 버리고 아주 밝은 생각을 했다.

① ㉠을 보니, 세 개의 관형어가 체언을 꾸며 주고 있군.
② ㉡을 보니, 부사어는 자리 이동이 비교적 자유롭군.
③ ㉢을 보니, 의존 명사 앞에는 반드시 관형어가 오는군.
④ ㉣을 보니, 관형사가 그대로 관형어 역할을 하는군.
⑤ ㉠~㉣을 보니, 부사어와 관형어는 주성분만을 꾸며 주는군.

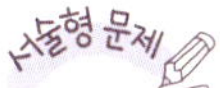

12 〈보기〉의 밑줄 친 문장 성분의 공통점을 서술하시오.

> **보기**
> <u>오랜만에</u> <u>깨끗한</u> 공기를 마실 수 있어서 <u>참</u> 좋다.

DAY 22 홑문장과 겹문장, 이어진문장

| 교과 연계 |
중학교 국어 3학년_문장의 짜임

개념 정리

• 홑문장

① 개념: 주어와 서술어의 관계가 한 번만 나타나는 문장을 '홑문장'이라고 해요.

② 특징: 다른 문장 성분이 많더라도 주어와 서술어의 관계가 한 번만 나온다면 홑문장이에요.

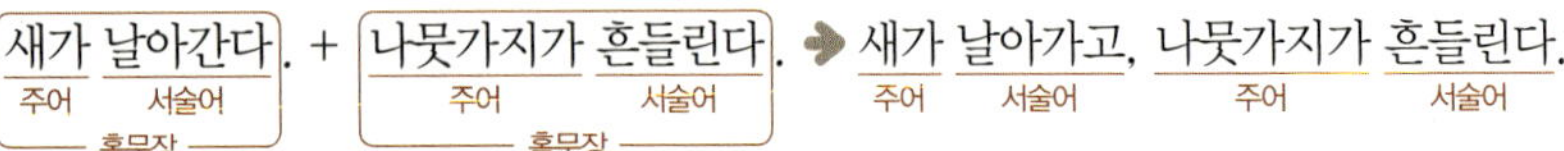

• 겹문장

① 개념: 주어와 서술어의 관계가 두 번 이상 나타나는 문장을 '겹문장'이라고 해요.

새가 날아간다. + 나뭇가지가 흔들린다. ➡ 새가 날아가고, 나뭇가지가 흔들린다.
주어 서술어   주어 서술어   주어 서술어   주어 서술어
── 홑문장 ──   ──── 홑문장 ────

② 종류

| 이어진문장 | 둘 이상의 홑문장이 연결 어미에 의해 결합되는 방식 |
| 안은문장 | 홑문장이 다른 문장 속으로 들어가 그 문장의 한 성분이 되는 방식 |

③ 특징: 겹문장에서 앞뒤 절◆의 주어, 서술어 등이 같으면 생략할 수 있어요.

새가 날아가서 (새가) 나뭇가지에 앉는다.
주어   서술어   주어 생략   서술어

꿀팁 정보

겹문장 판단하기

겹문장에서는 앞뒤 문장의 주어가 같으면 주어 하나가 생략되는 경우가 많으므로 이때는 서술어의 개수를 세어 겹문장의 여부를 판단해야 해요. 이때 '나는 잠을 자고(본용언) 싶다(보조 용언).'와 같은 본용언과 보조 용언은 합쳐서 하나의 서술어로 봐요.

◆ 절 주어와 서술어의 관계를 갖춘 문법 단위로, 독립해 쓰이지 못하고 문장 속에서 하나의 문장 성분처럼 쓰임.

확인 문제

01 〈보기〉에서 주어와 서술어의 관계가 나타난 개수는?

┌ 보기 ┐
저 자동차가 무척 빨리 달린다.
└────┘

① 1개　　② 2개　　③ 3개

02 다음 문장의 서술어의 개수와 문장 유형을 쓰시오.

나는 모자를, 동생은 신발을 샀다.

(1) 서술어의 개수: ______

(2) 주어와 서술어의 관계에 따른 문장 유형: ______

03 〈보기〉의 문장들을 겹문장으로 만들 때, 생략할 수 있는 말을 찾아 쓰시오.

┌ 보기 ┐
바다가 넓다.　　바다가 푸르다.
└────┘

04 다음 중 문장 유형이 다른 것은?

① 날씨가 매우 덥다.
② 잠자리가 꽃밭에 앉았다.
③ 먹구름이 끼고 비가 온다.

개념 정리

• 이어진문장 ① – 대등하게 연결된 이어진문장

① 개념: 이어진문장 중에서 둘 이상의 홑문장이 대등한 의미 관계로 이어진 문장을 '대등하게 연결된 이어진문장'이라고 해요.

꽃이 피다. + −고 + 열매가 맺다. ➡ 꽃이 피고, 열매가 맺다.
대등적 연결 어미   앞 문장과 뒤 문장이 대등하게 이어짐.

② 종류

의미 관계	연결 어미◆	예
나열	−고, −(으)며	나는 노래를 듣고, 친구는 책을 본다. / 바람이 불며 비가 내린다.
대조	−지만, −(으)나	산이 높지만 험하지는 않다. / 밥은 먹었으나 배는 고프다.
선택	−거나, −든(지)	아빠가 가시거나 엄마가 가신다. / 쉬든지 자든지 해라.

◆ 연결 어미 앞 문장과 뒤 문장 또는 본용언과 보조 용언을 연결해 주는 어미임. 이어진문장은 둘 이상의 홑문장이 연결 어미에 의해 이어짐.

③ 특징

• 앞 절과 뒤 절의 순서를 바꾸어도 의미 차이가 거의 없어요.

• 앞 절이 뒤 절 안으로 이동할 수 없어요.

• 앞뒤 문장의 서술어가 같을 경우 앞 문장의 서술어를 생략할 수 있어요.

나는 공책을 샀고, 그는 연필을 샀다.   →
문장1   문장2

• 그는 연필을 샀고, 나는 공책을 샀다. (○)
• 그는, 나는 공책을 샀고, 연필을 샀다. (×)
• 나는 공책을, 그는 연필을 샀다. (○)

확인 문제

05 〈보기〉를 활용하여 대등하게 연결된 이어진문장으로 만들려고 할 때 연결 어미로 알맞은 것은?

〈보기〉
여기는 비가 왔다.   지방에는 비가 오지 않았다.

① −든(지)   ② −거나   ③ −지만

06 〈보기〉에서 생략된 문장 성분과 주술 관계의 개수를 쓰시오.

〈보기〉
엄마는 시장에, 형은 학교에 갔다.

(1) 생략된 문장 성분:

(2) 주어와 서술어의 관계 개수:

07 의미 관계를 고려해 이어진문장을 만들 때 적절한 예를 〈보기〉에서 찾아 그 기호를 쓰시오.

〈보기〉
㉠ 하늘이 맑다. + 공기가 신선하다.
㉡ 하늘이 맑다. + 미세 먼지가 있다.

(1) 서로 반대되는 내용을 나타낼 경우:

(2) 두 가지 사실을 대등하게 나열할 경우:

08 대등하게 연결된 이어진문장이 <u>아닌</u> 것은?

① 나는 떡도 먹었고 고기도 먹었다.
② 그녀는 약속을 했으면 지켜야 한다.
③ 너는 집에 가든지 학교에 가든지 해라.

개념 정리

• 이어진문장 ② – 종속적으로 연결된 이어진문장

① 개념: 이어진문장 중에서 둘 이상의 홑문장이 독립적이지 못하고 종속적인 의미 관계로 이어진 문장을 '종속적으로 연결된 이어진문장'이라고 해요.

> 눈이 왔다. + **–(아)서** + 길이 미끄럽다. ➡ 눈이 와서 길이 미끄럽다.
> 　　　　　　　종속적 연결 어미　　　　　　　　　　　뒤 문장의 원인이 됨.

② 종류

의미 관계	연결 어미	예
이유, 원인	–(아)서/–(어)서, –(으)니, –(으)므로	• 날씨가 추워서 감기가 들었다. • 배가 부르니 잠이 온다.
조건, 가정	–(으)면, –거든, –아야/–어야	• 네가 약속을 지키면 내가 밥을 산다. • 먹어 보아야 맛을 안다.
목적, 의도	–(으)러, –(으)려고, –고자	• 책을 빌리러 도서관에 갔다. • 선물을 사려고 돈을 모은다.
양보	–아도/–어도, –더라도, –(으)ㄹ지라도	• 늦더라도 꼭 참석해야 한다. • 내가 떠날지라도 나를 잊지 마라.
배경, 상황	–는데, –(으)ㄴ데◆	학교에 일찍 가야 하는데 늦잠을 잤다.

◆ **–는데, –(으)ㄴ데** 뒤 절에서 어떤 일을 설명하거나 묻거나 시키거나 제안하기 위하여 그 대상과 상관되는 상황을 미리 말할 때 쓰는 연결 어미

③ 특징

• 앞 절이 뒤 절 안으로 이동할 수 있어요.

• 앞 절과 뒤 절을 바꾸면 문장의 의미가 달라지거나 비문(非文)◆이 되어요.

◆ **비문** 문법에 맞지 않는 문장

> 눈이 와서 우리는 약속을 취소했다. →　• 우리는 눈이 와서 약속을 취소했다. (○)
> 　문장1　　　문장2　　　　　　　　　• 우리는 약속을 취소해서, 눈이 왔다. (×)

확인 문제

09 다음 문장에서 앞뒤 절의 의미 관계를 찾아 연결하시오.

(1) 먹어 봐야 맛을 알지.　•　　　　　　• ㉠ 배경

(2) 늦어도 학교는 가야 한다. •　　　　　• ㉡ 조건

(3) 비가 온다는데 우산을 준비해 가라.　•　　　• ㉢ 양보

10 다음 문장에서 밑줄 친 연결 어미가 나타내는 앞뒤 절의 의미 관계를 쓰시오.

> 나는 매우 피곤했<u>으므로</u> 일찍 잤다.

11 앞뒤 절의 의미 관계를 생각할 때 〈보기〉의 ⓐ와 바꾸어 쓰기에 알맞은 것은?

> 〈보기〉
> 나는 점심을 ⓐ먹기 위해 집에 간다.

① 먹어서　　　② 먹으러　　　③ 먹는데

12 〈보기〉에 대한 설명이 맞으면 ○, 틀리면 ×에 표시하시오.

> 〈보기〉
> 영우가 아파서 엄마는 걱정했다.

(1) 앞 절은 뒤 절 속으로 자리를 옮길 수 있다. (○ , ×)

(2) 앞뒤 절의 위치를 바꾸어도 문장이 성립한다. (○ , ×)

DAY 22 내신 대비 문제

01 '홑문장'과 '겹문장'을 구분하는 기준으로 알맞은 것은?

① 문장 성분의 품사가 무엇인가?
② 필수적인 문장 성분으로 이루어져 있는가?
③ 주어와 서술어의 관계가 몇 번 나타나는가?
④ 문장과 문장이 어떤 의미 관계를 맺고 있는가?
⑤ 문장을 구성하는 문장 성분은 모두 몇 개인가?

02 〈보기〉에 주어와 서술어의 관계가 나타난 횟수는?

> **보기**
> 우리는 오랜만에 만나 영화도 보고 밥도 먹고 노래방도 가고 춤도 추었다.

① 1
② 2
③ 3
④ 4
⑤ 5

03 〈보기〉에 대한 설명으로 알맞은 것은?

> **보기**
> 아, 저 학생은 영어 단어를 정말 빨리 외우는구나.

① 앞 절이 뒤 절의 목적을 나타내는 문장이다.
② 부사어가 용언과 관형어를 꾸며 주는 문장이다.
③ 주어와 서술어의 관계가 한 번 나타나는 문장이다.
④ 주어와 서술어만을 필수적으로 요구하는 문장이다.
⑤ 홑문장과 홑문장이 대등하게 연결된 이어진문장이다.

04 홑문장으로 알맞은 것은?

① 산은 높고 바다는 넓다.
② 길이 막혀서 학교에 지각을 했다.
③ 우리 집 화초에 드디어 싹이 돋았다.
④ 그는 사람들을 도와주고 흐뭇해했다.
⑤ 바람이 많이 부는데 나는 일찍 집에 들어가야겠다.

05 〈보기〉의 ㄱ~ㄹ을 홑문장과 겹문장으로 나눈 것으로 알맞은 것은?

> **보기**
> ㄱ. 나는 강아지와 함께 산책을 나갔다.
> ㄴ. 오월이 오니 벌써 날씨가 더워진다.
> ㄷ. 사람들이 공원에서 운동을 열심히 한다.
> ㄹ. 우리 식구들은 고추를 심느라고 무척 바쁘다.

	홑문장	겹문장
①	ㄱ, ㄴ	ㄷ, ㄹ
②	ㄱ, ㄷ	ㄴ, ㄹ
③	ㄴ, ㄷ	ㄱ, ㄹ
④	ㄴ, ㄹ	ㄱ, ㄷ
⑤	ㄷ, ㄹ	ㄱ, ㄴ

06 〈보기〉를 참고할 때, 이어진문장으로 볼 수 <u>없는</u> 것은?

> **보기**
> 겹문장에는 둘 이상의 홑문장이 연결 어미에 의해 대등하거나 종속적으로 결합된 방식인 이어진문장과 하나의 홑문장이 다른 문장을 문장 성분으로 가지는 방식인 안은문장이 있다.

① 비가 와서 운동회가 취소되었다.
② 굵은 빗방울들이 창문을 때린다.
③ 비가 그치면 운동회를 할 것이다.
④ 비가 너무 많이 내려 둑이 무너졌다.
⑤ 오전에는 비가 왔지만 오후에는 비가 그쳤다.

07 〈보기〉와 문장의 유형이 가장 유사한 것은?

〔보기〕
토끼는 빠르며 거북이는 느리다.

① 그는 아버지와 닮지 않았다.
② 아이들은 교실에서 아주 시끄럽다.
③ 나는 많이 먹지만 살이 찌지 않는다.
④ 우진이는 그 친구를 도우려고 노력했다.
⑤ 그가 발표를 하면 우리는 질문을 할 것이다.

08 〈보기〉의 앞뒤 절에 드러난 의미 관계를 나타내는 예로 알맞은 것은?

〔보기〕
선생님이 떠나시더라도 설마 우리를 잊으시겠니?

① 많이 졸리면 잠을 자라.
② 사람은 오래 겪어 봐야 안다.
③ 가을이 되어서 나뭇잎들이 떨어진다.
④ 그는 밥만 먹으니까 잘 자라지 않는다.
⑤ 나는 시험에 떨어져도 좌절하지 않는다.

09 〈보기〉의 문장에 대한 설명으로 알맞지 <u>않은</u> 것은?

〔보기〕
우리는 질서를 지키고자 노력했다.

① 문장을 이루는 두 절의 주어는 동일하다.
② 두 개의 홑문장이 종속적으로 결합되어 있다.
③ 앞 절은 뒤 절에 대해 '이유'의 의미 관계를 가진다.
④ 두 절은 각각 필수적인 문장 성분으로 이루어져 있다.
⑤ 연결 어미를 '-려고'로 바꾸어도 의미에 큰 변화가 없다.

10 이어진문장의 의미 관계를 분석한 내용으로 알맞지 <u>않은</u> 것은?

① 다람쥐는 매우 작고 날쌔다. – 나열
② 꽃은 피었으나 열매를 맺지 못한다. – 대조
③ 자리를 맡으러 일찍 도서관에 갔다. – 목적
④ 나는 약속을 했으니 그곳에 가야 한다. – 조건
⑤ 그는 주말에 운동을 하거나 도서관에 간다. – 선택

11 〈보기〉의 ㉠이 쓰인 예로 알맞은 것은?

〔보기〕
㉠이것은 뒤 문장에서 어떤 일을 설명하거나 제안하기 위해 그 대상과 관련되는 상황을 앞 문장에서 미리 보여 줄 때에 쓰는 연결 어미이다.

① 지훈이는 버스에 타<u>자마자</u> 잔다.
② 그는 부지런하<u>므로</u> 성공할 것이다.
③ 산에 높이 올라갈<u>수록</u> 기온이 떨어진다.
④ 숙제가 많<u>은데</u> 숙제부터 먼저 하고 놀아라.
⑤ 졸업식에는 엄마가 오시<u>거나</u> 아빠가 오신다.

12 〈보기〉의 문장들을 종속적으로 연결된 한 문장으로 만들어 쓰시오.

〔보기〕
사람은 착하다.　　사람은 복을 받는다.

13 〈보기〉에 대한 설명으로 알맞은 것은?

┌ 보기 ┐
눈이 와서 길이 너무 미끄럽다.

① 앞뒤 절을 이루는 문장 성분이 동일하다.
② 두 홑문장이 대등하게 이어진 겹문장이다.
③ 앞 절이 뒤 절 안으로 이동할 수 있다.
④ 앞 절이 뒤 절의 조건으로서 의미를 지닌다.
⑤ 앞 절과 뒤 절의 순서를 바꾸어도 의미가 같다.

14 이어진문장의 종류가 <u>다른</u> 것은?

① 비가 와서 땅이 질다.
② 봄이 되면 꽃이 핀다.
③ 집에 가는데 고향 친구를 만났다.
④ 현희는 뛰어가더니 집에 빨리 갔다.
⑤ 여기에 있든지 집에 가든지 결정해라.

15 두 문장의 의미 관계를 고려하여 이어진문장을 만들려고 할 때 사용할 연결 어미로 알맞지 <u>않은</u> 것은?

문장	연결 어미
① 여름이 되다. + 모기가 많다.	−면
② 오늘은 방학이다. + 신이 난다.	−어서
③ 윗물이 맑다. + 아랫물이 맑다.	−으나
④ 아빠는 인자하다. + 엄마는 현명하다.	−고
⑤ 봄이 왔다. + 날씨가 따뜻하지 않다.	−지만

16 〈보기〉에 대한 내용으로 알맞지 <u>않은</u> 것은?

┌ 보기 ┐
윤서: ㉠어머, 첫눈이 와. ㉡완연히 겨울이 왔네.
정민: ㉢첫눈을 보며 소원을 빌면 이루어진대.

① ㉠은 홑문장이군.
② ㉡에서 서술어는 1개이군.
③ ㉢에는 종속적으로 연결된 이어진문장이 있군.
④ ㉢에는 주어와 서술어의 관계가 2번 나타나는군.
⑤ ㉠, ㉡과 달리 ㉢은 문장 성분이 생략되었군.

17 〈보기〉에 대한 탐구로 알맞지 <u>않은</u> 것은?

┌ 보기 ┐
ⓐ 그는 정직을 좌우명으로 여기고 있다.
ⓑ 눈이 올지라도 우리는 그곳으로 출발한다.
ⓒ 그분을 만나거든 제 안부 좀 전해 주세요.
ⓓ 영지는 여행을 좋아하고, 수환이는 영화를 좋아한다.

① ⓐ는 홑문장인 반면, ⓑ는 겹문장이다.
② ⓑ는 앞뒤 절이 양보의 의미 관계를, ⓒ는 앞뒤 절이 조건의 의미 관계를 가진다.
③ ⓑ와 ⓓ는 앞뒤 절의 위치를 바꿔도 문장이 성립한다.
④ ⓒ와 ⓓ는 각각 앞뒤 문장이 연결 어미에 의해 이어진 문장이다.
⑤ ⓒ는 종속적으로, ⓓ는 대등하게 연결된 이어진문장이다.

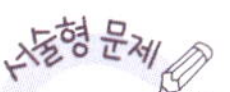

18 〈보기〉의 문장들을 하나의 이어진문장으로 만들고, 그 이어진문장의 유형을 서술하시오.

┌ 보기 ┐
• 머리를 깎다.   • 미용실에 갔다.

DAY 23 안은문장과 안긴문장 1 Ⅵ 문장

| 교과 연계 | 중학교 국어 3학년_문장의 짜임

개념 정리

• 안은문장과 안긴문장

① 개념: 하나의 홑문장이 다른 홑문장 속에 포함될 때 문장 성분처럼 쓰이는데, 이때 하나의 문장 성분처럼 쓰이는 홑문장을 '안긴문장'이라고 하고, 안긴문장을 자신의 문장 성분으로 포함하는 문장을 '안은문장'이라고 해요.

② 종류: 안긴문장은 절◆의 형태로 안은문장 속에 포함되는데, 안은문장에서 하는 역할에 따라 크게 명사절, 관형절, 부사절, 서술절, 인용절로 나뉘어요. 안은문장은 그 절의 종류에 따라 분류되지요.

◆ 절 주어와 서술어를 갖고 있지만 단독으로 쓰이지 못하고 문장의 일부로 쓰이는 것으로, 안은문장에서 절은 안긴문장을 말함.

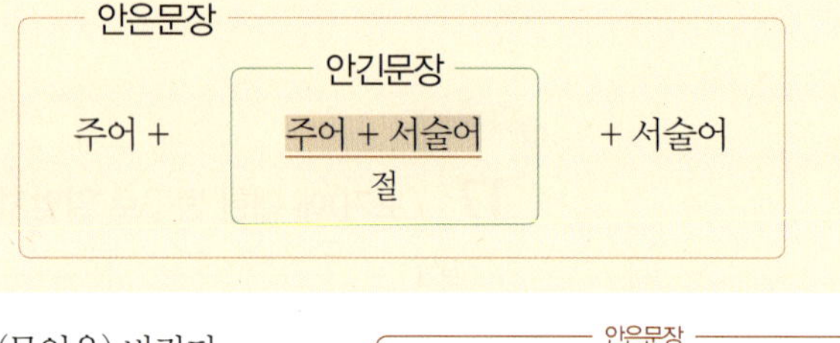

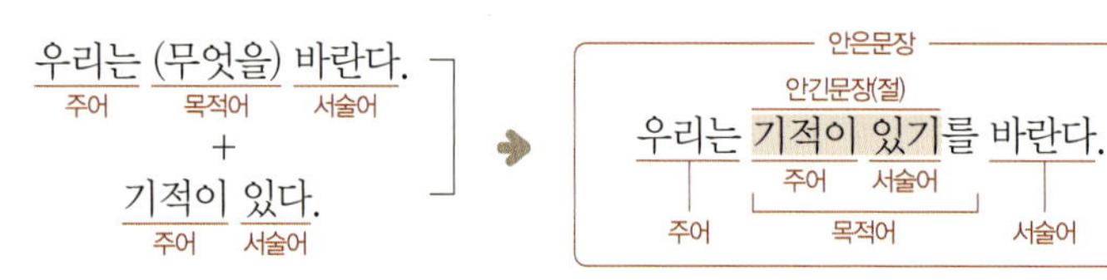

확인 문제

01 〈보기〉 문장의 문장 유형과 거리가 먼 것은?

〔보기〕
희수는 먼저 학교에 가겠다고 말했다.

① 안은문장 ② 안긴문장 ③ 이어진문장

02 〈보기〉에서 안은문장과 안긴문장을 찾아 쓰시오.

〔보기〕
지민이는 자신의 공책이 사라졌음을 깨달았다.

(1) 안은문장: ________________

(2) 안긴문장: ________________

03 〈보기〉의 문장에 대한 설명의 빈칸에 들어갈 알맞은 말을 쓰시오.

〔보기〕
그는 내가 돌아왔다는 걸 모른다.

(1) '(   )'은/는 안은문장의 주어이다.

(2) '(   )'은/는 안긴문장의 서술어이다.

04 다음 중 안은문장에 해당하는 것은?

① 나는 학교에 갔다.
② 봄이 오면 꽃이 핀다.
③ 눈이 소리도 없이 쌓였다.

개념 정리

• 명사절(이름 명名 말씀 사詞 마디 절節)을 가진 안은문장

① 개념: 주어, 목적어 등 명사처럼 쓰이는 안긴문장을 '명사절'이라 하는데, 이 절을 안고 있는 문장을 '명사절을 가진 안은문장'이라고 해요.

② 명사절을 만드는 방법: 명사형 어미 '-(으)ㅁ', '-기'가 붙어서 만들어져요. 명사절은 그 뒤에 붙는 조사에 따라 문장에서 주어, 목적어 등의 다양한 역할을 해요.

우리는 (무엇을) 알았다. + 그가 옳았다. ➡ 우리는 <u>그가 옳았음</u>을 알았다.
목적격 조사
명사절 – 목적어 역할

(무엇이) 어렵다. + 민아는 배고픔을 견디다. ➡ <u>민아는 배고픔을 견디기</u>가 어렵다.
주격 조사
명사절 – 주어 역할

◆ 명사형 어미 '-(으)ㅁ'
이미 일어난 일을 표현할 때 주로 쓰임.

꿀 정보

주격 조사와 목적격 조사
주격 조사 '이/가', '에서' 등은 앞의 말이 주어의 자격을 가지게 해요. 목적격 조사 '을/를'은 앞의 말이 목적어의 자격을 가지게 해요.

• 관형절(갓 관冠 형상 형形 마디 절節)을 가진 안은문장

① 개념: 체언을 꾸며 주는 관형어 역할을 하는 안긴문장을 '관형절'이라 하는데, 이 절을 안고 있는 문장을 '관형절을 가진 안은문장'이라고 해요.

② 관형절을 만드는 방법: 관형사형 어미 '-(으)ㄴ', '-는', '-(으)ㄹ', '-던'이 붙어서 만들어져요. 이때 안은문장과 안긴문장에서 중복되는 단어는 생략되어요.

그는 <u>우리가 찾던</u> 사람이다. (과거 회상)
관형절

그는 <u>우리가 찾은</u> 사람이다. (과거)
관형절

그는 <u>우리가 찾는</u> 사람이다. (현재)
관형절

그는 <u>우리가 찾을</u> 사람이다. (미래)
관형절

나는 옷을 입었다. + 엄마가 옷을 샀다. ➡ 나는 <u>엄마가 산</u> 옷을 입었다.
중복되는 문장 성분이 생략됨.   관형절

◆ 관형사형 어미 용언이 관형사와 같은 기능을 수행하게 하는 어미이며, 이 어미에 따라 표현하는 시제가 달라짐. '-(으)ㄴ'은 동사에서는 과거 시제를, 형용사에서는 현재 시제를 나타냄. '-는'은 현재 시제를 나타내는데 동사에서만 사용됨. '-(으)ㄹ'은 미래 시제, '-던'은 과거 회상을 나타냄.

확인 문제

05 다음 중 안긴문장의 종류가 <u>다른</u> 것은?

① 좋은 약은 입에 쓰다.
② 예지가 범인이었음이 밝혀졌다.
③ 우리는 담임 선생님이 오시기를 기다렸다.

06 〈보기〉의 문장에서 명사절을 찾아 쓰시오.

> **보기**
> 우리는 시간이 없음을 깨달았다.

07 〈보기〉에서 빈칸의 문장을 관형절로 만들 때, 사용할 수 있는 어미로 알맞은 것은?

> **보기**
> 나는 (하늘이 맑다) 좋아한다.

① -(으)ㄴ   ② -(으)ㅁ   ③ -기

08 〈보기〉의 문장에서 안긴문장의 종류를 쓰시오.

> **보기**
> 만두는 내가 가장 좋아하는 음식이다.

01 안은문장과 안긴문장에 대한 설명으로 알맞지 <u>않은</u> 것은?

① 하나의 홑문장이 다른 문장 속으로 들어가면서 절이 된다.
② 안긴문장은 안은문장 속에서 하나의 문장 성분으로 기능한다.
③ 안은문장은 둘 이상의 홑문장이 대등하게 결합된 겹문장이다.
④ 안은문장은 하나의 홑문장이 다른 문장을 문장 성분으로 가진 문장을 말한다.
⑤ 관형절을 가진 안은문장은 관형어와 같은 기능을 하게 하는 어미를 의해 만들어진다.

02 〈보기〉의 문장에서 안긴문장에 해당하는 절로 알맞은 것은?

┌─ 보기 ─
우리는 영진이가 밤새 영화를 보았음을 알고 있다.
└─

① 우리는 영진이가 밤새
② 우리는 영진이가 영화를
③ 우리는 영진이가 알고 있다
④ 영진이가 밤새 영화를 보았음
⑤ 영화를 밤새 보았음을 알고 있다

03 명사절을 가진 안은문장이 <u>아닌</u> 것은?

① 그는 밥을 먹기가 싫다고 했다.
② 나는 그것이 잘못임을 깨달았다.
③ 아이들은 눈이 오기를 기대한다.
④ 어린이가 그 일을 하기는 쉽지 않다.
⑤ 우리는 공원에서 재미있는 놀이를 했다.

04 다음 문장에 사용된 명사절의 문장 성분이 바르게 연결되지 <u>않은</u> 것은?

① 나는 더위를 참기가 어렵다. － 주어
② 나는 영화 보기를 좋아한다. － 목적어
③ 그녀가 집주인임이 밝혀졌다. － 목적어
④ 서진이는 민서가 똑똑함을 안다. － 목적어
⑤ 진우의 기분이 좋지 않음이 분명하다. － 주어

05 〈보기〉의 문장을 분석한 내용으로 알맞지 <u>않은</u> 것은?

┌─ 보기 ─
부모님은 현정이가 건강하기를 바란다.
└─

① 주어와 서술어의 관계가 두 번 나타난다.
② 안긴문장에서의 서술어는 ‘건강하다’이다.
③ 안은문장에서의 목적어는 ‘건강하기를’이다.
④ 안긴문장은 안은문장에서 명사와 같은 기능을 하고 있다.
⑤ 전체 문장은 어미 ‘-기’가 붙어 만들어진 절을 포함하고 있다.

06 〈보기〉의 문장을 명사절로 만든다고 할 때, 빈칸에 들어갈 알맞은 말을 쓰시오.

┌─ 보기 ─
지원이가 우유를 먹는다.
→ 엄마는 (　　　　　　　　)을/를 원한다.
└─

07 〈보기〉의 문장에서 안긴문장이 하는 역할로 알맞은 것은?

〔보기〕
오랜만에 놀이공원에 가는 다빈이는 신났다.

① 주어를 풀이한다.
② 체언을 꾸며 준다.
③ 서술어를 꾸며 준다.
④ 목적어의 역할을 한다.
⑤ 서술어의 동작의 대상으로서 기능한다.

08 관형절을 가진 안은문장이 <u>아닌</u> 것은?

① 엄마가 해 준 김밥이 제일 맛있다.
② 지우는 친구가 오기를 기다리고 있다.
③ 내가 갈 고등학교는 우리 집에서 멀다.
④ 나는 좋아하는 고양이를 키우게 되었다.
⑤ 영호는 은희가 전학을 간다는 소식을 알았다.

09 밑줄 친 부분이 관형어의 역할을 하는 절이 <u>아닌</u> 것은?

① 나는 <u>새로운</u> 가방을 샀다.
② 집에 <u>낯선</u> 손님이 찾아왔다.
③ 그는 <u>음악을 듣는</u> 것을 즐겨 한다.
④ 전시회에는 <u>멋진 일출이 담긴</u> 그림이 있다.
⑤ 할아버지께서는 <u>내가 드린</u> 선물을 좋아하셨다.

고난도 문제

10 관형절로 안기면서 생략된 성분이 〈보기〉의 경우와 같은 것은?

〔보기〕
앙증맞은 강아지가 귀엽다.

① 전에 읽은 만화는 정말 재미있었다.
② 소풍을 나온 사람들이 잔뜩 모였다.
③ 형은 아빠가 사 주신 시계를 차고 다닌다.
④ 선아가 대학에 합격했다는 소식을 들었다.
⑤ 오후에 탈 기차에 자리가 있었으면 좋겠다.

고난도 문제

11 〈보기〉의 ㉠, ㉡에 대한 이해로 알맞지 <u>않은</u> 것은?

〔보기〕
㉠ 나는 시험이 끝나기만을 기다렸다.
㉡ 그녀는 결혼식 때 친구가 만든 꽃다발을 들었다.

① ㉠의 안긴문장은 '시험이 끝나기'이군.
② ㉠의 안긴문장은 목적어의 역할을 하는군.
③ ㉡의 안긴문장은 관형어의 역할을 하는군.
④ ㉡에서 안긴문장은 절로 안기면서 부사어가 생략되었군.
⑤ ㉠과 ㉡에서 안긴문장은 명사형 어미와 관형사형 어미와 결합해 안겨 있군.

서술형 문제

12 〈보기〉에서 ㉠과 ㉡의 안긴문장의 종류를 쓰고, 문장에서 하는 역할을 비교하여 서술하시오.

〔보기〕
• 나는 ㉠집에 혼자 있기를 싫어한다.
• 나는 ㉡즐거워했던 추억을 떠올렸다.

DAY 24 안은문장과 안긴문장 2

| 교과 연계 | 중학교 국어 3학년_문장의 짜임

개념 정리

• 부사절(버금 부副 말씀 사詞 마디 절節)을 가진 안은문장

① 개념: 서술어를 꾸며 주는 부사어 역할을 하는 안긴문장을 '부사절'이라 하는데, 이 절을 안고 있는 문장을 '부사절을 가진 안은문장'이라고 해요.

② 부사절을 만드는 방법: '-게', '-도록', '-아서/-어서', '-이' 등이 붙어 만들어져요.

형은 <u>허락도 없이</u> 놀러 갔다.
　　　부사절

영주는 <u>땀이 나게</u> 달렸다.
　　　부사절

• 서술절(줄 서敍 지을 술述 마디 절節)을 가진 안은문장

① 개념: 서술어 역할을 하는 안긴문장을 '서술절'이라 하는데, 이 절을 안고 있는 문장을 '서술절을 가진 안은문장'이라고 해요.

② 특징

• '주어+주어+서술어' 구조로, 주어 두 개가 연달아 나와요. 앞의 주어는 안은문장의 주어이고, 뒤의 주어와 서술어는 서술절로서 안은문장의 서술어에 해당해요.

• 서술절을 만드는 표지♦가 없어요. '주어와 서술어' 그대로 서술절이 되어요.

• 서술절의 주어는 안은문장의 주어의 일부분이거나 그 소유물인 경우가 많아요.

코끼리는 <u>코가 길다</u>.
　　　서술절 / 주어 + 서술어 / 주어 / 서술어

그는 <u>마음이 넓다</u>.
　　　서술절 / 주어 + 서술어 / 주어 / 서술어

꿀정보

서술절과 보어

보어가 주어와 같은 주격 조사를 취함으로써 서술절을 가진 안은 문장과 형태가 '～이/가(은/는) ～이/가 ～다'로 동일해요. 이때 보어는 '되다/아니다' 앞에 놓이므로 이를 통해 구별해요.

♦ 표지 어떤 사물을 다른 것과 구별하게 하는 표시를 뜻함. 명사절·관형절·부사절은 어미를, 인용절은 조사를 사용해 만들어지는데, 서술절은 그런 표지가 없음.

확인 문제

01 〈보기〉의 문장을 안은문장으로 만들고자 할 때, 빈칸에 들어갈 어미로 알맞지 <u>않은</u> 것은?

> **보기**
> 민정이는 눈물이 나＿＿ 행복했다.

① -게　　　② -며　　　③ -도록

02 다음에 제시된 문장 성분을 〈보기〉에서 찾아 쓰시오.

> **보기**
> 재석이는 키가 크다.

(1) 안긴문장의 주어:

(2) 안은문장의 서술어:

03 〈보기〉의 문장에서 밑줄 친 부분이 전체 문장에서 하는 역할로 알맞은 것은?

> **보기**
> 바람이 <u>소리도 없이</u> 분다.

① 관형어　　　② 목적어　　　③ 부사어

04 〈보기〉에서 안긴문장을 찾고, 그 종류를 쓰시오.

> **보기**
> 수환이는 성격이 좋다.

개념 정리

• **인용＊절**(끌 인引 쓸 용用　마디 절節)**을 가진 안은문장**

① 개념: 다른 사람의 말이나 글을 인용한 것이 절의 형태로 안긴 것을 '인용절'이라 하는데, 이 절을 안고 있는 문장을 '인용절을 가진 안은문장'이라고 해요.

② 인용절의 종류와 만드는 방법

• 직접 인용절: 다른 사람의 말을 그대로 인용한 절을 말해요. 큰따옴표를 사용하고 그 뒤에 조사 '(이)라고'를 붙여 만들어요.

지혜는 <u>"아기가 너무 귀여워."</u><u>라고</u> 말했다.
직접 인용절

• 간접 인용절: 다른 사람의 말을 말하는 사람의 표현으로 바꾸어 인용한 절을 말해요. 큰따옴표 없이 인용절 뒤에 조사 '고'를 붙여 만들어요.

지혜는 <u>아기가 너무 귀엽다</u><u>고</u> 말했다.
간접 인용절

> ◆ **인용** 남의 말이나 글을 자신의 말이나 글 속에 끌어 쓰는 것을 말함.

>  **정보**
>
> **직접 인용절과 간접 인용절**
>
> 직접 인용절을 간접 인용절로 바꿀 때 시간 표현, 대명사, 높임 표현 등을 함께 바꾸어야 해요.
>
> 예 • 나/저 → 자기
> • 거기 → 여기
> • 갑시다 → 가자고

확인 문제

05 다음에 제시된 내용을 〈보기〉에서 찾아 쓰시오.

> ┌ 보기 ┐
> 연희는 그에게 오래 기다렸냐고 물었다.

(1) 안긴문장:

(2) 안긴문장의 종류:

(3) 안긴문장에 붙인 조사:

06 〈보기〉의 밑줄 친 부분에 들어갈 말로 적절한 것은?

> ┌ 보기 ┐
> 선아는 지우에게 "너 먼저 먹어."____ 말했다.

① 나　　　② 고　　　③ 라고

07 다음 설명이 맞으면 ○, 틀리면 ×에 표시하시오.

(1) 남의 말을 그대로 가져오는 것을 '직접 인용'이라고 한다.　　　　　　　　(○ , ×)

(2) 간접 인용절을 만들 때는 인용한 말 뒤에 조사 '고'를 붙인다.　　　　　　(○ , ×)

(3) 다른 사람의 말을 인용할 때는 반드시 큰따옴표를 사용해야 한다.　　　　　(○ , ×)

08 〈보기〉의 문장이 간접 인용절일 때 틀린 부분을 찾아 고쳐 쓰시오.

> ┌ 보기 ┐
> 정수는 나에게 매일 운동을 하겠다라고 약속했다.

01 안은문장에 대한 설명으로 알맞지 <u>않은</u> 것은?

① 안은문장에는 여러 개의 절이 포함될 수 있다.
② 안은문장은 안긴문장을 하나의 문장 성분으로 가진다.
③ 관형절은 체언을, 부사절은 용언을 꾸며 주는 역할을 한다.
④ 안은문장에서 명사절은 주어와 목적어 등의 문장 성분으로 쓰인다.
⑤ 명사절, 관형절, 인용절은 홑문장에 어미가 결합되어 만들어진다.

02 〈보기〉와 문장의 종류가 같은 것은?

〔보기〕
> 형은 인사도 없이 자기 방으로 들어갔다.

① 규민이는 아들이 두 명이 있다.
② 저 사람의 바지는 길이가 짧다.
③ 선생님께서 비가 많이 온다고 하셨다.
④ 수민이는 이것은 책이 아니라고 말했다.
⑤ 그는 나무가 쓰러지지 않게 버팀목을 세웠다.

03 밑줄 친 부분이 안은문장에서 하는 역할이 <u>다른</u> 것은?

① 꽃이 <u>색깔도 곱게</u> 피어 있다.
② 해가 <u>불이 활활 타듯이</u> 솟아올랐다.
③ 덕수는 <u>아는 것도 없이</u> 잘난 체를 한다.
④ 진이는 <u>연구에 몰두하는</u> 현지를 존경한다.
⑤ 나는 친구와 <u>밤이 새도록</u> 이야기를 나누었다.

04 안긴문장이 서술어 역할을 하는 경우가 <u>아닌</u> 것은?

① 나는 영어가 좋다.
② 그는 참을성이 부족하다.
③ 상어는 포유류가 아니다.
④ 그녀는 재주가 무척 많다.
⑤ 선주는 음악적 재능이 있다.

05 문장을 간접 인용절로 바꾼 내용이 알맞지 <u>않은</u> 것은?

① 준서: "배가 고프다." → 준서는 배가 고프다고 말했다.
② 영서: "숙제를 끝냈다." → 영서는 숙제를 끝냈다고 말했다.
③ 서우: "날씨가 너무 덥다." → 서우는 날씨가 너무 덥다고 말했다.
④ 연우: "집에 가서 쉬어야겠다." → 연우는 집에 가서 쉬어야겠다고 말했다.
⑤ 진우: "칼국수가 정말 맛있다." → 진우는 칼국수가 정말 맛있다라고 말했다.

06 〈보기〉의 대화에 대해 '상훈'이 '은화'의 말을 간접 인용한다고 할 때, 빈칸에 알맞은 말을 쓰시오.

〔보기〕
> 은화: 너는 이 케이크를 좋아하잖아.
> 상훈: 고마워.

→ 상훈: 은화는 ＿＿＿＿＿＿＿＿＿＿ 말했다.

07 〈보기〉의 ㉠, ㉡을 이해한 내용으로 알맞지 <u>않은</u> 것은?

〔보기〕
㉠ 기린은 목이 매우 길다.
㉡ 선생님은 성품이 무척 인자하시다.

① ㉠에서 안은문장의 주어는 '기린은'이군.
② ㉡에서 안긴문장의 서술어는 '인자하시다'이군.
③ ㉠과 ㉡은 모두 서술어의 기능을 하는 절을 안고 있군.
④ ㉠과 ㉡에서 안은문장의 서술어는 주어의 상태나 성질을 풀이하는군.
⑤ ㉠과 ㉡은 '주어＋주어＋서술어' 구조로 서술어 한 개가 생략되어 있군.

08 인용절을 안고 있는 안은문장에 해당하는 것은?

① 그의 배에서 소리가 난다.
② 결혼식장은 꽃이 아름답게 장식되어 있다.
③ 삼촌이 나에게 공부 잘하고 있냐고 물으셨다.
④ 그도 내일 쪽지시험이 있다는 이야기를 들었다.
⑤ 그가 나에게 시간이 변경되었음을 알려 주었다.

09 안긴문장의 종류가 알맞게 연결되지 <u>않은</u> 것은?

① 친구들은 돈도 없이 여행을 간다. → 부사절
② 부모님은 내가 학원에 다니기를 원하신다. → 서술절
③ 인호가 나에게 영화를 보러 가자고 말했다. → 인용절
④ 나는 그 일을 하기가 쉽지 않음을 알고 있다. → 명사절
⑤ 정의로운 그의 주장은 거센 반대에 부딪혔다. → 관형절

고난도 문제

10 다음 밑줄 친 부분이 안은문장에서 하는 역할이 알맞게 연결되지 <u>않은</u> 것은?

① 할머니는 <u>머리가 하얗다</u>. — 서술어
② 나는 <u>방학이 되기</u>만을 기다렸다. — 목적어
③ 손님이 <u>예고도 없이</u> 집에 찾아왔다. — 부사어
④ 준서는 <u>친구가 준</u> 모자를 좋아한다. — 관형어
⑤ 아빠는 나에게 <u>이게 무슨 일이냐</u>고 물었다. — 주어

고난도 문제

11 〈보기〉의 ㉠~㉣에 대한 이해로 알맞지 <u>않은</u> 것은?

〔보기〕
㉠ 굳은 땅에 물이 괸다.
㉡ 사공이 많으면 배가 산으로 간다.
㉢ 친구는 옛 친구가 좋고 옷은 새 옷이 좋다.
㉣ 가랑잎이 솔잎더러 바스락거린다고 한다.

① ㉠은 관형절을 가진 안은문장이군.
② ㉡은 종속적으로 연결된 이어진문장이군.
③ ㉢은 대등하게 연결된 이어진문장이군.
④ ㉢에는 서술절을 안은 두 개의 안은문장이 있군.
⑤ ㉣은 부사어를 필수적으로 지닌 홑문장이군.

서술형 문제

12 안긴문장을 만드는 방법 면에서 ㉠의 안긴문장의 특징을 ㉡과 비교하여 서술하시오.

㉠ 그녀는 매력이 너무 많다.
㉡ 나는 그가 잠이 많음을 알고 있다. / 나는 읽은 책을 잃어버렸다.

뚝딱한 독해

똑독 중학 국어 문법

기본편

정답과 해설

이투스북

정답과 해설

정답과 해설

DAY 01 품사, 명사, 대명사, 수사

확인 문제
본문 · 010~011쪽

01 ②   **02** (1) 딸기, 의자, 제주도 (2) 기분, 충격   **03** 하늘
04 (1) 배려 (2) 성미   **05** (1) ㉠ (2) ㉢ (3) ㉡   **06** (1) 이곳
(2) 그   **07** (1) 셋, 이, 하나 (2) 제일, 첫째   **08** ②

내신 대비 문제
본문 · 012~013쪽

01 ③   **02** ⑤   **03** ②   **04** ⑤   **05** ③   **06**
명사: 꽃집, 꽃다발 / 대명사: 그것 / 수사: 둘   **07** ⑤   **08** ④
09 ③   **10** ③   **11** ③   **12** 예 '나'는 대명사로, 사람이나
사물, 장소 등의 이름을 대신 나타내는 단어이다. '기분'은 명사로, 대상
의 이름을 나타내는 단어이다.

01 정답 ③

정답 풀이 우리말에는 명사, 대명사, 수사, 관형사, 부사, 조사, 감
탄사, 동사, 형용사, 즉 9개의 품사가 있다. 또 형태가 변화하는지,
문장에서 어떤 기능을 하는지, 문장에서 어떤 의미를 나타내는지에
따라 품사를 분류할 수 있다.

오답 풀이
㉢ 품사란 단어들을 성질이 공통된 것끼리 모아 갈래를 지어 놓은 것
이다.

02 정답 ⑤

정답 풀이 추상 명사란 추상적인 개념을 나타내는 명사로 희망, 삶,
추억 등이 추상 명사에 해당한다. 제시된 문장 중 추상 명사를 포함
한 문장은 '할아버지는 지나온 삶을 돌아보며 추억에 잠기셨다.'이다.

오답 풀이
① '산', '나무', '돌'이라는 구체 명사가 사용되었다.
② '수박'이라는 구체 명사가 사용되었다.
③ '친구', '독도'라는 구체 명사가 사용되었다.
④ '서울', '세계인', '도시'라는 구체 명사가 사용되었다.

03 정답 ②

정답 풀이 〈보기〉에서 설명하는 대명사는 사물의 이름을 대신하여
가리키는 대명사로 '이것, 저것, 그것' 등이 있다. 제시된 문장 중 이
와 같은 대명사가 사용된 것은 '이것은 누구의 책이니?'이다.

오답 풀이
① '너'는 사람의 이름을 대신하여 나타내는 대명사이다.
③ '그'는 사람의 이름을 대신하여 나타내는 대명사이다.

④ '여기'는 장소의 이름을 대신하여 나타내는 대명사이다.
⑤ '우리'는 사람의 이름을 대신하여 나타내는 대명사이다.

04 정답 ⑤

정답 풀이 '하나'는 수량을 나타내는 수사이다.

오답 풀이
① '바람', '비'라는 명사가 사용되었다.
② '한라산', '제주도', '산'이라는 명사가 사용되었다.
③ '여러분'이라는 대명사와 '지시'라는 명사가 사용되었다.
④ '저기'라는 대명사와 '호수'와 '이름'이라는 명사가 사용되었다.

> 📖 **개념 복습!** 수사는 수량이나 순서를 나타내는 단어를 의미한다.
>
> | 수량을 나타내는 수사 | 하나, 둘, 셋, 일, 이 등 |
> | --- | --- |
> | 순서를 나타내는 수사 | 첫째, 둘째, 셋째, 제일, 제이, 제삼 등 |

05 정답 ③

정답 풀이 '명사, 대명사, 수사'는 모두 동작이나 상태의 주체가 되
는 말로 문장에서 쓰일 때 형태가 변하지 않는다.

오답 풀이
① 수량이나 순서를 나타내는 것은 수사만의 특성이다.
② 명사, 대명사, 수사는 주체가 되는 말로, 주체를 서술하는 역할을
하는 것은 동사, 형용사이다.
④ 사물이나 장소의 이름을 대신하여 가리키는 것은 대명사만의 특
성이다.
⑤ 특정하거나 추상적인 대상의 이름을 나타내는 것은 명사만의 특
성이다.

06 정답 명사: 꽃집, 꽃다발 / 대명사: 그것 / 수사: 둘

정답 풀이 〈보기〉의 문장에 쓰인 명사는 '꽃집', '꽃다발'이고 대명사
는 '그것'이며 수사는 '둘'이다.

07 정답 ⑤

정답 풀이 수량을 나타내는 나머지 수사와 달리 '셋째'는 순서를 나
타내는 수사이다.

오답 풀이
①, ②, ③, ④ '일', '넷', '셋', '다섯'은 수량을 나타내는 수사이다.

08 정답 ④

정답 풀이 〈보기〉에서 설명하는 품사는 명사이다. 제시된 문장 중
명사가 사용된 문장은 '정훈이'와 '자전거'가 사용된 ④이다.

오답 풀이
① '그', '여기'는 대명사이다.
② '그곳'은 대명사이다.
③ '그녀', '이곳'은 대명사이다.

⑤ '무엇', '너'는 대명사이다.

09 정답 ③

정답 풀이 사람이나 사물, 장소 등의 이름을 대신하여 나타내는 단어를 대명사라고 한다. '이곳', '저기'는 장소의 이름을 대신 나타내는 단어이므로 '대명사(장소)'의 예로 적절하지만, '당신'은 듣는 이를 대신 가리키는 대명사이므로 장소가 아니라 사람의 이름을 대신 나타내는 대명사이다.

10 정답 ③

정답 풀이 〈보기〉의 밑줄 친 단어인 '그것'은 사물의 이름을 대신 나타내는 대명사이다. 제시된 문장 중 대명사가 사용된 문장은 '이분'과 '우리'라는 대명사가 사용된 ③이다.

11 정답 ③

정답 풀이 ㉡ '거기'는 대명사 중 장소의 이름을 대신하여 가리키는 단어이다.

오답 풀이

① ㉠~㉢은 모두 동작의 주체나 대상을 나타내는 체언으로 '명사', '대명사', '수사' 중 하나에 해당한다.

② ㉠ '우리'는 사람의 이름을 대신하여 가리키는 대명사이다.

④ ㉢ '공원'은 구체적인 대상의 이름을 나타내는 명사이다.

⑤ ㉣ '하나'는 수량을 나타내는 수사이다.

12 정답 예 '나'는 대명사로, 사람이나 사물, 장소 등의 이름을 대신 나타내는 단어이다. '기분'은 명사로, 대상의 이름을 나타내는 단어이다.

채점 기준
'나'가 대명사이고 '기분'이 명사임을 밝힘.
'대명사'가 사람이나 사물, 장소 등의 이름을 대신하여 나타내는 단어이고 '명사'가 대상의 이름을 나타내는 단어임을 밝힘.

필수 단어 '대명사', '이름', '대신', '명사', '대상'

정답 풀이 '나'는 사람이나 사물, 장소 등의 이름을 대신하여 나타내는 대명사이고, '기분'은 추상적인 대상의 이름을 나타내는 명사이다.

DAY 02 동사, 형용사

  본문 · 014~015쪽

01 ②　　**02** (1) ㉠ (2) ㉡ (3) ㉠　　**03** (1) 썼다 (2) 타고, 갔다 (3) 한다　　**04** 동사: 먹었다 / 형용사: 더워서　　**05** ⑤
06 (1) ○ (2) × (3) ×　　**07** (1) 깊다 (2) 찾다 (3) 타다 (4) 먹다
08 ②

  본문 · 016~017쪽

01 ④　　**02** ③　　**03** ①　　**04** ②　　**05** ④　　**06** 기쁘다, 많다, 그리다, 창백하다　　**07** ④　　**08** ②　　**09** ⑤
10 ②　　**11** ②　　**12** 예 동사로 대상의 움직임을 나타내는 단어이다.

01 정답 ④

정답 풀이 '달리다', '먹다', '마치다'처럼 대상의 움직임을 나타내는 단어는 형용사가 아닌 동사이다.

오답 풀이

①, ② 형용사는 문장에서 대상의 상태나 성질을 나타내고, 활용을 통해 문장에서 여러 가지 역할을 한다.

③ 형용사는 다양한 어미와 결합하여 활용을 한다.

⑤ 형용사는 동사와 달리 '-라'와 같은 명령형이나 '-자'와 같은 청유형으로 사용할 수 없다.

개념 복습! 형용사는 대상의 상태나 성질을 나타내는 단어이다.

예	길다, 멋있다, 높다, 크다 등
활용	· 높니, 높고, 높으면, 높구나 등 · '-라, -자'는 쓸 수 없음(밝아라(×), 밝자(×)).

02 정답 ③

정답 풀이 〈보기〉의 문장에 사용된 동사는 '한(하다)', '돌아가서(돌아가다)', '먹었다(먹다)'로 총 3개이다.

03 정답 ①

정답 풀이 주체의 움직임을 서술하고 '(누가/무엇이) 어찌하다'의 형태로 표현되는 단어는 '동사'이다. ①의 '피었다'의 기본형 '피다'는 '꽃봉오리 따위가 벌어지다.'를 뜻하는 동사이다.

오답 풀이

②, ③, ④, ⑤ '즐겁다', '넓다', '깨끗하다', '푸르다'는 모두 대상의 성질이나 상태를 나타내는 단어인 형용사이다.

04 정답 ②

정답 풀이 '좋다'는 '대상의 성질이나 내용 따위가 보통 이상의 수준

이어서 만족할 만하다.'의 의미를 가지고 있는 형용사이다.

오답 풀이

①, ③, ④, ⑤ '고쳤다(고치다)', '흐른다(흐르다)', '묻었다(묻다)', '떠난다(떠나다)'는 대상의 움직임을 나타내는 단어인 동사이다.

05 정답 ④

정답 풀이 〈보기〉의 문장에 사용된 '따뜻하게(따뜻하다)'는 형용사이다. 제시된 문장 중 밑줄 친 부분에서 형용사가 사용된 문장은 '선생님께서 주신 책이 매우 얇다.'로 '얇다'가 형용사이다.

오답 풀이

①, ②, ③, ⑤ '왔다(오다)', '감았다(감다)', '입었다(입다)', '시작했다(시작하다)'는 모두 동사이다.

06 정답 기쁘다, 많다, 그리다, 창백하다

정답 풀이 〈보기〉의 단어들 중 형태가 변하는 '활용'을 하는 단어는 동사인 '그리다'와 형용사인 '기쁘다', '많다', '창백하다'이다.

오답 풀이 '바다', '미소', '사과', '연필'은 대상의 이름을 나타내는 단어인 명사이고, '그', '우리'는 대상의 이름을 대신 나타내는 단어인 대명사이다.

> **개념 복습!** 활용이란 문장에서 용언(동사, 형용사)의 형태가 변화하는 것으로, 활용을 할 때는 용언의 어간과 어미 중 어미의 형태가 변한다.

07 정답 ④

정답 풀이 밑줄 친 단어 중 '좋다', '시원해(시원하다)'는 형용사, '앉아서(앉다)', '먹자(먹다)'는 동사이다. 형용사와 동사는 주로 주체를 서술하는 서술어로 사용된다.

오답 풀이

① 수량이나 순서를 나타내는 단어는 수사이다.

② 대상의 성질이나 상태를 나타내는 것은 형용사만의 특성이다.

③ 형용사와 동사는 문장에서 쓰일 때 형태가 변하는 활용을 한다.

⑤ 동작이나 상태의 주체나 동작의 대상을 나타내는 것은 '명사, 대명사, 수사'의 특성이다.

08 정답 ②

정답 풀이 형용사는 동사와 달리 '-라'와 같은 명령형이나 '-자'와 같은 청유형으로 쓸 수 없다. '넓자'는 '넓다'가 기본형인 형용사이므로 청유형으로 사용할 수 없다.

오답 풀이

① '먹자'는 '먹다'가 기본형인 동사로 '-자'와 같은 청유형으로 쓸 수 있다.

③ '달리다'라는 동사를 활용하여 '달리니?'와 같이 물음의 형태로 변화시킨 것이다.

④, ⑤ '놀아라'는 '놀다', '다녀라'는 '다니다'가 기본형인 동사로 '-라'

와 같은 명령형으로 쓸 수 있다.

09 정답 ⑤

정답 풀이 제시된 문장에서 '솟구치는'은 '솟구치다'가 기본형인 동사이고 '신기하다'는 형용사이다. 따라서 동사와 형용사가 모두 들어 있는 문장은 ⑤이다.

오답 풀이

① '높고'는 '높다'가 기본형인 형용사이고 '많다' 역시 형용사이다.

② '읽으면서'는 '읽다'가 기본형인 동사이고 '먹었다'는 '먹다'가 기본형인 동사이다.

③ '많아'는 '많다'가 기본형인 형용사이고 '부족하다' 역시 형용사이다.

④ '만나서'는 '만나다'가 기본형인 동사이고 '갔다' 역시 '가다'가 기본형인 동사이다.

10 정답 ②

정답 풀이 '나왔다'의 기본형은 '나오다'로, 대상의 성질이나 상태를 나타내는 형용사가 아닌 대상의 움직임을 나타내는 동사이다.

오답 풀이

① '도망쳤다'는 '도망치다'가 기본형으로 대상의 움직임을 나타내는 동사이다.

③ '편의점'은 대상의 이름을 나타내는 명사이다.

④ '둘'은 수량을 나타내는 수사이다.

⑤ '이곳'은 장소의 이름을 대신 나타내는 대명사이다.

11 정답 ②

정답 풀이 ㉠ '크고'는 '크다'가 기본형인 형용사, ㉡ '입는다'는 동사로 청유형으로 쓰일 수 있는 것은 ㉠이 아니라 ㉡이다.

오답 풀이

③, ④ ㉠과 ㉡은 쓰임에 따라 형태가 변하는 활용을 하는데, 형태가 변하지 않는 '크-', '입-'과 같은 부분은 어간, 형태가 변하는 나머지 부분은 어미라고 한다.

⑤ ㉠은 형용사, ㉡은 동사로 동사와 형용사는 모두 용언으로서 문장에서 주체의 상태나 성질 등을 풀이하는 서술어로 사용된다.

12 정답 ⑩ 동사로 대상의 움직임을 나타내는 단어이다.

채점 기준
품사가 '동사'임을 밝힘.
대상의 움직임을 나타내는 단어임을 서술함.

필수 단어 동사, 대상, 움직임

정답 풀이 '-자', '-라'와 같은 형태로 활용할 수 있는 것은 동사로 동사는 대상의 움직임을 나타내는 단어이다.

확인 문제 본문 · 018~019쪽

01 ㉠: 체언 ㉡: 조사 **02** (1) 새 (2) 두 (3) 헌 **03** (1) 마리
(2) 송이 (3) 사람 **04** 3개 **05** (1) ㉠ (2) ㉠ (3) ㉡ **06**
(1) 천천히 (2) 깡충깡충 (3) 매우 **07** (1) × (2) ○ (3) × **08**
관형사: 이, 그, 온갖, 한 / 부사: 확실히, 너무, 아주

내신 대비 문제 본문 · 020~021쪽

01 ② **02** ④ **03** ① **04** ④ **05** ④ **06**
㉠: 관형사 ㉡: 부사 **07** ③ **08** ② **09** ④ **10**
⑤ **11** ④ **12** 예 '못'은 주로 용언을 꾸며 주는 단어인 부사
이며, 이 문장에서는 동사 '잤다'를 꾸며 주고 있다.

01 정답 ②

정답 풀이 관형사는 문장에서 체언을 꾸며 준다. 또한 문장에서 쓰
일 때 형태가 변하지 않는다.

오답 풀이
㉡ 주로 문장의 중심이 되는 품사는 체언이며, 체언에는 명사, 대명
사, 수사가 있다.
㉢ 관형사는 조사와 결합하여 사용되지 않는다.

📖 **개념 복습!** 체언이란 명사·대명사·수사를 묶어 부르는 말로, 문
장의 중심을 이루는 역할을 하는 단어들을 말한다.

02 정답 ④

정답 풀이 '온갖'은 '잡동사니'라는 명사를 꾸며 주는 관형사이다.
오답 풀이
① '그녀'는 사람의 이름을 대신하여 나타내는 단어인 대명사이다.
② '노을'은 대상의 이름을 나타내는 단어인 명사이다.
③ '빨리'는 주로 용언을 꾸며 주는 단어인 부사로, 이 문장에서는 '출
발해야'라는 용언을 꾸며 주고 있다.
⑤ '셋'은 수량을 나타내는 단어인 수사이다.

03 정답 ①

정답 풀이 〈보기〉의 단어들은 관형사 '새, 옛, 어느'와 부사 '활짝,
빨리, 내일'이다. 이 중 조사와 결합할 수 없는 단어는 관형사인 '새,
옛, 어느'이다.

04 정답 ④

정답 풀이 밑줄 친 단어인 '매우'와 '많이'는 용언이나 다른 부사, 문
장 전체, 일부의 체언을 꾸며 주는 부사이다.
오답 풀이
① 부사는 꾸밈을 받는 말 앞에 위치한다.
② 사람이나 사물의 동작을 나타내는 것은 동사이다.
③ 부사는 문장의 맨 앞, 중간 등 다양한 위치에 있을 수 있다.
⑤ 부사는 문장에서 쓰일 때 형태가 변하지 않는다.

05 정답 ④

정답 풀이 부사 '상당히'가 형용사인 '맛있었다'를 꾸며 준다.
오답 풀이
① 부사 '문득'이 동사인 '떠오른다'를 꾸며 주고 있다.
② 부사 '천천히'가 동사인 '올라갔다'를 꾸며 주고 있다.
③ 부사 '개굴개굴'이 동사 '울었다'를 꾸며 주고 있다.
⑤ 부사 '일찍'이 동사 '나왔는데도'를 꾸며 주고 있다.

06 정답 ㉠: 관형사 ㉡: 부사

정답 풀이 제시된 문장에서 '아무'는 명사 '말'을 꾸며 주는 관형사이
고, '꼭'은 동사 '잡아'를 꾸며 주는 부사이다.

07 정답 ③

정답 풀이 〈보기〉의 밑줄 친 단어인 '삼십'은 명사 '개'를 꾸며 주는
관형사이다. 하지만 '천천히'는 '지나갔다'라는 동사를 꾸며 주는 부
사이다.
오답 풀이
① '모든'은 명사 '국민'을 꾸며 주는 관형사이다.
② '한'은 명사 '송이'를 꾸며 주는 관형사이다.
④ '서'는 명사 '말'을 꾸며 주는 관형사이다.
⑤ '저'는 명사 '아이'를 꾸며 주는 관형사이다.

08 정답 ②

정답 풀이 제시된 문장에서 다른 부사들은 동사와 형용사인 용언을
꾸며 주는 반면 '바로'는 '내일'이라는 명사(체언)를 꾸며 주고 있다.
오답 풀이
① 부사 '안'이 동사 '온다'를 꾸며 주고 있다.
③ 부사 '아주'가 형용사 '아름답다'를 꾸며 주고 있다.
④ 부사 '가장'이 형용사 '유명하다'를 꾸며 주고 있다.
⑤ 부사 '열심히'가 동사 '공부했다'를 꾸며 주고 있다.

09 정답 ④

정답 풀이 '잔뜩'은 동사 '나서'를 꾸며 주는 부사로 관형사가 아니
다. 관형사는 체언(명사, 대명사, 수사)을 꾸며 주는 단어이다.
오답 풀이
① '비'는 구체적인 대상이나 추상적인 대상의 이름을 나타내는 단어

인 명사이다.
② '새'는 뒤에 오는 명사 '우산'을 꾸며 주는 역할을 하는 단어인 관형사이다.
③ '그것'은 사물의 이름을 대신하여 나타내는 단어인 대명사이다.
⑤ '달려갔다'는 '달음질하여 빨리 갔다.'라는 뜻으로 대상의 움직임을 나타내는 단어인 동사이다.

고난도 문제

10 정답 ⑤

정답 풀이 '첫'은 명사 '발표회'를 꾸며 주는 관형사이고 '두근두근'은 동사 '뛰었다'를 꾸며 주는 부사이다.

오답 풀이
① 동사 '열렸다'를 꾸며 주는 '주렁주렁'이라는 부사만 사용되었다.
② 동사 '할'을 꾸며 주는 '오늘'이라는 부사만 사용되었다.
③ 부사 '자주'를 꾸며 주는 '매우'와 동사 '다닌다'를 꾸며 주는 '자주'라는 부사만 사용되었다.
④ 명사 '사람'을 꾸며 주는 '그'라는 관형사만 사용되었다.

고난도 문제

11 정답 ④

정답 풀이 '세'는 명사 '개'를 꾸며 주는 관형사, '즉시'는 동사 '갔다'를 꾸며 주는 부사, '갔다'는 대상의 움직임을 나타내는 동사이다.

서술형 문제

12 정답 예 '못'은 주로 용언을 꾸며 주는 단어인 부사이며, 이 문장에서는 동사 '잤다'를 꾸며 주고 있다.

채점 기준
'못'이 부사임을 밝힘.
부사가 주로 용언을 꾸며 주는 단어임을 서술함.
'못'이 '잤다'를 꾸며 주고 있음을 밝힘.

필수 단어 부사, 용언, 잤다

정답 풀이 '못'은 뒤에 오는 용언(동사)인 '잤다'를 꾸며 주는 부사이다. 부사는 주로 용언(동사, 형용사)을 꾸며 주는 단어이다.

DAY 04 조사, 감탄사

확인 문제   본문 · 022~023쪽

01 만, 을	**02** (1) ㉠ (2) ㉡	**03** ②	**04** ①	**05**
(1) 자 (2) 응 (3) 에구머니나		**06** ②	**07** (1) 조 (2) 감	
08 놀람, 느낌: 쳇, 흥 / 부름: 이보게 / 대답: 그래, 아니요				

내신 대비 문제   본문 · 024~025쪽

01 ①	**02** ⑤	**03** ⑤	**04** ③	**05** ③	**06**
앗, 저런	**07** ②	**08** ④	**09** ②	**10** ①	**11** ①
12 예 '이', '부터', '까지'. '이'는 문장에서 앞말에 일정한 자격을 가지도록 하고, '부터'와 '까지'는 앞말에 특별한 뜻을 더하여 준다.					

01 정답 ①

정답 풀이 ㉠ '아이고'는 감탄사이고 나머지 ㉡~㉤은 조사이다.

오답 풀이
②, ⑤ '에서', '에'는 앞말이 부사어라는 자격을 나타내는 조사에 해당한다.
③ '이'는 앞말이 주어라는 자격을 나타내는 조사이다.
④ '만'은 앞말에 특별한 뜻을 더하여 주는 조사에 해당한다.

개념 복습! 조사는 앞말(체언)이 일정한 자격을 가지게 하는 역할을 한다. 체언이 서술어의 주체임을 나타내거나 부사어임을 나타낼 수 있다.

02 정답 ⑤

정답 풀이 '도'와 '이다'는 모두 조사로 '도'는 앞말에 특별한 뜻을 더하여 주는 조사이고, '이다'는 조사 중 유일하게 활용을 하는 서술격 조사이다.

오답 풀이
① 관형사에 대한 설명이다.
② 형용사에 대한 설명이다.
③ 감탄사에 대한 설명이다.
④ 부사에 대한 설명이다.

03 정답 ⑤

정답 풀이 '철수야'는 감탄사가 아니라 '명사(철수) + 조사(야)'의 결합으로 이루어진 말이다.

오답 풀이
①, ④ '아야', '쳇'은 놀람이나 느낌을 나타내는 감탄사이다.
② '그래'는 대답을 나타내는 감탄사이다.
③ '여보세요'는 부름을 나타내는 감탄사이다.

04 정답 ③

정답 풀이 '너와 나는 이제 남남이야.'에 사용된 '와'는 '너', '나'를 같은 자격으로 이어 주고 있다.

오답 풀이

①, ④ '이'는 체언이 서술어의 주체임을 나타내는 조사이다.

② '는'은 앞말에 특별한 뜻을 더하여 주는 조사이고 '의'는 체언이 관형어가 되게 하는 조사이다. 그리고 '이다'는 앞말이 서술어임을 나타내는 조사이다.

⑤ '부터'는 앞말에 특별한 뜻을 더하여 주는 조사이고, '가'는 체언이 서술의 주체임을 나타내는 조사이다. 또한 '을'은 체언 뒤에 붙어서 동작의 대상임을 나타내는 조사이다.

05 정답 ③

정답 풀이 감탄사는 문장에서 다른 성분과 문법적인 관계를 맺지 않고 독립적으로 사용된다.

오답 풀이

① 어간과 어미로 이루어진 것은 용언(동사, 형용사)의 특성이다.

② 감탄사는 문장에서 쓰일 때 형태가 변하지 않는다.

④ 감탄사는 다른 성분과 문법적 관계를 맺지 않는 단어로, 조사와 결합하지 않는다.

⑤ 홀로 쓰일 수 없어 반드시 다른 말에 붙어 쓰이는 것은 관계언(조사)의 특성이다.

06 정답 앗, 저런

정답 풀이 제시된 단어 중 놀람이나 느낌을 나타내는 감탄사는 '앗', '저런'이다. '그래', '오냐'는 대답을 나타내는 감탄사, '이봐', '여보게'는 부름을 나타내는 감탄사이다.

07 정답 ②

정답 풀이 〈보기〉 중 문장에서 쓰일 때 형태가 변하는 활용을 하는 단어는 동사 '자라다'와 서술격 조사 '이다'이다.

오답 풀이

① 대명사인 '그녀'와 수사인 '셋'은 형태가 변하는 단어가 아니다.

③ 감탄사인 '아차'는 형태가 변하는 단어가 아니다.

④ 부사인 '매우'는 형태가 변하는 단어가 아니다.

> **개념 복습!** 조사는 문장에서 쓰일 때 형태가 변하지 않는 단어이지만 서술격 조사는 유일하게 형태가 변화한다. 기본형 '이다'가 문장 속에서 '이네', '이니', '이구나' 등으로 활용할 수 있다.

08 정답 ④

정답 풀이 밑줄 친 조사들 중 체언 뒤에 붙어서 다른 말과의 문법적 관계를 나타내는 것은 목적격 조사인 '를' 하나이다.

오답 풀이

①, ②, ③, ⑤ 밑줄 친 조사는 모두 앞말에 특별한 뜻을 더하여 주는 역할을 한다.

09 정답 ②

정답 풀이 나머지 넷과 달리 '이런'은 말하는 이의 놀람, 느낌을 나타내는 단어인 감탄사이다.

오답 풀이

① '결코'는 '어떤 경우에도 절대로'를 뜻하는 부사이다.

③ '제발'은 '간절히 바라건대'를 뜻하는 부사이다.

④ '설마'는 부정적인 추측을 강조할 때 사용하는 부사이다.

⑤ '과연'은 주로 생각과 실제가 같음을 확인할 때 쓰는 부사이다.

10 정답 ①

정답 풀이 〈보기〉의 문장에는 말하는 이의 놀람, 느낌, 부름이나 대답 등을 나타내는 단어인 감탄사가 사용되지 않았다.

오답 풀이

② '세'는 명사 '명'을 꾸며 주는 관형사에 해당한다.

③ '동아리', '명', '동시'가 〈보기〉의 문장에 사용된 명사이다.

④ '정말'은 용언 '기쁘다'를 꾸며 주는 부사이다.

⑤ '에', '이'가 〈보기〉의 문장에 사용된 조사이다.

11 정답 ①

정답 풀이 '어머'는 감탄사이고 '새'는 명사 '모자'를 꾸며 주는 관형사로 이 두 품사는 모두 조사와 결합하지 않는다.

오답 풀이

② 다른 단어를 꾸며 주는 역할을 하는 것은 관형사인 '새'만 해당하며, 감탄사 '어머'는 다른 단어를 꾸며 주는 역할을 하지 않는다.

③ 감탄사와 관형사 모두 문장에서 쓰일 때 형태가 다양하게 변하는 활용을 하지 않는다.

④ 다른 단어에 얽매이지 않고 독립적으로 쓰이는 것은 감탄사인 '어머'에만 해당하는 특성이다.

⑤ 감탄사인 '어머'나 관형사인 '새'를 생략해도 문장은 이루어진다.

12 정답 예 '이', '부터', '까지'. '이'는 문장에서 앞말에 일정한 자격을 가지도록 하고, '부터'와 '까지'는 앞말에 특별한 뜻을 더하여 준다.

채점 기준
사용된 조사가 '이', '부터', '까지'임을 밝힘.
'이'는 문장에서 앞말에 일정한 자격을 가지도록 하고, '부터'와 '까지'는 앞말에 특별한 뜻을 더하여 줌을 정리함.

필수 단어 이, 부터, 까지, 앞말, 자격, 뜻

정답 풀이 제시된 문장에 사용된 조사는 '이', '부터', '까지'이다. 이 세 개의 조사 중 '이'는 문장에서 앞말에 일정한 자격을 가지게 하는 역할을 하는 조사이고, '부터'와 '까지'는 앞말에 특별한 뜻을 더하여 주는 역할을 하는 조사이다.

DAY 05   품사의 분류 기준

확인 문제   본문 • 026~027쪽

01 형태   **02** 체언   **03** 꾸미다, 푸르다, 좋다   **04** 꾸며 주는 기능을 하는 단어: 정말로, 잘 / 꾸며 주는 기능을 하지 않는 단어: 형, 은, 약속, 을, 지킨다   **05** 수사, 관형사, 조사   **06** (1) ⓒ (2) ㉠ (3) ㉡   **07** 대상의 이름을 나타내는 단어: 교무실, 선생님 / 대상의 이름을 대신하여 나타내는 단어: 너   **08** (1) 기념품 (2) 하나 (3) 만 (4) 야 (5) 저 (6) 사자

내신 대비 문제   본문 • 028~029쪽

01 ②   **02** ④   **03** ④   **04** ③   **05** ③   **06** 기능에 따라 분류할 때: 수식언 / 의미에 따라 분류할 때: 부사   **07** ③   **08** ④   **09** ②   **10** ④   **11** ③   **12** 예 관형사로, 문장에서 체언(명사, 대명사, 수사)을 꾸며 주는 역할을 한다.

---

01   정답 ②

정답 풀이 단어의 형태 변화 유무에 따라 품사는 형태가 변하는 단어와 형태가 변하지 않는 단어, 즉 두 가지로 분류할 수 있다.

오답 풀이

④ '내일이 왔다.'에서 '내일'은 문장에서 주체의 역할을 하는 단어인 '체언'이고, '이'는 문장에서 쓰인 단어들의 관계를 나타내는 단어인 '관계언'이며 '왔다'는 문장에서 쓰일 때 형태가 변하고 주로 서술어로 쓰이는 단어인 '용언'이다.

⑤ 품사를 의미에 따라 분류할 때 우리말은 9품사로 나눌 수 있다.

개념 복습!

체언	문장에서 주체의 역할을 하는 단어
용언	문장에서 쓰일 때 형태가 변하고 주로 서술어로 쓰이는 단어
수식언	문장에서 다른 말을 꾸며 주는 기능을 하는 단어
관계언	문장에서 쓰인 단어들의 문법적 관계를 나타내거나 앞말에 특별한 뜻을 더해 주는 단어
독립언	문장에서 다른 단어와 관계를 맺지 않고 독립적으로 쓰이는 단어

02   정답 ④

정답 풀이 밑줄 친 단어를 형태에 따라 분류하면 형태가 변하는 단어와 형태가 변하지 않는 단어로 나눌 수 있다. 밑줄 친 단어 중 '봉사'만 형태가 변하지 않는 단어이다.

오답 풀이

①, ②, ③, ⑤ '봤어', '열어라', '퍼붓는다', '먹고'는 기본형이 '보다',

'열다', '퍼붓다', '먹다'로 모두 형태가 변하는 단어이다.

03   정답 ④

정답 풀이 〈보기〉의 밑줄 친 단어 '새'는 '장난감'을 꾸며 주는 기능을 하는 '수식언'이다. ④ '어려움을 극복한 그가 무척 자랑스럽다.'에서 '무척' 역시 '자랑스럽다'를 꾸며 주는 기능을 하는 수식언이다.

오답 풀이

① '벗다'는 문장에서 쓰일 때 형태가 변하고 주로 서술어로 쓰이는 단어인 '용언'이다.

② '코'는 문장에서 주체의 역할을 하는 단어인 '체언'이다.

③ '를'은 문장에서 쓰인 단어들의 관계를 나타내는 단어인 '관계언'이다.

⑤ '와'는 문장에서 다른 단어와 관계 맺지 않고 독립적으로 쓰이는 단어인 '독립언'이다.

04   정답 ③

정답 풀이 관계언은 문장에서 다른 단어와 문법적 관계를 맺는다.

05   정답 ③

정답 풀이 '먼저'는 '시간적으로나 순서상으로 앞서서'를 의미하는 부사이고 '을'은 동작이 미친 직접적 대상을 나타내는 조사이다. '뛰어'는 기본형 '뛰다'가 활용된 형태로 '발을 몹시 재게 움직여 빨리 나아가다.'를 뜻하는 동사이다.

오답 풀이

대명사는 대상의 이름을 대신하여 나타내는 단어이고, 감탄사는 느낌·부름·대답을 나타내는 단어이며, 형용사는 대상의 상태나 성질을 나타내는 단어이다.

06   정답 기능에 따라 분류할 때: 수식언 / 의미에 따라 분류할 때: 부사

정답 풀이 〈보기〉에 밑줄 친 단어인 '너무'는 '일정한 정도나 한계를 훨씬 넘어선 상태로'를 의미하는 부사이다. 부사는 기능에 따라 단어를 분류할 때 다른 단어를 꾸며 주는 단어인 수식언에 속한다.

07   정답 ③

정답 풀이 '날다, 돌다, 시작하다, 웃다'는 모두 용언 중 대상의 움직임을 나타내는 단어인 동사이다. 형용사는 '길다, 예쁘다'와 같이 대상의 상태나 성질을 나타내는 단어이다.

개념 복습! 동사와 형용사의 차이점으로 대표적인 것이 청유형과 명령형 표현의 가능 여부이다. 동사는 어미 '-자'와 어미 '-아라/어라'를 쓰는 청유형과 명령형 표현이 가능하지만(먹자(○), 먹어라(○)), 형용사는 그러한 표현을 할 수 없다(길자(×), 길어라(×)).

08   정답 ④

정답 풀이 체언은 문장에서 중심을 이루는 역할을 하는 것으로 '명사, 대명사, 수사'가 이에 해당한다. 반면 '신기하게도 세 명의 이름

이 똑같다.'에서 '세'는 '명'이라는 명사를 꾸며 주는 관형사이다.

오답 풀이

①, ② '나비', '하늘'은 명사로 체언에 해당한다.

③ '하나'는 단팥빵의 수량을 나타내는 수사로 체언에 해당한다.

⑤ '그녀'는 대명사로 체언에 해당한다.

09 정답 ②

정답 풀이 '다섯'은 수사가 아닌 명사 '달'을 꾸며 주는 관형사이다.

고난도 문제

10 정답 ④

정답 풀이 '아! 그는 과연 훌륭한 꿈을 이루었을까?'는 '아'라는 감탄사, '그'라는 대명사, '는, 을'이라는 조사, '과연'이라는 부사, '훌륭한'이라는 형용사, '꿈'이라는 명사, '이루었을까'라는 동사로 이루어져 있다.

고난도 문제

11 정답 ③

정답 풀이 '헌, 잘, 모든, 너무'는 문장에서 다른 말을 꾸며 주는 기능을 하는 수식언들을 묶은 것이고 '눈, 앗, 을, 부터'는 문장에서 다른 말을 꾸며 주는 기능을 하지 않는 단어들을 묶은 것이다.

오답 풀이

① 제시된 단어들을 모두 형태가 변하지 않는 단어, 즉 불변어에 포함된다.

② 움직임을 나타내는 단어는 동사, 상태를 나타내는 단어는 형용사이다. 제시된 단어 중에는 동사와 형용사가 없으므로 적절한 기준이 아니다.

④ 다른 단어와 관계를 맺지 않고 독립적으로 쓰일 수 있는 단어는 독립언이다. 제시된 단어 중 독립언은 감탄사인 '앗'이다.

⑤ 제시된 단어 중 문법적인 관계를 나타내는 단어는 관계언인 조사 '을'이다.

서술형 문제

12 정답 ⓔ 관형사로, 문장에서 체언(명사, 대명사, 수사)을 꾸며 주는 역할을 한다.

채점 기준
빈칸에 들어갈 수 있는 품사가 '관형사'임을 밝힘.
관형사가 문장에서 체언을 꾸며 주는 역할을 함을 정리함.

✏️ **필수 단어** 관형사, 체언(명사, 대명사, 수사), 꾸며 준다(꾸며 주는)

정답 풀이 〈보기〉에 '새'와 '온갖'은 모두 명사 앞에 위치해 있다. 이처럼 명사 앞에 위치하여 명사를 비롯한 체언을 꾸며 줄 수 있는 품사는 관형사이다. '새'는 명사 '운동화'를 꾸며 주고 '온갖'은 명사 '물건'을 꾸며 준다.

확인 문제 본문 · 032~033쪽

01 ② **02** (1) 별, 어버이 (2) 산, 부모, 안경 **03** 볼펜, 원피스 **04** (1) 우유, 시청 (2) 빵, 텔레비전 **05** (1) ⓒ (2) ⓐ (3) ⓑ **06** (1) 모, 벼 (2) 누렇다, 뉘엿뉘엿 **07** ④ **08** ⓐ: 외래어, ⓑ: 의사소통

🥕 **내신 대비 문제** 본문 · 034~035쪽

01 ② **02** ③ **03** ④ **04** ② **05** ④ **06** 고유어, 외래어 **07** ④ **08** ⑤ **09** ① **10** ⑤ **11** ③ **12** ⓔ 고유어 '마음'이 한자어 '감정', '심정', '관심'의 의미를 포괄하는 것으로 볼 때 한자어는 고유어에 비해 좀 더 분화된 의미를 지닌다.

01 정답 ②

정답 풀이 외래어는 다른 나라에서 들어왔지만 우리말처럼 쓰이는 말로, 바꿀 수 있는 한자어나 고유어가 별로 없는 편이다.

오답 풀이

① 우리말은 말의 뿌리에 따라 고유어, 한자어, 외래어로 나뉘는데, 그중 가장 오래된 것은 본디부터 있던 말이나 이를 바탕으로 만들어진 말인 고유어이다.

③ 고유어는 우리 민족 특유의 문화와 정서를 담고 있다.

④ 고유어는 '살랑', '꼬끼오', '노랗다', '노르스름하다' 등 모양이나 소리, 색채 등을 나타내는 감각적 표현이 많다.

⑤ 한자어는 중국의 한자를 바탕으로 만들어진 말로 개념어나 추상어가 많다.

📖 **개념 복습!** 외래어는 다른 나라의 말이지만 그 언어가 지니고 있는 특징을 잃어버리고 우리말의 특징을 지니게 된 말로 우리말에 포함된다. 외래어는 우리말로 바꿀 마땅한 말이 없어 그대로 사용하는 경우가 많다.

02 정답 ③

정답 풀이 '계란(鷄卵)', '우애(友愛)', '관계(關係)', '청록색(靑綠色)'은 모두 한자어이다.

오답 풀이

① '모습'과 '졸졸'은 고유어이며, '예절(禮節)'과 '노동(勞動)'은 한자어이다.

② '나물', '거리', '주먹'은 고유어이며, '서비스(service)'는 외래어이다.

④ '교복(校服)', '학습(學習)', '식구(食口)'는 한자어이며, '미나리'는 고유어이다.

⑤ '구입(購入)'은 한자어이고, '신발'과 '서울'은 고유어이며, '샐러드(salad)'는 외래어이다.

03 정답 ④

정답 풀이 〈보기〉의 '걱정'은 고유어이다. '하나', '딸기', '얼굴', '동아리'는 모두 고유어이지만, '비닐(vinyl)'은 외래어이다.

04 정답 ②

정답 풀이 〈보기〉에서 한자어는 '고생(苦生)', '연세(年歲)', '책상(冊床)', '필통(筆筒)'이다. '언니'는 고유어이며, '가방'은 네덜란드어 'kabas'에서 온 말로 외래어이다.

05 정답 ④

정답 풀이 〈보기〉의 '피자', '커튼', '스위치', '컴퓨터'는 모두 외래어이다. 외래어는 다른 나라에서 들어왔지만 우리말처럼 쓰이는 말이다.

오답 풀이
① 외래어는 대체할 수 있는 고유어가 별로 없다.
② 고유어보다 구체적인 의미를 지니는 말은 외래어가 아니라 한자어이다.
③ 외래어는 중국을 통해 들어온 사물이 아니라 다른 나라에서 들어온 사물이나 현상을 나타내는 말이다.
⑤ 우리말에 본래부터 있던 말이나 그것을 바탕으로 만들어진 말은 고유어이다.

06 정답 고유어, 외래어

정답 풀이 '그', '노래'는 모두 고유어이며, '기타(guitar)'는 외래어이다.

07 정답 ④

정답 풀이 고유어 '고치다'는 한자어 '변경하다', '개정하다', '치료하다', '개량하다'의 의미를 지닌다는 사실을 통해 고유어는 한자어에 비해 의미가 포괄적이고, 한자어는 고유어에 비해 의미가 구체적이고 분화되어 있음을 알 수 있다.

오답 풀이
① '모, 벼, 쌀, 밥'을 통해 우리말에는 농사와 관련된 말이 다양함을 알 수 있다.
② '살랑살랑, 펄쩍, 우르르, 멍멍, 쌕쌕'은 소리나 모양을 나타낸 의성어와 의태어로, 고유어에는 이런 말들이 발달하였음을 알 수 있다.
③ '붉다, 빨갛다, 벌겋다, 불그스름하다'를 통해 고유어에는 색채와 관련된 말이 다양함을 알 수 있다.
⑤ '붉다, 빨갛다, 벌겋다, 불그스름하다'를 통해 고유어에는 색채 등 감각의 미세한 차이를 드러내는 말이 발달하였음을 알 수 있다.

08 정답 ⑤

정답 풀이 〈보기〉의 '지키다'는 '규정, 약속, 법, 예의 따위를 어기지 아니하고 그대로 실행하다.'라는 의미를 지닌다. 따라서 '전례나 규칙, 명령 따위를 그대로 좇아서 지키다.'라는 뜻의 한자어 '준수(遵守)하다'와 바꾸어 쓸 수 있다.

오답 풀이
① '지키다'는 '재산, 이익, 안전 따위를 잃거나 침해당하지 아니하도록 보호하거나 감시하여 막다.'라는 의미도 있다. '지키다'가 '감시(監視)하다'의 의미를 지니는 경우는 '성을 지키다. / 조국을 지키다.' 등이다.
②, ③ '지키다'가 '보존(保存)하다' 또는 '보호(保護)하다'의 의미를 지니는 경우는 '문화재를 지키다. / 환경을 지키다.' 등이다.
④ '지키다'는 '어떠한 상태나 태도 따위를 그대로 계속 유지하다.'라는 의미도 있다. '지키다'가 '유지(維持)하다'의 의미를 지니는 경우는 '침묵을 지키다. / 비밀을 지키다.' 등이다.

09 정답 ①

정답 풀이 〈보기〉의 '땅', '빈칸', '사람', '살갗', '아버지', '주룩주룩'은 모두 고유어이다. '자동차(自動車)'는 한자어이므로 고유어에 해당하지 않기 때문에 〈보기〉의 단어들과 성격이 다르다.

오답 풀이
② '그네'는 '민속놀이에서 사용하는 놀이 기구'를 나타내는 고유어이므로 〈보기〉의 단어들과 성격이 같다.
③ '눈'은 '빛의 자극을 받아 물체를 볼 수 있는 감각 기관'을 나타내는 고유어이므로 〈보기〉의 단어들과 성격이 같다.
④ '바다'는 '지구 위에서 육지를 제외한 부분으로 짠물이 괴어 하나로 이어진 넓고 큰 부분'을 나타내는 고유어이므로 〈보기〉의 단어들과 성격이 같다.
⑤ '살랑'은 '조금 사늘한 바람이 가볍게 부는 모양'을 나타내는 고유어이므로 〈보기〉의 단어들과 성격이 같다.

10 정답 ⑤

정답 풀이 '휴일(休日)'과 '외식(外食)'은 한자를 바탕으로 만들어진 한자어이다.

오답 풀이
① '침대(寢臺)'는 한자어이며, '이불'은 고유어로, 같은 어휘 체계에 속하지 않는다.
② '저녁'은 고유어이며, '운동(運動)'은 한자어로, 같은 어휘 체계에 속하지 않는다.
③ '바람'은 고유어이며, '우산(雨傘)'은 한자어로, 같은 어휘 체계에 속하지 않는다.
④ '가족(家族)'은 한자어이며, '오빠'는 고유어로, 같은 어휘 체계에 속하지 않는다.

11 정답 ③

정답 풀이 A는 '원피스', '실루엣', '시스루 룩', '스타일'이라는 외래어, B는 '품절', '대란', '입고', '대기', '수령'이라는 한자어를 사용하고 있다. 외래어의 경우 세계화의 영향으로 그 수가 점점 증가하고 있다.

오답 풀이

① A는 '원피스', '실루엣', '시스루 룩', '스타일'이라는 외래어를 사용하고 있다. 외래어는 다른 나라의 문화가 들어오면서 함께 들어와 우리말처럼 쓰이는 말이다.

② B는 '품절', '대란', '입고', '대기', '수령'이라는 한자어를 사용하고 있다. 이렇게 어려운 한자어를 지나치게 많이 사용하면 의사소통에 어려움을 줄 수 있다.

④, ⑤ 외래어와 한자어를 무분별하게 사용하면 의사소통에 지장을 줄 뿐만 아니라 고유어를 사라지게 할 수 있다. 따라서 외래어와 한자어를 되도록 고유어로 바꾸어 사용하려는 노력이 필요하다.

서술형 문제

12 정답 ⓔ 고유어 '마음'이 한자어 '감정', '심정', '관심'의 의미를 포괄하는 것으로 볼 때 한자어는 고유어에 비해 좀 더 분화된 의미를 지닌다.

채점 기준

'마음'이 고유어이고 '감정', '심정', '관심'이 한자어임을 파악함.
고유어는 의미가 포괄적이며 한자어가 고유어에 비해 의미가 더 분화되어 있음을 파악함.

✏️ **필수 단어** 고유어, 한자어, 분화, 의미

정답 풀이 고유어 '마음'은 '감정', '심정', '관심'이라는 의미를 포함하고 있다. 이를 통해 고유어는 한자어에 비해 의미가 포괄적이며 한자어는 고유어에 비해 의미가 좀 더 분화되어 있음을 알 수 있다.

DAY 07 어휘의 양상

확인 문제
본문 · 036~037쪽

01 ② **02** ② **03** 지역 **04** 법률 **05** (1) ⓒ (2) ⓛ (3) ⓖ **06** 은어 **07** 가친 **08** ③

내신 대비 문제
본문 · 038~039쪽

01 ③ **02** ⑤ **03** ⑤ **04** ⑤ **05** ④ **06** 청소년층 **07** ④ **08** ⑤ **09** ⑤ **10** ② **11** ⑤ **12** ⓔ 요리 분야에서 일하는 사람들이 보다 효과적으로 일을 수행할 수 있기 때문이다.

01 정답 ③

정답 풀이 성별 등과 같은 사회 계층에 따라 달라진 말은 사회 방언으로, 방언에 포함된다.

오답 풀이

① 지역 방언은 지리적으로 떨어져 있어 오랜 시간이 지나면서 지역에 따라 달라진 말로, 그 지역의 고유한 문화와 정서를 담고 있다.

② 사회 방언은 세대, 성별, 직업 등에 따라 형성된다.

④, ⑤ 지역 방언은 같은 그 지역 사람들 사이에서 사용하면 서로 친밀감과 유대감을 느낄 수 있다. 그러나 공적인 자리에서 지역 방언을 사용하면 알아듣지 못할 수 있으므로 공적인 상황에서는 표준어를 사용해야 한다.

📖 **개념 복습!** 방언은 한 언어가 지리적 원인이나 사회적 원인에 따라 달라진 말을 의미한다. 방언에는 크게 지역 방언과 사회 방언이 있는데, 지역 방언은 지리적 원인(사용 지역)에 의해 달라진 말을, 사회 방언은 사회적 원인(세대, 성별, 사회 집단 등)에 따라 달라진 말을 가리킨다.

02 정답 ⑤

정답 풀이 〈보기〉에는 지역 방언이 제시되어 있다. 지역 방언은 같은 지역 사람 사이에서 사용하면 유대감과 친밀감을 느낄 수 있으나, 다른 지역 사람 사이에서 사용하면 의사소통에 지장을 주고 소외감을 줄 수 있다. 따라서 다른 지역 사람들에게 가까이 다가가려 할 때 지역 방언을 사용하면 효과적이라고 이해하는 것은 적절하지 않다.

오답 풀이

① 지역 방언은 우리말의 어휘를 다양하게 해 준다.

② 지역 방언은 그 지역 특유의 문화와 정서를 담고 있다.

③ 지역 방언을 그것을 사용하는 지역 사람 사이에서 사용하면 유대감을 형성하고 친밀감을 느낄 수 있다.

④ 지역 방언은 지리적으로 떨어져 있어 오랜 시간이 지나면서 지역에 따라 달라진 말이다.

03 정답 ⑤

정답 풀이 전문 분야에서 쓰는 어휘는 특정 분야에 속한 사람들이 전문적인 개념을 표현할 때 쓰는 말로, 장년층과 노년층이 주로 사용하는 말이 아니다.

오답 풀이
①, ② 청소년층은 줄임말이나 유행어를 많이 사용한다.
③, ④ 장년층과 노년층은 격식과 예의를 갖춘 표현, 교양 있는 한자어를 주로 사용한다.

04 정답 ⑤

정답 풀이 〈보기〉에서 손자는 '생선(생일 선물의 줄임말)'과 같이 자신의 또래 사이에 쓰는 말을 사용하여 할머니와의 의사소통에서 어려움을 겪고 있다. 이러한 문제 상황은 손자가 할머니와의 세대 차이를 고려하지 않고 말을 하였기 때문에 발생한 것이다.

오답 풀이
① 손자와 할머니 모두 표준어를 사용하고 있으며, 손자의 말에서 지역 방언은 찾아볼 수 없다.
② 손자는 할머니와의 대화에서 외래어를 사용하고 있지 않다.
③ '은어'는 다른 사람들이 알아듣지 못하도록 특정 집단의 구성원끼리만 사용하는 말로, 손자의 말에서 은어는 찾아볼 수 없다.
④ 손자와 할머니는 '생일 선물'이라는 동일한 주제로 대화를 나누고 있으며, 손자는 할머니와의 대화에서 주제에 벗어난 말을 하고 있지 않다.

05 정답 ④

정답 풀이 의사가 환자 보호자에게 수술 결과와 환자의 상태를 설명해 줄 때는 의학 전문 용어를 알지 못하는 보호자가 잘 알아들을 수 있도록 의학 전문 용어를 쉽게 풀어 말해야 한다.

오답 풀이
① 법정에서 재판을 할 때는 법률 전문 용어를 사용할 수 있다.
② 축구 해설가가 진행자와 축구 경기를 보며 대화를 나눌 때는 축구와 관련된 전문 용어를 사용할 수 있다.
③ 음악 감독이 뮤지컬에 대해 단원들과 대화를 나눌 때는 뮤지컬 분야에서 사용하는 어휘를 사용할 수 있다.
⑤ 교수가 패션 디자인을 전공하는 학생에게 디자인에 대해 강의할 때는 패션 디자인 분야에서 사용하는 어휘를 사용할 수 있다.

> **개념 복습!** 전문 분야에서 쓰는 사회 방언은 그 지역, 세대, 사회 집단에 속하지 않은 사람들과 대화할 때 사용하면 원활한 의사소통이 이루어지지 않는다.

06 정답 청소년층

정답 풀이 '열공'은 '열심히 공부하다', '생선'은 '생일 선물', '열폭'은 '열등감 폭발'이라는 말의 줄임말이다. '레알'은 '진짜, 정말'이라는 뜻으로 리얼(real)을 재미있게 발음한 것이다. 이와 같은 말은 청소년층이 주로 사용하는 유행어이다.

07 정답 ④

정답 풀이 〈보기〉의 '먹주', '대', '삼패'는 청과물 시장의 상인들 사이에서만 사용하는 은어이다. 장난스럽게 통속적으로 쓰는 저속한 말은 속어이다.

오답 풀이
① 은어는 다른 집단의 사람들이 알아듣지 못하도록 특정 집단 내의 구성원끼리만 비밀스럽게 사용하는 말이다.
② 은어는 그 집단 구성원끼리만 사용하므로 구성원 간의 소속감을 높여 준다.
③ 〈보기〉의 '먹주', '대', '삼패'는 상인들이 상품의 가격을 손님이나 외부의 다른 집단의 사람들이 알아듣지 못하도록 하기 위해 사용하는 은어이다.
⑤ 은어는 비밀을 유지하는 기능을 지니고 있어 자기 집단이 아닌 다른 집단의 사람들에게 그 말의 뜻이 알려지면 은어로서의 기능을 잃게 된다.

08 정답 ⑤

정답 풀이 〈보기〉의 '토끼다', '끝내주다'라는 말은 속어에 해당한다. 속어는 친한 사이에서 장난스럽게 표현하거나 반항적인 표현을 하고자 할 때 사용한다. 그러나 이런 말을 자주 사용하면 상대방의 기분을 상하게 하고 마음의 상처를 입힐 수 있다.

오답 풀이
① 〈보기〉에 제시된 단어들도 고유어이다. 속어로 인해 우리말이 훼손될 수는 있어도 고유어 존재 자체를 사라지게 하는 것은 아니다.
② 장난기로 가볍게 속어를 사용할 때는 분위기를 부드럽게 할 수 있지만 이는 속어를 자주 사용할 경우 나타나는 문제점이 아니며, 속어를 자주 사용하게 되면 오히려 불편하고 딱딱한 분위기를 조성할 수도 있다.
③ 속어는 보통 그 또래에서 사용하므로 사용하는 사람들끼리는 결속력을 가질 수 있다.
④ 속어는 통속적으로 쓰는 저속한 말을 의미하며 전문성을 지니고 있지는 않다.

> **개념 복습!** 속어는 통속적으로 쓰는 저속한 말로, 비속어라고도 한다. 정서적으로 가까운 사람들끼리 친밀감을 표현하기 위해 사용하거나 불만스러운 내용을 표현할 때도 사용한다. 상대방에 불쾌감을 줄 수 있으므로 되도록 사용하지 말아야 한다.

09 정답 ⑤

정답 풀이 〈보기〉의 말들은 모두 청소년층이 주로 사용하는 말이다. 즉, '갑분싸'는 '갑자기 분위기 싸함.'을 뜻하는 유행어이고, '고구마'는 '고구마를 먹고 목이 막혀 답답한 것처럼 답답한 사람이나 상황'을 이르는 유행어이며, '돌대가리'는 '몹시 어리석은 사람의 머리를 낮잡아 이르는 말'이므로 속어로 볼 수 있다. 그러나 ⑤의 '강녕'은 '몸이 건강하고 마음이 편안함.'을 뜻하는 말로 장년층·노년층이 주로 사용하는 어휘이고, '데팽이'는 '안개'를 뜻하는 말로 심마니들이 쓰는 은어이다.

오답 풀이

① '꿀잼'은 '꿀재미'의 준말로, '매우 재미있음.'을 비유적으로 이르는 말이며, '깜놀'는 '깜짝 놀라다.'라는 말의 줄임말이다. 둘 다 청소년층이 많이 쓰는 말이다.

② '빡치다'는 '화나다'를 속되게 이르는 말이며, '훈남'은 '아주 잘생기지는 않지만 외모 이외의 매력으로 보는 사람의 마음을 훈훈하게 하는 남자'를 이르는 유행어이다. 둘 다 청소년층이 많이 쓰는 말이다.

③ '최애'는 '최고로 사랑함.'이라는 뜻의 줄임말이며, '사이다'는 '답답한 상황을 시원히 해결하는 사람이나 상황'을 뜻하는 유행어이다. 둘 다 청소년층이 많이 쓰는 말이다.

④ '열라'는 '보통 이상으로 아주 지나치게'라는 뜻을 비속하게 이르는 말이며, '근자감'은 '근거 없는 자신감'을 줄여 이르는 말이다. 둘 다 청소년층이 많이 쓰는 말이다.

10 정답 ②

정답 풀이 '득템'은 '得(얻을 득)'과 'item(아이템)'을 합한 말로 '좋은 아이템을 얻었다는 의미'의 청소년층이 주로 사용하는 말이다.

오답 풀이

① '별고'는 '특별한 사고'라는 뜻으로 장년층과 노년층이 주로 사용하는 말이다.

③ '춘부장'은 '남의 아버지'를 높여 이르는 말로 장년층과 노년층이 주로 사용하는 말이다.

④ '춘추'는 '어른의 나이'를 높여 이르는 말로 장년층과 노년층이 주로 사용하는 말이다.

⑤ '염려'는 '앞일에 대해 걱정함.'이라는 뜻으로 주로 장년층과 노년층이 사용한다. 젊은 세대에서는 '걱정'이라는 말을 주로 사용한다.

11 정답 ⑤

정답 풀이 〈보기〉는 의학 분야에서 사용하는 전문 용어이다. 전문 용어는 특정 분야의 전문적인 개념을 표현하는 말로, 일의 효율성을 위해 사용하는 것이지 다른 집단으로부터 자신의 집단을 방어하기 위해 사용하는 것은 아니다. 다른 집단으로부터 자신의 집단을 방어하기 위한 목적으로 사용하는 말은 은어이다.

오답 풀이

①, ② 전문 분야의 어휘는 의미가 명확하고 다의성이 적은 말로 한자어나 외국어가 많이 사용되며, 일반적으로 그것을 대체할 만한 일반적인 어휘가 없다.

③ 전문 분야에서 쓰는 어휘는 의미가 정밀하고 다의성이 적어서 정

보를 명확하게 전달하고 신속한 의사소통을 가능하게 하여 일의 효율성을 높여 준다.

④ 전문 용어는 그 집단 외부의 사람들은 이해하기 어려운 면이 있다.

개념 복습! 전문어는 특정 분야에서 전문적인 개념을 표현하기 위해 사용하는 말로 대체할 일반어가 없거나, 일반어보다 전문어를 사용하는 것이 효율적인 경우에 사용된다. 한편 은어는 대체할 일반어가 있지만 그 집단의 구성원끼리만 비밀스럽게 사용할 목적으로 만든 말이다. 은어는 다른 집단의 사람들이 알아듣지 못하도록 구성원끼리만 사용하는 말로, 일종의 암호로서 다른 집단에 대해 폐쇄적이고 방어적인 태도를 보인다.

12 정답 **예** 요리 분야에서 일하는 사람들이 보다 효과적으로 일을 수행할 수 있기 때문이다.

채점 기준
요리사들이 일하면서 사용하는 전문 용어임을 파악함.
전문어를 사용하면 일을 효과적으로 수행할 수 있음을 파악함.

필수 단어 요리 분야, 효과적(효율적), 일, 수행

정답 풀이 '에멩세', '스몰 다이스'는 요리 분야에서 사용하는 전문 용어이다. '에멩세'는 채소를 얇게 저미는 것, '다이스'는 정육면체 형태로 자르는 것을 의미한다. 해당 분야의 사람들끼리 일할 때 이러한 전문 용어를 사용하면 일반어로 풀어서 말할 때보다 정확하고 빠르게 의사를 전달하여 일을 효과적으로 수행할 수 있게 된다.

DAY 08 유의 관계, 반의 관계

확인 문제
본문 · 040~041쪽

01 ② **02** 간간이, 가끔씩 **03** ① **04** (1) 자르다 (2) 사용하다 **05** (1) ㉠ (2) ㉡ (3) ㉡ **06** ① **07** (1) 곱다 – 예쁘다 (2) 좋다 – 나쁘다, 열다 – 닫다 **08** (1) 성별 (2) 길이

내신 대비 문제
본문 · 042~043쪽

01 ② **02** ③ **03** ③ **04** ④ **05** ② **06** ⓐ: 같다 ⓑ: 맞다 **07** ⑤ **08** ③ **09** ③ **10** ② **11** ②
12 ⓔ 반의 관계가 성립하려면 한 개의 의미 요소만 다르고 나머지 의미 요소들은 모두 같아야 하는데, '남자'와 '소녀'는 성별과 연령 등의 의미 요소가 다르기 때문이다.

01 정답 ②

정답 풀이 유의 관계에 있는 단어들은 의미가 비슷하여 서로 바꾸어 사용할 수 있지만, 의미에 미묘한 차이가 있기 때문에 쓰이는 상황에 따라 바꾸어 쓸 수 없는 경우도 있다.

오답 풀이
① 유의 관계는 서로 소리는 다르지만 의미가 비슷한 단어들이 맺는 관계를 말한다.
③ 예를 들어 '서다'와 같은 단어는 '멈추다', '(장이) 열리다', '일어서다' 등과 같은 여러 개의 유의어가 있고, '가다', '(체면이) 깎이다', '앉다' 등과 같이 여러 개의 반의어도 있다.
④ 반의 관계는 둘 이상의 단어가 의미상 서로 짝을 이루어 대립하는 경우를 말한다.
⑤ 반의 관계가 성립하려면 오직 한 개의 의미 요소만 다르고 나머지 의미 요소들은 모두 공통되어야 한다.

개념 복습! 반의 관계는 둘 이상의 단어가 의미상 서로 짝을 이루어 대립하는 관계이며, 유의 관계는 소리는 다르지만 의미가 비슷한 단어들이 맺는 관계이다.

02 정답 ③

정답 풀이 '뛰다'는 '있던 자리로부터 몸을 높이 솟구쳐 오르다.'를 뜻하고 '걷다'는 '다리를 움직여 바닥에서 발을 번갈아 떼어 옮기다.'를 뜻하므로 두 단어는 유의 관계에 있다고 할 수 없다.

오답 풀이
① '친구'는 '가깝게 오래 사귄 사람'을 뜻하고 '벗'은 '비슷한 또래로서 서로 친하게 지내는 사람'을 뜻하므로 적절하다.
② '살갗'은 '살가죽의 겉면'을 뜻하고 '피부'는 '척추동물의 몸을 싸고 있는 조직'을 뜻하므로 적절하다.

④ '구두쇠'는 '돈이나 재물 따위를 쓰는 데에 몹시 인색한 사람'을 뜻하고 '자린고비'는 '인색한 사람'을 낮잡아 이르는 말이므로 적절하다.
⑤ '소박하다'는 '꾸밈이나 거짓이 없고 수수하다.'를 뜻하고 '수수하다'는 '사람의 성질이 꾸밈이나 거짓이 없고 까다롭지 않아 수월하고 무던하다.'를 뜻하므로 적절하다.

03 정답 ③

정답 풀이 〈보기〉의 문장에서 '열다'는 '하루의 영업을 시작하다.'라는 의미를 지닌다. 따라서 '시작한다'와 바꾸어 쓸 수 있다.

오답 풀이
① '열다'는 '국교를 열었다.'와 같이 '어떤 관계를 맺다.'라는 의미로도 쓰이지만 문맥상 〈보기〉의 '열다'와는 바꿔쓸 수 없다.
② '열다'는 '새 왕조를 열었다.'와 같이 '새로운 기틀을 마련하다.'라는 의미로도 쓰이지만 문맥상 〈보기〉의 '열다'와는 바꿔쓸 수 없다.
④ '열다'는 '닫혔던 마음을 열었다.'와 같이 '자기의 마음을 다른 사람에게 터놓거나 다른 사람의 마음을 받아들이다.'라는 의미로도 쓰이지만 문맥상 〈보기〉의 '열다'와는 바꿔쓸 수 없다.
⑤ '열다'가 '맞아들이다'의 의미를 지니는 경우는 확인할 수 없다.

04 정답 ④

정답 풀이 '가난하다'는 살림살이가 넉넉하지 못한 상태를 의미하고 '만족하다'는 마음에 흡족한 상태를 의미하므로 두 단어는 반의 관계를 이룰 수 없다. '가난하다'의 반의어는 '풍족하다', '만족하다'의 반의어는 '불만족스럽다' 정도가 될 수 있다.

오답 풀이
① '사다'와 '팔다'는 값을 치르고 물건을 가지거나 남에게 넘긴다는 점에서 반의 관계에 있다.
② '빠르다'와 '느리다'는 속도의 정도가 다르다는 점에서 반의 관계에 있다.
③ '개업하다'와 '폐업하다'는 영업을 시작하거나 그만둔다는 점에서 반의 관계에 있다.
⑤ '게으르다'와 '부지런하다'는 일이나 행동을 하는 태도가 다르다는 점에서 반의 관계에 있다.

05 정답 ②

정답 풀이 '작다'의 뜻은 '길이, 넓이, 부피 따위가 비교 대상이나 보통보다 덜하다.'이고 '적다'의 뜻은 '수효나 분량, 정도가 일정한 기준에 미치지 못하다.'이므로 유의 관계에 있다고 볼 수 없다.

오답 풀이
① '원인'은 '어떤 사물이나 상태를 변화시키거나 일으키게 하는 근본이 된 일이나 사건'을 뜻하고, '이유'는 '어떠한 결론이나 결과에 이른 까닭이나 근거'를 뜻하므로 적절하다.
③ '남극'과 '북극'은 방향(공간적 위치) 면에서 대립되는 반의어이다.
④ '급하다'와 '느긋하다'는 성격 면에서 대립되는 반의어이다.
⑤ '상승하다'와 '하강하다'는 이동의 방향이 위아래로 다르다는 점에서 대립되는 반의어이다.

06 정답 ⓐ: 같다 ⓑ: 맞다

정답 풀이 '다르다'는 '비교가 되는 두 대상이 서로 같지 아니하다.'를 뜻하므로, 이와 대립되는 의미의 반의어는 '같다'이다. '틀리다'는 '셈이나 사실 따위가 그르게 되거나 어긋나다.'를 뜻하므로 그 반의어로는 '맞다'를 들 수 있다.

07 정답 ⑤

정답 풀이 '집을 보다가 잠들었다.'의 '보다'는 '맡아서 보살피거나 지키다.'라는 뜻으로 '두루두루 주의하여 자세히 보다.'라는 의미를 가진 '살피다'와는 그 뜻이 다르다.

오답 풀이

① '시험을 보다.'의 '보다'는 '자신의 실력이 나타나도록 치르다.'라는 뜻으로 쓰였다. 따라서 '치르다'는 그 유의어로 적절하다.

② '영화를 보다.'의 '보다'는 '눈으로 대상을 즐기거나 감상하다.'라는 뜻으로 쓰였다. 따라서 '감상하다'는 그 유의어로 적절하다.

③ '술상을 보다.'의 '보다'는 '음식상이나 잠자리 따위를 채비하다.'라는 뜻으로 쓰였다. 따라서 '준비하다'는 그 유의어로 적절하다.

④ '이따가 잠깐 보자.'의 '보다'는 '일정한 목적 아래 만나다.'라는 뜻으로 쓰였다. 따라서 '만나다'는 그 유의어로 적절하다.

08 정답 ③

정답 풀이 '체면이 섰다.'에서 '서다'는 '체면 따위가 바로 유지되다.'라는 뜻으로 쓰였다. '체면을 구겼다'는 체면을 잃었다는 뜻이므로 '구겼다'는 유의어가 아니라 반의어이다.

오답 풀이

① '자동차가 섰다.'에서 '서다'는 '어떤 곳에서 다른 곳으로 가던 대상이 어느 한 곳에서 멈추다.'라는 뜻으로 쓰였으므로 적절하다.

② '오일장이 섰다.'에서 '서다'는 '장이나 씨름판 따위가 열리다.'라는 뜻으로 쓰였으므로 적절하다.

④ '눈에 핏발이 섰다.'에서 '서다'는 '어떤 모양이나 현상이 이루어져 나타나다.'라는 뜻으로 쓰였으므로 적절하다.

⑤ '자리를 양보하고 섰다.'에서 '서다'는 '사람이나 동물이 발을 땅에 대고 다리를 쭉 뻗으며 몸을 곧게 하다.'라는 뜻으로 쓰였으므로 적절하다.

09 정답 ③

정답 풀이 〈보기〉에서 ㉠ '얼굴'은 고유어, ㉡ '안면(顔面)'은 한자어로 두 말은 유의 관계에 있다고 하였다. ③의 '기름'은 고유어, '지방(脂肪)'은 한자어이므로 ㉠, ㉡의 의미 관계 유형과 가장 유사하다.

오답 풀이

① '진지'와 '밥'은 모두 고유어로 유의 관계에 있다.

② '기원(基源)'과 '근원(根源)'은 모두 한자어로 유의 관계에 있다.

④ '잔치'는 고유어, '파티'는 외래어로 유의 관계에 있다.

⑤ '빠르다'와 '이르다'는 모두 고유어로 유의 관계에 있다.

고난도 문제
10 정답 ②

정답 풀이 〈보기〉에서 '낮말'과 '밤말'은 반의 관계를 이루고 있다. '소 잃고 외양간 고친다.'에서 '잃다'의 반의어는 '얻다'이다. 따라서 ②에는 반의 관계가 나타나 있지 않다.

오답 풀이

① '모르다'와 '알다'가 반의 관계를 이루고 있다.

③ '가다'와 '오다'가 반의 관계를 이루고 있다.

④ '배부르다'와 '배고프다'가 반의 관계를 이루고 있다.

⑤ '맞다'와 '때리다', '펴다'와 '오그리다'가 반의 관계를 이루고 있다.

고난도 문제
11 정답 ②

정답 풀이 '넓다'는 '면이나 바닥 따위의 면적이 크다.', '깊다'는 '겉에서 속까지의 거리가 멀다.'라는 뜻이므로 반의 관계라고 할 수 없다.

오답 풀이

① '바로'는 '시간적인 간격을 두지 아니하고 곧', '즉시'는 '어떤 일이 행하여지는 바로 그때'라는 뜻으로 두 말은 유의 관계를 이룬다.

③ '앞'은 '향하고 있는 쪽이나 곳', '뒤'는 '향하고 있는 방향과 반대되는 쪽이나 곳'으로 두 말은 방향 면에서 대립되는 반의 관계에 있다.

④ '높다'와 '낮다'는 높음의 정도에서 대립되는 반의 관계에 있다.

⑤ '사고'는 '생각하고 궁리함.'이라는 뜻으로 '생각'과 유의 관계를 이룬다. 그러나 '고향 생각이 난다.'의 '생각'을 '사고'로 바꾸면 '고향 사고가 난다.'라는 어색한 문장이 된다.

서술형 문제
12 정답 예 반의 관계가 성립하려면 한 개의 의미 요소만 다르고 나머지 의미 요소들은 모두 같아야 하는데, '남자'와 '소녀'는 성별과 연령 등의 의미 요소가 다르기 때문이다.

채점 기준
의미 요소가 한 개만 다르고 나머지는 같아야 반의 관계가 성립됨을 파악함.
'남자'와 '소녀'가 성별, 연령 등에서 의미 요소가 다름을 파악함.

필수 단어 반의 관계, 의미 요소, 한 개, 나머지, 성별, 연령

정답 풀이 반의 관계가 성립되기 위해서는 한 개의 의미 요소만 다르고 나머지 의미 요소들은 모두 같아야 한다. 그런데 '남자'와 '소녀'는 성별 외에도 연령 등의 의미 요소가 다르므로 반의어가 될 수 없다.

DAY 09 상하 관계, 다의어, 동음이의어

확인 문제
본문 · 044~045쪽

01 ③	**02** ③	**03** 다의어: 아침 / ⑦의 상위어: 반찬
04 손	**05** 동음이의어	**06** ① **07** ② **08** (1)

ⓒ (2) ⓛ (3) ⑦

내신 대비 문제
본문 · 046~047쪽

01 ⑤	**02** ④	**03** ⑤	**04** ②	**05** ②	**06**
한옥, 집, 건물		**07** ③	**08** ③	**09** ⑤	**10** ⑤
11 ②	**12** 예 ⑦과 ⓛ은 의미상 서로 관련성이 있으므로 다의어 이며, ⓒ은 ⑦, ⓛ과 의미상 관련성이 없으므로 동음이의어이다.				

01 정답 ⑤

정답 풀이 상위어는 다른 단어의 의미를 포함하는 단어이며 하위어는 의미상 다른 단어에 포함되는 단어이다. 상하 관계에서 하위어는 상위어의 의미를 이어받아 지니게 된다. 예를 들어 '진돗개'는 상위어인 '개'의 특성을 지닌다. 따라서 하위어일수록 상위어가 지니고 있는 특성을 적게 지닌다는 설명은 적절하지 않다.

오답 풀이
① 상위어는 의미상 다른 단어, 즉 하위어를 포함하는 단어이다.
②, ③ 상위어일수록 일반적이고 포괄적인 의미를 지니며, 하위어일수록 개별적이고 한정적인 의미를 지니고 있다.
④ '관악기'는 '악기'의 하위어이면서 '플루트', '트럼펫', '색소폰'의 상의어인 것에서 알 수 있듯이, 하나의 단어는 상위어이면서 하의어가 될 수 있다.

02 정답 ④

정답 풀이 '숨바꼭질'은 '놀이'의 하나이므로 '숨바꼭질 – 놀이'는 '하위어 – 상위어'의 순서로 제시되어 있다.

오답 풀이
① '매미'는 곤충의 하나이므로 '곤충 – 매미'는 '상위어 – 하위어' 순서로 제시되었다.
② '연두'는 '색깔'의 하나이므로 '색깔 – 연두'는 '상위어 – 하위어' 순서로 제시되었다.
③ '연필'은 '필기구'의 하나이므로 '필기구 – 연필'은 '상위어 – 하위어' 순서로 제시되었다.
⑤ '바이올린'은 '현악기'의 하나이므로 '현악기 – 바이올린'은 '상위어 – 하위어' 순서로 제시되었다.

03 정답 ⑤

정답 풀이 상위어로 갈수록 의미가 포괄적인 것은 맞으나, 사람이 타고 다니는 자동차인 '승용차'는 '오토바이'와 '화물차'의 상위어가 아니다. '오토바이', '화물차', '승용차'는 모두 '자동차'에 포함되는 하위어이다.

오답 풀이
① '검사'는 '직업'의 하나이므로 '직업'과 '검사'는 상하 관계에 있는 단어이다.
② '강수량'은 비, 눈, 우박, 안개 등 일정 기간 동안 일정한 곳에 내린 물의 총량을 의미하고, '강우량'은 비의 총량을 의미한다. 따라서 '강수량'은 '강우량'을 포함하는 상위어이다.
③ '쌀', '보리', '현미', '콩'은 '곡식'의 한 종류이므로 '곡식'에 포함되는 하위어이다.
④ 상위어에서 하위어로 갈수록 그 의미가 개별적이고 한정적이다. '생물 – 동물 – 포유류 – 돌고래'는 상위어에서부터 하위어로 제시된 것이므로 그 의미가 갈수록 구체적이라고 할 수 있다.

> **개념 복습!** 상위어는 의미상 다른 단어를 포함하는 단어이므로 상위어로 갈수록 그 의미가 일반적이고 포괄적이다. 하위어는 다른 단어에 포함되는 단어이므로 상위어에 비해 개별적이고 한정적인 의미를 지닌다.

04 정답 ②

정답 풀이 〈보기〉의 '배'는 '사람이나 동물의 몸에서 위장, 창자, 콩팥 따위의 내장이 들어 있는 곳으로 가슴과 엉덩이 사이의 부위'를 의미한다. 이와 같은 의미로 쓰인 것은 신체 부위인 배가 아프다는 내용의 ②이다.

오답 풀이
① '어떤 수나 양을 두 번 합한 만큼'의 의미로 쓰였다.
③ '사람이나 짐 따위를 싣고 물 위로 떠다니도록 나무나 쇠 따위로 만든 물건'의 의미로 쓰였다.
④ '배나무의 열매'의 의미로 쓰였다.
⑤ '긴 물건 가운데의 볼록한 부분'의 의미로 쓰였다.

05 정답 ②

정답 풀이 '손이 많이 간다.'에 쓰인 '손'은 「4」 '어떤 일을 하는 데 드는 사람의 힘이나 노력, 기술.'을 의미한다. 「3」 일을 하는 사람.'이라는 의미는 '일손이 부족하다. / 손이 많다.' 등의 경우에 쓰인다.

오답 풀이
① 「1」은 '사람의 팔목 끝에 달린 부분.', 「2」는 '손끝의 다섯 개로 갈라진 부분.'이므로 둘 다 '손'이 신체의 일부분을 나타낸다.
③ '장사꾼의 손에 놀아난다.'에 쓰인 '손'은 장사꾼의 재간이라는 의미를 지니므로 「6」의 '사람의 수완이나 꾀.'라는 뜻을 지닌다.
④ 중심적 의미는 첫 번째로 제시되며, 그 중심적 의미에서 확장된 주변적 의미는 그 아래에 제시된다. 따라서 「1」은 '손'의 중심적 의미, 「2」~「6」은 '손'의 주변적 의미에 해당한다.
⑤ 「1」~「6」은 서로 의미가 관련 있어 '손'이라는 표제어 아래 실린

것이다. 이는 ‘손’이 하나의 단어가 여러 의미를 가지는 다의어임을 말해 준다.

06 정답 한옥, 집, 건물

정답 풀이 ‘초가집’, ‘기와집’, ‘너와집’, ‘귀틀집’은 모두 우리의 전통 가옥, 즉 ‘한옥’이며, 이 한옥은 ‘집’의 하나이다. 그리고 집은 ‘건물’의 하나이다.

07 정답 ③

정답 풀이 ‘가다’의 중심적 의미는 ‘한곳에서 다른 곳으로 장소를 이동하다.’이다. 이와 같은 의미로 쓰인 것은 외갓집으로 이동하였음을 뜻하는 ③이다.

오답 풀이
① ‘금, 줄, 주름살, 흠집 따위가 생기다.’라는 의미로 쓰였다.
② ‘직책이나 자리를 옮기다.’라는 의미로 쓰였다.
④ ‘어떤 상태나 상황을 향하여 나아가다.’라는 의미로 쓰였다.
⑤ ‘물건이나 권리 따위가 누구에게 옮겨지다.’라는 의미로 쓰였다.

08 정답 ③

정답 풀이 〈보기〉의 ‘다리’는 원래 ‘사람이나 동물의 몸통 아래 붙어 있는 신체의 부분’을 의미한다. 또한 ‘책상 다리’, ‘카메라 다리’처럼 물건의 아래쪽 부분을 의미하거나 ‘오징어 다리’처럼 동물의 기관을 의미하기도 한다. 그런 점에서 ①, ②, ④, ⑤의 ‘다리’는 모두 〈보기〉의 ‘다리’와 의미상 관련성이 있다는 점에서 다의어로 볼 수 있다. 그러나 ③의 ‘다리’는 ‘물을 건너거나 또는 한편의 높은 곳에서 다른 편의 높은 곳으로 건너다닐 수 있도록 만든 시설물’로, 〈보기〉의 ‘다리’와 의미상 관련성이 없다는 점에서 동음이의어로 볼 수 있다.

오답 풀이
① ‘물체의 아래쪽에 붙어서 그 물체를 받치거나 직접 땅에 닿지 아니하게 하거나 높이 있도록 버티어 놓은 부분’을 뜻한다.
② ‘사람이나 동물의 몸통 아래 붙어 있는 신체의 부분’을 뜻한다.
④ ‘오징어나 문어 따위의 동물의 머리에 여러 개 달려 있어, 헤엄을 치거나 먹이를 잡거나 촉각을 가지는 기관’을 뜻한다.
⑤ ‘안경의 테에 붙어서 귀에 걸게 된 부분’을 뜻한다.

개념 복습! 동음이의어는 소리는 같으나 의미가 다른 단어이며, 다의어는 한 단어가 두 가지 이상의 의미를 가지는 단어이다.

09 정답 ⑤

정답 풀이 ‘된장’은 ‘발효 식품’의 하나이므로 둘은 상하 관계에 있다고 할 수 있다. ‘고뿔’은 ‘감기’의 고유어이므로 둘은 유의 관계에 있다고 볼 수 있다.

오답 풀이
① ‘근심’과 ‘걱정’은 유의 관계에 있다고 할 수 있으나, ‘식물’과 ‘동물’은 ‘생물’의 종류들(‘생물’의 하위어)이므로 서로 포함하고 포함되

는 관계가 아니라 동등한 위치에 있다.
② ‘예술’과 ‘음악’은 상하 관계에 있다고 할 수 있으나, ‘승낙’과 ‘거부’는 반의 관계에 있다.
③ ‘언어’와 ‘한국어’는 상하 관계에 있다고 할 수 있으나, ‘획득’과 ‘상실’은 반의 관계에 있다.
④ ‘흉내’와 ‘시늉’은 유의 관계에 있다고 할 수 있으나, ‘시루떡’과 ‘인절미’는 ‘떡’의 종류들(‘떡’의 하위어)이므로 서로 포함하고 포함되는 관계가 아니라 동등한 위치에 있다.

10 정답 ⑤

정답 풀이 ㉢은 ‘물체의 존재나 형상을 인식하는 눈의 능력’, ㉣은 ‘사물을 보고 판단하는 힘’, ㉤은 ‘빛의 자극을 받아 물체를 볼 수 있는 감각 기관’을 의미한다. ㉢~㉤은 의미상 관련성이 있으므로 다의어임을 알 수 있다. 그중 다른 의미의 바탕이 되는 기본적이고 핵심적인 의미인 중심적 의미는 ㉢이 아닌 ㉤이다.

오답 풀이
① ㉠은 내리는 눈, ㉡은 ‘자·저울·온도계 따위에 표시하여 길이·양·도수 따위를 나타내는 금’을 뜻하므로 말소리는 같지만 의미상 관련이 없다. 따라서 ㉠과 ㉡은 동음이의어이다.
② ㉠은 내리는 눈, ㉢은 ‘물체의 존재나 형상을 인식하는 눈의 능력’을 뜻하므로 둘은 의미상 관련성이 없는 동음이의어이다.
③ ㉡은 ‘자·저울·온도계 따위에 표시하여 길이·양·도수 따위를 나타내는 금’, ㉤은 ‘빛의 자극을 받아 물체를 볼 수 있는 감각 기관’을 의미한다. 따라서 ㉡과 ㉤은 말소리는 같지만 의미가 다른 동음이의어이다.
④ ㉢은 ‘물체의 존재나 형상을 인식하는 눈의 능력’, ㉣은 ‘사물을 보고 판단하는 힘’, ㉤은 ‘빛의 자극을 받아 물체를 볼 수 있는 감각 기관’을 의미한다. 따라서 ㉢~㉤은 의미가 서로 관련된 다의어로서 하나의 표제어 아래 실린다.

개념 복습! 다의어는 중심적 의미에서 관련 있는 주변적 의미가 생겨나서 만들어진 것이기 때문에 의미상 관련성이 있다. 따라서 하나의 표제어로 사전에 수록된다.

11 정답 ②

정답 풀이 ①의 ‘벌’, ③의 ‘김’, ④의 ‘굴’, ⑤의 ‘돌’은 모두 소리는 같지만 의미가 다른 동음이의어이다. 그러나 ‘발에 꼭 맞다.’의 ‘발’은 ‘사람이나 동물의 다리 맨 끝부분’을, ‘그 선수는 발이 빠르다.’의 ‘발’은 ‘걸음’을 비유적으로 이르는 말이므로 서로 의미상 관련성을 지니고 있다. 따라서 다의어에 해당한다.

오답 풀이
① ‘선생님께 벌을 받았다.’의 ‘벌’은 ‘잘못하거나 죄를 지은 사람에게 주는 고통’을 의미하며, ‘벌에 쏘였다.’의 ‘벌’은 곤충의 하나를 가

리킨다. 따라서 둘은 소리는 같지만 의미가 다른 동음이의어이다.

③ '김이 맛있다.'의 '김'은 바닷가에서 채취해 반찬으로 먹는 것이며, '할머니가 김을 매고 있다.'의 '김'은 '논밭에 난 잡풀'을 의미한다. 따라서 둘은 소리는 같지만 의미가 다른 동음이의어이다.

④ '자연산 굴을 땄다.'의 '굴'은 바닷가에서 나는 굴로 요리해 먹는 것이며, '땅속으로 굴을 팠다.'의 '굴'은 '산이나 땅 밑을 뚫어 만든 길'을 말한다. 따라서 둘은 소리는 같지만 의미가 다른 동음이의어이다.

⑤ '아이는 이제 겨우 돌이 지났다.'의 '돌'은 '어린아이가 태어난 날로부터 한 해가 되는 날'을 의미하며, '돌을 던졌다.'의 '돌'은 '흙 따위가 굳어서 된 광물질의 단단한 덩어리'를 의미한다. 따라서 둘은 소리는 같지만 의미가 다른 동음이의어이다.

서술형 문제

12 정답 예 ㉠과 ㉡은 의미상 서로 관련성이 있으므로 다의어이며, ㉢은 ㉠, ㉡과 의미상 관련성이 없으므로 동음이의어이다.

채점 기준
㉠과 ㉡은 의미상 서로 관련이 있고 ㉢은 이들과 의미상 관련이 없음을 파악함.
㉠과 ㉡은 다의어이고 ㉢은 동음이의어임을 파악함.

✏️ **필수 단어** 의미, 관련성, 있다, 없다, 다의어, 동음이의어

정답 풀이 ㉠의 '타다'는 '피부가 햇볕을 오래 쬐어 검은색으로 변하다.', ㉡의 '타다'는 '불씨나 높은 열로 불이 붙어 번지거나 불꽃이 일어나다.', ㉢의 '타다'는 '바람이나 물결, 전파 따위에 실려 퍼지다.'라는 의미를 지닌다. 따라서 ㉠과 ㉡의 '타다'는 햇볕이나 불씨 등의 높은 열로 인해 상태가 변하게 된다는 점에서 의미상 연관성이 있으므로 다의어라고 할 수 있다. 그러나 ㉢의 '타다'는 ㉠, ㉡과 의미상 연관성이 없다. 따라서 ㉢의 '타다'는 ㉠, ㉡의 '타다'의 동음이의어이다.

DAY 10 언어의 본질

확인 문제 본문 · 048~049쪽

01 (1) 형식: hand[핸드] (2) 내용: 사람의 팔목 끝에 달린 부분 **02** ②	
03 (1) 자의성 (2) 사회성 **04** ② **05** (1) ㉡ (2) ㉠ (3) ㉢	
06 ② **07** ③ **08** (1) 소리, 의미 (2) 단어	

내신 대비 문제 본문 · 050~051쪽

01 ②	**02** ②	**03** ②	**04** ②	**05** ④	**06** 자의성
07 ②	**08** ②	**09** ⑤	**10** ④	**11** ④	

12 예 '지우개'를 '지우개'라고 부르는 것은 사회 구성원들 간의 사회적 약속이므로 이를 어기고 '빗자루'라고 부르면 의사소통이 어려워진다.

01 정답 ②

정답 풀이 언어는 사회적 약속이므로 개인이 함부로 바꿀 수 없다는 사회성을 가지고 있다. 그러나 사회 구성원들끼리 약속(합의)하면 바꿀 수 있다.

오답 풀이

① 언어는 시대의 흐름에 따라 사라지거나 새로 생기기도 하고 소리나 의미가 변하기도 하는 역사성을 지닌다.

③ 인간은 기존의 단어들을 가지고 상황에 따라 새로운 말들을 무한히 만들어 낼 수 있는데, 이러한 언어의 본질을 창조성이라고 한다.

④ 언어는 사회적 약속으로, 그 언어를 쓰는 구성원들 간의 약속에 의해 결정된다.

⑤ 언어는 의미인 내용과 말소리인 형식으로 이루어져 있다.

02 정답 ③

정답 풀이 '집'이라는 같은 의미를 나타내는 말이 나라마다 다른 것은 의미와 소리의 결합이 필연적 관계를 맺는 것이 아니라 자의적인 관계임을 말해 준다. 즉 언어의 의미와 소리는 우연히 맺어지는 것이다. 이러한 언어의 본질을 자의성이라고 한다.

오답 풀이

① 〈보기〉의 언어는 같은 의미를 지니는 말이 나라마다 다른 경우로, 한 나라 안에서의 언어의 변화와 관련된 자료는 제시되어 있지 않다.

② 〈보기〉의 자료들이 어떤 문법 규칙에 의해 만들어졌는지는 알 수 없다.

④ 의미가 하나의 말소리로 정해지면 바꾸기 어렵다는 것은 언어의 사회성과 관련된 내용으로, 〈보기〉와는 관련이 없다.

⑤ 기존의 단어들을 가지고 새로운 단어들을 만들어 낼 수 있다는 것은 언어의 창조성과 관련된 내용으로, 〈보기〉와는 관련이 없다.

03 정답 ③

정답 풀이 '어리다'를 [어리다]라고 부르기로 정하고 그렇게 불러왔다는 것은, 언어는 그 언어를 사용하는 사람들 사이의 약속이므로 어느 한 개인이 마음대로 바꿀 수 없다는 언어의 사회성과 관련이 있다.

오답 풀이

① '얼골'이라고 불리다가 '얼굴'로 불린 것은 소리가 변한 예이다.

② 옛날에 사용되던 숫자 '즈믄'이 사라지고 '천(千)'을 사용한 경우로 언어의 역사성을 보여 준다.

④ 시간의 흐름에 따라 새로운 문물이 들어오면서 그에 맞는 말들이 생겨난 예이다.

⑤ '놈'은 보통 사람에서 남자를 낮잡아 일컫는 말로 의미가 변한 예로 언어의 역사성을 보여 준다.

04 정답 ②

정답 풀이 언어의 의미와 말소리는 우연히 결합한 것이므로 그렇게 부르기로 한 필연적인 이유가 있다고 할 수 없다. 따라서 ②는 언어의 사회성과 관련이 없으며 그 자체로도 잘못된 내용이다.

오답 풀이

①, ③, ④, ⑤ 언어는 그 사회를 구성하는 사람들 사이의 약속이므로 개인이 마음대로 바꿀 수 없다는 것이 언어의 사회성이다. 개인이 언어를 함부로 바꿀 경우 한 단어가 가리키는 의미가 여러 개가 되어 의사소통에 혼란을 주게 될 것이다.

05 정답 ④

정답 풀이 〈보기〉는 어린아이가 엄마의 말을 듣고서 새로 말을 만들어 낸 경우이다. 따라서 〈보기〉는 인간은 새로운 말들을 무한히 만들어 낼 수 있다는 언어의 창조성을 보여 주는 예이다.

오답 풀이

① 사회성은, 언어는 같은 언어를 사용하는 사람들 사이의 약속이므로 어느 한 개인이 마음대로 바꿀 수 없음을 말한다.

② 자의성은, 언어의 의미와 말소리는 필연적으로 결합한 것이 아니라 우연히 결합된 것임을 말한다.

③ 역사성은, 언어는 시간의 흐름에 따라 생기거나 사라지거나 변함을 말한다.

⑤ 기호성은, 언어는 전달하고자 의미를 말소리로 나타내는 기호임을 말한다.

06 정답 자의성

정답 풀이 "감사합니다."라는 같은 의미를 나타내는 말소리가 나라마다 다르다는 것은 의미와 말소리가 필연적인 관계로 맺어지는 것이 아니라 임의대로 결합되는 것임을 나타낸다. 이는 어떤 의미를 나타내는 말소리는 우연히 결정된다는 언어의 본질인 자의성과 관련된다.

07 정답 ②

정답 풀이 '가방'을 '가방'이라 부르지 않고 다른 말로 부르고 싶어도 '가방'이라고 불러야 하는 이유는 그렇게 부르기로 사회적으로 약속했기 때문이다. 개인은 언어를 마음대로 바꿀 수 없다. 이는 언어의 사회성이라는 언어의 본질 때문이다.

08 정답 ②

정답 풀이 '암행어사', '생원'은 시대가 변함에 따라 그와 관련된 사회 제도가 없어졌기 때문에 함께 사라진 말이다.

오답 풀이

① '반도체'라는 새로운 문물이 들어오면서 이와 관련해 '반도체', '칩'이라는 새로운 대상을 나타내기 위해 생겨난 말이다.

③ '세수(洗手)하다'라는 말은 '손을 씻다.'라는 의미에서 '손과 얼굴을 씻다.'라는 의미로 의미가 확대되었다.

④ '가람'이라는 고유어 대신 '강(江)'이라는 한자어, '뫼'라는 고유어 대신 '산(山)'이라는 한자어만 남아 쓰이게 되었다.

⑤ '영감'은 조선 시대의 관리를 부르던 말이었는데 그와 관련된 직책이 없어지면서 그 의미가 '중년이 지난 남자'로 변하였다.

개념 복습! 언어의 역사성은 언어가 시대의 흐름에 따라 사라지기도 하고 새로 생기기도 하고 소리나 의미가 다르게 변하기도 하는 것과 같이 변화하는 것을 말한다.

09 정답 ⑤

정답 풀이 〈보기〉에서 '짜장면'은 표준어가 아니었지만 많은 사람들이 그렇게 발음함에 따라 사회적으로 약속하여 그 발음과 표기 형태를 표준어로 인정한 사례이므로 언어의 사회성과 관련이 있다. 또, 시간의 흐름에 따라 같은 대상을 가리키는 말이 바뀐 사례이므로 언어의 역사성과도 관련이 있다. 그러나 언어는 시간의 흐름에 따라 변하기 때문에 언어를 개인이 마음대로 바꿀 수 없는 것이 아니라, 사회적 약속이기 때문에 개인이 함부로 바꿀 수 없는 것이다.

오답 풀이

① '자장면'으로는 소수만 발음하고, 표준어는 아니었지만 '짜장면'이라는 말이 실생활에서 많이 사용되다가 '짜장면'도 표준어로 인정되었다는 것에서, 표준어로 인정받으려면 사람들 사이에서 널리 쓰여야 함을 알 수 있다.

② '자장면'만 표준어로 삼기로 사회적으로 약속했다가 '짜장면'도 표준어로 삼기로 약속했다는 것에서 언어는 사회적 약속이지만 시간의 흐름에 따라 그 사회적 약속이 변할 수 있음을 알 수 있다.

③ 표준어가 되었다는 것은 그 말을 사용하기로 사회적으로 합의했다는 의미이므로 '짜장면'이라는 말은 사회 구성원들이 약속한 언어라고 할 수 있다.

④ 〈보기〉는 많은 사람들이 표준어와 다른 소리로 발음하는 말에 대해 사회적으로 약속하여 그 발음도 표준어로 인정한 경우이므로 언어의 사회성을 보여 준다. 또, 시간의 흐름에 따라 말이 바뀐 경우이므로 언어의 역사성을 보여 주기도 한다.

# 정답과 해설

고난도 문제

10 정답 ④

정답 풀이 〈보기〉에서 '나모'가 '나무'로 시대의 흐름에 따라 말소리가 변한 것은 언어의 역사성과 관련된다. 또, '나무'가 한국어에서는 [나무], 영어에서는 tree[트리], 독일어에서는 baum[바움]이라 불리는 것은 같은 의미를 다른 말소리로 나타낸 것으로 의미와 말소리가 우연히 결합되었다는 언어의 자의성을 보여 준다.

오답 풀이

①, ② '줄기나 가지가 목질로 된 여러해살이 식물'은 언어의 내용(의미)에 해당하며, 이를 나타내는 형식(말소리)은 한국어에서는 [나무]로, 영어에서는 tree[트리], 독일어에서는 baum[바움]으로 나타난다. 따라서 제시된 말들은 내용은 같은데 형식이 나라마다 다른 예이다.

③ '나모'가 '나무'로 변한 것은 의미는 그대로이고 말소리, 즉 형식만 변화된 것이다.

⑤ 영어와 독일어에서 처음에 tree[트리], baum[바움]으로 발음한 것은 임의로 정한 것이지만(언어의 자의성), 그렇게 부르기로 약속한 뒤에는 개인이 함부로 바꿀 수 없다(언어의 사회성).

고난도 문제

11 정답 ④

정답 풀이 의미와 말소리의 관계가 필연적이면 반드시 그 의미에 그 말소리만 결합되어야 한다. 그러나 동일한 의미가 지역에 따라 다르게 표현된다거나(지역 방언), 또는 소리는 다르나 뜻이 비슷하거나(유의어), 소리는 같으나 뜻이 다르다는 것(동음이의어)은 의미와 말소리가 우연히 맺어진 것임을 말해 준다.

오답 풀이

① 기호성은 언어는 의미를 말소리로 나타내는 기호임을 말한다.
② 사회성은 언어는 그 사회 구성원들 간의 사회적 약속임을 말한다.
③ 역사성은 언어는 시간의 흐름에 따라 변함을 말한다.
⑤ 창조성은 인간이 새로운 단어나 문장을 무한히 만들어 낼 수 있음을 말한다.

서술형 문제

12 정답 ⑩ '지우개'를 '지우개'라고 부르는 것은 사회 구성원들 간의 사회적 약속이므로 이를 어기고 '빗자루'라고 부르면 의사소통이 어려워진다.

채점 기준
'지우개'를 '지우개'로 부르는 것이 사회적 약속임을 설명함.
'지우개'를 '빗자루'로 부르게 되면 의사소통이 어려워짐을 설명함.

✏️ **필수 단어** 지우개, 사회, 약속, 빗자루, 의사소통

정답 풀이 '지우개'를 '지우개'로 부르기로 한 것은 사회 구성원들이 한 사회적인 약속이므로 이를 어기고 '지우개'를 '빗자루'라고 부르면 같은 대상을 나타내는 단어가 여러 개가 되므로 혼란을 주어 다른 사람들과 의사소통이 어렵게 된다.

DAY 11 담화의 개념과 특성

확인 문제 본문 · 054~055쪽

01 ①	**02** (1) 아들 (2) 게임을 그만하고 일찍 자라고 재촉하는 상황
03 ③	**04** (1) 2 (2) 상황 **05** (1) × (2) ○
06 동생과 싸운 것을 꾸짖으려는 의도	**07** ② **08** 문화

내신 대비 문제 본문 · 056~057쪽

01 ②	02 ⑤	03 ③	04 ⑤	05 ②
06 ⑦: 지역 ⓒ: 세대		07 ②	08 ③	09 ④
10 ②	11 ④	12 ⑩ 같은 담화라도 맥락에 따라 의미가 달라질 수 있기 때문에 맥락을 고려하면 담화의 의미를 정확히 이해하고 원활한 의사소통을 할 수 있다.		

01 정답 ②

정답 풀이 머릿속의 생각이 하나의 문장으로 실현된 것은 담화가 아니라 발화이다.

오답 풀이

① 담화는 언어 단위로서 머릿속의 생각이 하나의 문장으로 나타나는 발화들이 모여 이루어진 통일체이다.
③, ⑤ 같은 말이라도 시간과 공간, 말하는 이와 듣는 이의 처지나 관계, 말하는 의도나 목적 등과 같은 상황 맥락에 따라 그 의미가 달라질 수 있다.
④ 담화에서 말하는 이는 발화를 생산할 때는 말하는 이의 입장에 놓이고, 발화를 수용할 때는 듣는 이의 입장에 놓인다. 따라서 말하는 이와 듣는 이가 고정되어 있지 않음을 알 수 있다.

02 정답 ⑤

정답 풀이 담화에 직접적인 영향을 주는 맥락은 사회·문화적 맥락이 아니라 상황 맥락이다. 사회·문화적 맥락은 담화에 간접적으로 영향을 주는 맥락이다.

오답 풀이

①, ② 말하는 이는 자신의 의도를 전달하는 사람이며, 이를 듣는 사람은 말하는 이의 발화의 의미를 이해하는 입장에 있는 사람이다.
③ 담화가 이루어지는 상황에서 언어를 통해 전달되는 내용은 말하는 이의 전달하고자 하는 생각과 메시지라고 할 수 있다.
④ 상황 맥락은 담화 장면과 직접적으로 관련된 맥락으로, 담화가 이루어지는 시간과 공간, 말하는 이와 듣는 이의 처지와 관계, 말하는 의도나 목적 등이 포함된다.

📖 **개념 복습!** 사회·문화적 맥락은 성별, 세대, 지역, 문화 등의 사회·문화적 요인, 역사적 상황, 공동체의 의식이나 가치, 언어 습관 등 담화에 간접적으로 영향을 미치는 맥락을 말한다.

03 정답 ③

정답 풀이 엄마의 말은 씻고 있으니 전화를 받을 수 없다는 의미를 담고 있다. 엄마의 말에 담긴 의도는 엄마가 처해 있는 상황을 알아야만 정확히 이해할 수 있으므로 상황 맥락을 고려해야 한다.

오답 풀이

①, ② 말하는 이와 듣는 이 자체는 발화의 정확한 의미를 이해하는 데 큰 영향을 미치지 않는다.

④ 지역, 세대, 성별, 문화, 공동체의 의식과 같은 사회·문화적 맥락의 차이가 영향을 미치는 담화가 아니다.

⑤ 딸과 엄마의 관계는 엄마의 말에 담긴 의도를 파악하는 것과 직접적 관련이 없다.

04 정답 ⑤

정답 풀이 이 씨는 덥다는 김 씨의 말을 듣고 에어컨을 켰으므로, 에어컨을 켜 달라는 김 씨의 발화 의도를 제대로 파악했다고 볼 수 있다.

오답 풀이

① 담화 참여자는 담화 상황에서 말하는 이와 듣는 이이므로, 〈보기〉의 담화 참여자는 김 씨와 이 씨 두 사람이다.

② 〈보기〉는 김 씨와 이 씨가 대화를 주고받는 담화 상황을 나타낸 것으로, 김 씨와 이 씨는 말하는 이인 동시에 듣는 이이다.

③ 〈보기〉에서 김 씨는 덥다는 머릿속 생각을 "무척 덥네요."라는 발화를 통해 드러내고 있다.

④ 김 씨가 에어컨 리모컨을 가까이 둔 이 씨에게 덥다고 말하는 상황 맥락을 고려해 볼 때 김 씨의 발화는 에어컨을 켜 달라는 요청의 의미를 담고 있는 것으로 볼 수 있다.

05 정답 ②

정답 풀이 A는 문 앞에 서 있는 이에게 비켜 달라는 의미에서 발화한 것이다. B는 이런 A의 말하는 의도를 파악하지 못하고 자신은 다음 정류장에서 내린다는 엉뚱한 말을 하고 있다.

오답 풀이

①, ⑤ 상대방의 나이나 배경지식이 있어야만 A의 발화를 이해할 수 있는 담화 상황은 아니다.

③ A와 B는 버스 안에서 처음 본 사이로, A의 발화를 이해하는 것과 두 사람의 관계는 직접적 관련이 없다.

④ A는 부드럽게 말하고 있으므로 B의 기분을 상하게 했다고 볼 수 없다.

06 정답 ㉠: 지역 ㉡: 세대

정답 풀이 ㉠에서, 이야기를 가리켜 경상도에서 '이바구'로 말하는 것은 사회·문화적 맥락의 요소 중에 지역 차이에 의한 것이다. ㉡에서, 아버지가 뜨거운 탕 안에서 몸을 담그고 "시원하다."라고 말하는 것을 아들이 이해하지 못한 것은 사회·문화적 맥락의 요소 중에 세대 차이에 의한 것이다.

07 정답 ②

정답 풀이 ①, ③, ④, ⑤는 말하는 이가 자신의 의도를 간접적으로 표현하고 있는 담화지만, ②는 동생이 언니에게 주말에 영화를 보러 가자고 요청하고 있으므로 말하는 이가 자신의 의도를 직접적으로 표현하고 있다.

오답 풀이

① 버스에서 내릴 수 있도록 문 앞에서 비켜 줄 것을 요청하는 담화이다.

③ 창가 쪽에 앉은 친구에게 창문을 열어 줄 것을 요청하는 담화이다.

④ 내일 일찍 학교에 가야 하니 게임을 그만하고 잘 것을 명령하는 담화이다.

⑤ 회사에서 일한 지 오래되었으므로 실수를 하지 말아 줄 것을 요청하는 담화이다.

개념 복습! 상황 맥락은 담화가 이루어지는 시간과 공간, 말하는 이와 듣는 이의 관계나 처지, 담화의 의도나 목적 등 담화 장면과 직접적으로 관련된 맥락을 말한다.

08 정답 ③

정답 풀이 스티븐은 '우리'라는 말을 '말하는 이가 자기와 듣는 이, 또는 자기와 듣는 이를 포함한 여러 사람을 가리키는 일인칭 대명사'라는 뜻으로 이해하고 '우리 엄마'를 자신의 엄마가 포함된 의미로 받아들여 의아해하고 있다. 문기가 쓴 '우리 엄마'의 '우리'는 '말하는 이가 자기보다 높지 아니한 사람을 상대하여 어떤 대상이 자기와 친밀한 관계임을 나타낼 때 쓰는 말'이다. 즉 스티븐은 민기가 속한 사회의 언어 문화를 몰라 문기의 말의 의도를 잘못 이해한 것이다.

오답 풀이

①, ④ 스티븐은 인사하는 법이나 문기와 그의 엄마와의 관계를 몰라 의사소통에 어려움을 겪고 있는 것이 아니다. 스티븐은 문기가 속한 사회에서 사용하는 '우리'라는 말의 의미를 다른 의미로 해석하여 이와 같은 반응을 보인 것이다.

② 스티븐이 문기 엄마와 세대 차이를 느끼는지는 드러나 있지 않으며, 스티븐의 발화의 근거로도 볼 수 없다.

⑤ 스티븐은 '우리'라는 단어를 '말하는 이가 자기와 듣는 이, 또는 자기와 듣는 이를 포함한 여러 사람을 가리키는 일인칭 대명사'라는 뜻으로만 이해하고 있다. 따라서 스티븐이 '우리'라는 단어가 일인칭 대명사임을 모르고 있다고 볼 수 없다.

09 정답 ④

정답 풀이 〈보기〉의 담화에는 '속았수다'라는 제주도 방언이 쓰이고 있다. 이 말의 의미는 '수고했다'인데, 지역 간의 언어 차이로 인해 제주도 방언을 모르는 학생이 의사소통에 어려움을 겪고 있다.

고난도 문제

10 정답 ②

정답 풀이 살이 쪄서 걱정하는 친구에게 “괜찮아.”라고 말하는 것은, 살이 찌지 않았다고 부정하거나, 살이 쪘지만 그 정도는 상관없다는 뜻으로 상대를 안심시키려는 의도를 담고 있으므로 칭찬의 의미로 해석할 수 없다.

오답 풀이

① 입은 옷이 어울리는지 묻는 친구에게 “괜찮아.”라고 말하는 것은 어울린다는 뜻이다. 따라서 말하는 이의 말에 호응하는 의미를 지닌다.

③ 자신을 병문안 온 친구에게 “괜찮아.”라고 말하는 것은 상대를 안심시키려는 의도를 지닌다.

④ 다른 음식을 추가로 권하는 친구에게 “괜찮아.”라고 말하는 것은 자신은 음식이 더 필요하지 않다는 뜻으로 거절의 의미를 지닌다.

⑤ 먼저 가도 되는지를 묻는 친구에게 “괜찮아.”라고 말하는 것은 가도 된다는 허락의 의미를 지닌다.

고난도 문제

11 정답 ④

정답 풀이 (나)에서 할머니는 손자가 쓴 ‘야자(야간 자율 학습)’라는 말을 이해하지 못하여 의사소통에 어려움을 겪고 있는데 이는 세대라는 요소와 관련되는 것으로 성별과는 관계가 없다.

오답 풀이

① (가)의 손자는 어른 세대에서 주로 어린 자식이나 손주를 귀엽게 이를 때 쓰는 ‘강아지’라는 말의 의미를 이해하지 못하고 있다.

② (가)의 손자는 “어떻게 왔어?”라는 할머니의 물음이 어떤 용건으로 왔는지를 묻는 말인지를 이해하지 못하고 무엇을 타고 왔는지를 묻는 것으로 잘못 이해해 기차를 타고 왔다고 답하고 있다.

③ (나)에서 할머니는 손자가 쓰는 ‘야자(야간 자율 학습)’라는 말을 이해하지 못하고 있다.

⑤ (가)의 손자는 할머니 세대의 문화나 언어 습관을, (나)의 할머니는 손자 세대의 언어를 이해하지 못하고 있다. 즉 (가)와 (나) 모두 사회·문화적 맥락을 고려하지 못하고 있는 담화 상황이다.

서술형 문제

12 정답 **예** 같은 담화라도 맥락에 따라 의미가 달라질 수 있기 때문에 맥락을 고려하면 담화의 의미를 정확히 이해하고 원활한 의사소통을 할 수 있다.

채점 기준
같은 담화라도 맥락에 따라 의미가 달라질 수 있음을 설명함.
맥락을 고려하면 의미를 정확히 이해해 원활한 의사소통을 할 수 있음을 설명함.

필수 단어 담화, 맥락, 의미, 원활한 의사소통

정답 풀이 같은 담화라도 맥락에 따라 그 의미가 달라질 수 있다. 따라서 담화의 상황 맥락이나 사회·문화적 맥락을 고려하면 담화의 의미를 정확히 이해할 수 있고 이를 통해 의사소통을 원활하게 할 수 있다.

DAY 12 한글의 창제 원리

확인 문제 본문 · 060~061쪽

01 발음 기관 **02** (1) ⓒ (2) ⓓ (3) ⓐ **03** 가획의 원리
04 ㆁ, ㄹ **05** ⓐ: 하늘(땅), ⓑ: 땅(하늘), ⓒ: ㅣ **06** (1) ㄴ
(2) ㅓ **07** 재출자 **08** (1) × (2) × (3) ○

내신 대비 문제 본문 · 062~063쪽

01 ④ **02** ② **03** ⑤ **04** ⑤ **05** ④ **06**
모아쓰기 **07** ① **08** ② **09** ④ **10** ④ **11**
① **12** **예** 공통적으로 상형의 원리에 따라 만들어졌으나, 자음자는 발음 기관을, 모음자는 하늘·땅·사람 즉 자연의 모양을 본떠서 만들었다.

01 정답 ④

정답 풀이 한글 자음자의 창제 원리를 살펴보면 자음의 기본자는 발음 기관의 모양을 본떠 만들어졌으며(ⓒ), 이 기본자에 획을 더해 소리의 세기를 나타내는 가획의 원리를 사용하여 추가로 글자를 만들었다(ⓐ). 이때 근거 없이 기본자에 획을 더한 예외적인 글자가 있는데 이를 이체자라고 한다(ⓓ).

오답 풀이

ⓑ 기본자와 기본자를 합쳐서 글자를 만든 것은 모음자의 창제 원리 중 합성의 원리에 해당한다.

02 정답 ②

정답 풀이 ‘ㄴ’은 혀끝이 아랫잇몸이 아닌 윗잇몸에 닿는 모양을 본뜬 것이다.

03 정답 ⑤

정답 풀이 〈보기〉의 설명에 해당하는 자음자는 이체자이다. 제시된 자음자 중 이체자는 ‘ㄹ’이다.

오답 풀이

① ‘ㅎ’은 기본자 ‘ㅇ’에 한 번 획을 더한 가획자이다.

② ‘ㅈ’은 기본자 ‘ㅅ’에 한 번 획을 더한 가획자이다.

③ ‘ㅌ’은 기본자 ‘ㄴ’에 두 번 획을 더한 가획자이다.

④ ‘ㅍ’은 기본자 ‘ㅁ’에 두 번 획을 더한 가획자이다.

04 정답 ⑤

정답 풀이 모음의 기본자는 자연의 모양을 본떠 만들었는데 ‘·’는 하늘을, ‘ㅡ’는 땅을, ‘ㅣ’는 사람을 본떠 만든 것이다.

05 정답 ④

정답 풀이 〈보기〉 중 한글 모음 기본자는 ‘·, ㅡ, ㅣ’, 초출자는 ‘ㅗ,

ㅏ, ㅜ, ㅓ'이고, 재출자는 'ㅛ, ㅑ, ㅠ, ㅕ'이다.

📖 **개념 복습!** 모음의 기본자는 자연의 모양을 본떠 만든 'ㆍ, ㅡ, ㅣ'로 상형의 원리로 만들어진 글자이다. 초출자와 재출자는 합성의 원리로 만들어진 글자로 초출자는 'ㆍ' 하나와 'ㅡ, ㅣ'가 결합한 글자 'ㅗ, ㅏ, ㅜ, ㅓ'이고, 재출자는 'ㆍ' 하나와 초출자가 결합한 글자 'ㅛ, ㅑ, ㅠ, ㅕ'이다.

06 정답 모아쓰기

정답 풀이 〈보기〉를 통해 한글은 풀어쓰기가 아닌 자음자와 모음자를 가로세로로 묶어서 음절 단위로 모아쓰는 모아쓰기 방식을 취함을 알 수 있다.

07 정답 ①

정답 풀이 자음자 중 상형의 원리로 만들어진 글자는 'ㄱ, ㄴ, ㅁ, ㅅ, ㅇ'이고 모음자 중 상형의 원리로 만들어진 글자는 'ㆍ, ㅡ, ㅣ'이다. 따라서 제시된 글자 중 상형의 원리로만 이루어진 글자는 '금'이다.

오답 풀이

② '알'은 상형의 원리로 만들어진 글자 'ㅇ'과 초출자 'ㅏ', 이체자 'ㄹ'이 결합된 글자이다.

③ '샄'은 상형의 원리로 만들어진 글자 'ㅅ'과 초출자 'ㅏ', 병서의 원리로 만들어진 'ㄲ'이 결합된 글자이다.

④ '흩'은 가획의 원리로 만들어진 'ㅎ'과 초출자 'ㅗ', 가획의 원리로 만들어진 'ㅌ'이 결합된 글자이다.

⑤ '빚'은 가획의 원리로 만들어진 'ㅂ'과 상형의 원리로 만들어진 'ㅣ', 가획의 원리로 만들어진 'ㅈ'이 결합된 글자이다.

08 정답 ②

정답 풀이 이 모양을 본떠 만든 소리인 'ㅅ'에 한 번 획을 더하면 'ㅈ'이 되고 여기에 한 번 더 획을 더하면 'ㅊ'이 된다. 따라서 초성은 'ㅊ'이다. 'ㅣ'+'ㆍ'로 만들어진 초출자는 'ㅏ'이다. 따라서 중성은 'ㅏ'다. 목구멍의 모양을 본뜬 소리는 'ㅇ'이므로 종성은 'ㅇ'이 된다. 이 셋을 합치면 글자 '창'이 된다.

오답 풀이

① '액'은 목구멍의 모양을 본뜬 소리 'ㅇ'과 'ㅏ'+'ㅣ'로 만든 소리 'ㅐ', 그리고 혀뿌리가 목구멍을 막는 모양을 본뜬 소리 'ㄱ'이 결합하여 만들어졌다.

③ '합'은 목구멍의 모양을 본뜬 소리에 획을 두 번 더한 소리 'ㅎ'과 'ㅣ'+'ㆍ'로 만든 소리 'ㅏ', 그리고 입 모양을 본뜬 소리에 한 번의 획을 더한 소리 'ㅂ'이 결합하여 만들어졌다.

④ '덕'은 혀끝이 윗잇몸에 붙는 모양을 본뜬 소리에 획을 한 번 더한 소리 'ㄷ'과 'ㆍ'+'ㅣ'로 만든 소리 'ㅓ', 그리고 혀뿌리가 목구멍을 막는 모양을 본뜬 소리 'ㄱ'이 결합하여 만들어졌다.

⑤ '식'은 이의 모양을 본뜬 소리 'ㅅ'과 사람이 서 있는 모양을 본뜬 소리 'ㅣ', 그리고 혀뿌리가 목구멍을 막는 모양을 본뜬 소리 'ㄱ'이 결합하여 만들어졌다.

09 정답 ④

정답 풀이 '하늘'의 모양을 본떠 만든 모음자는 'ㆍ'이고, '땅'의 모양을 본떠 만든 모음자는 'ㅡ'이다. 두 개의 모음자를 합하여 만든 모음자는 'ㅗ, ㅜ, ㅛ, ㅠ'가 있다. 해당 모음자만 사용된 단어는 '우유'뿐이다.

오답 풀이

① '부산'에서 '땅'의 모양을 본떠 만든 모음자 'ㅡ'와 '하늘'의 모양을 본떠 만든 모음자 'ㆍ'를 합한 'ㅜ'를 사용하고 있으나, '사람'의 모양을 본떠 만든 모음자 'ㅣ'와 'ㆍ'를 합하여 만든 모음자인 'ㅏ', 그리고 자음자 'ㅂ', 'ㅅ'이 포함되어 있기 때문에 〈보기〉의 설명에 해당하는 단어로 적절하지 않다.

② '기차'에는 '사람'의 모양을 본떠 만든 모음자 'ㅣ'와 'ㅣ'와 'ㆍ'를 합하여 만든 모음자인 'ㅏ'가 포함되어 있고, 자음자 'ㄱ'과 'ㅊ'이 사용되었기 때문에 〈보기〉의 설명에 해당하는 단어로 적절하지 않다.

③ '오이'에서 '하늘'의 모양을 본떠 만든 모음자 'ㆍ'와 '땅'의 모양을 본떠 만든 모음자 'ㅡ'를 합한 'ㅗ'를 사용하고 있으나, '사람'의 모양을 본떠 만든 모음자 'ㅣ'가 사용되었기 때문에 〈보기〉의 설명에 해당하는 단어로 적절하지 않다.

⑤ '자석'에는 '사람'의 모양을 본떠 만든 모음자 'ㅣ'와 'ㅣ'와 'ㆍ'를 합하여 만든 모음자인 'ㅏ'와 'ㅓ'가 포함되어 있고, 자음자 'ㅈ'과 'ㅅ'이 사용되었기 때문에 〈보기〉의 설명에 해당하는 단어로 적절하지 않다.

고난도 문제
10 정답 ④

정답 풀이 ㉢처럼 같은 자음자를 나란히 옆에 쓰는 방식을 '병서'라고 하는데 이렇게 만들어진 글자들 중 'ㄲ, ㄸ, ㅃ, ㅆ, ㅉ'은 현재에도 사용되고 있다.

오답 풀이

① 'ㄴ → ㄷ'으로 바뀌는 것은 자음의 기본자에 소리의 세기에 따라 획을 추가하는 가획의 원리를 적용한 것이다.

② 'ㄷ → ㅌ'으로 바뀌는 것은 가획의 원리가 적용된 글자에 가획의 원리를 한 번 더 적용한 것이다.

③ 'ㄷ → ㄸ'으로 바뀌는 것은 같은 자음자를 가로로 나란히 옆에 쓰는 방식인 병서를 적용한 것이다.

⑤ ㉠~㉢은 모두 혀끝이 윗잇몸에 붙는 곳에서 소리가 난다.

📖 **개념 복습!** 상형의 원리와 가획의 원리, 이체자를 제외한 나머지 자음자들은 둘 이상의 같거나 다른 자음자를 가로로 나란히 쓰는 방식인 '병서'와 두 개의 자음자를 세로로 이어 쓰는 방식인 '연서'의 원리로 제작되었다.

고난도 문제
11 정답 ①

정답 풀이 휴대 전화 글자판에서 찾아볼 수 있는 이체자는 'ㄹ'밖에 없다. 다른 이체자인 'ㆁ'과 'ㅿ'은 사라진 글자들이다.

오답 풀이

② 'ㆍ+ㅣ → ㅓ'를 만들 수 있는 합성의 원리가 반영되었다.

③ 글자판에 3개가 있는 모음 자판은 모음의 기본자인 'ㆍ, ㅡ, ㅣ'로 구성되어 있다.

④ 사라진 자음자 'ㆁ, ㆆ, ㅿ'을 제외한 현재 사용되는 자음 중 14자가 글자판에 배치되어 있다.

⑤ 글자판에 한글 모음의 기본자인 'ㆍ, ㅡ, ㅣ', 한글 자음의 기본자인 'ㄱ, ㄴ, ㅁ, ㅅ, ㅇ'이 모두 배치되었다.

서술형 문제

12 정답 ⓔ 공통적으로 상형의 원리에 따라 만들어졌으나, 자음자는 발음 기관을, 모음자는 하늘·땅·사람 즉 자연의 모양을 본떠서 만들었다.

채점 기준
상형의 원리에 따라 자음과 모음의 기본자가 만들어졌음을 밝힘.
자음자는 발음 기관, 모음자는 하늘·땅·사람 즉 자연의 모양을 본떠서 만들었음을 밝힘.

✏️ 필수 단어 '상형', '발음 기관', '하늘, 땅, 사람'

정답 풀이 자음과 모음의 기본자는 공통적으로 다른 것의 모양을 본뜨는 상형의 원리를 적용해 만들어졌다. 이때 자음자는 발음 기관의 모양을 본떠서 만들었고 모음자는 하늘, 땅, 사람의 모양을 본떠서 만들었다.

DAY 13 올바른 발음

확인 문제   본문 · 064~066쪽

01 ㄹ, ㅇ, ㄱ	**02** (1) ㄱ (2) ㄷ	**03** ③	**04** ㄳ, ㅄ, ㄵ
05 (1) × (2) × (3) ○		**06** (1) 막찌 (2) 물꼬 (3) 살:미 (4) 읍찌	
07 ㄹ	**08** (1) ㄹ (2) ㄴ (3) ㅂ	**09** ②	**10** (1) 단:는
(2) 나은	**11** ②	**12** (1) 히망 (2) 무니 (3) 의사	

내신 대비 문제   본문 · 067~069쪽

01 ⑤	**02** ③	**03** ④	**04** ②	**05** ④	**06**
[살마]	**07** ①	**08** ⑤	**09** ③	**10** ②	**11** [의
문], [의복], [띠어]		**12** ①	**13** ②	**14** ⑤	**15** ③
16 ⓔ	**17** ⓔ [목], 겹받침 'ㄺ'은 어말 또는 자음 앞에서 [ㄱ]으로 발음된다.				

01 정답 ⑤

정답 풀이 '빗, 옻, 겉, 젖'의 받침은 대표음 중 'ㄷ'으로 발음되는 반면, '앞'의 받침은 대표음 중 'ㅂ'으로 발음된다.

📖 개념 복습! 우리말은 받침소리로 'ㄱ, ㄴ, ㄷ, ㄹ, ㅁ, ㅂ, ㅇ'의 7개 자음만 발음한다.

02 정답 ③

정답 풀이 우리말의 받침소리로 발음할 수 있는 자음은 'ㄱ, ㄴ, ㄷ, ㄹ, ㅁ, ㅂ, ㅇ'이다. 따라서 '강'은 [강]으로 발음된다.

오답 풀이

① 받침 'ㅊ'은 [ㄷ]으로 소리나므로 '낯'은 [낟]으로 발음된다.

② 받침 'ㄴ'은 [ㄴ]으로 소리나므로 '손님'은 [손님]으로 발음된다.

④ 받침 'ㅋ'은 [ㄱ]으로 소리나므로 '부엌'은 [부억]으로 발음된다.

⑤ 받침 'ㅍ'은 [ㅂ]으로 소리나므로 '숲'은 [숩]으로 발음된다.

03 정답 ④

정답 풀이 겹받침 'ㄼ'은 앞의 자음을 대표음으로 발음하나 예외적으로 '밟-'은 자음 앞에서 [밥]으로 발음한다.

오답 풀이

② 'ㄳ'은 [ㄱ](삯[삭]), 'ㄵ'은 [ㄴ](앉다[안따]), 'ㄳ, ㄾ'은 [ㄹ](외곬[외골/웨골], 핥다[할따]), 'ㅄ'은 [ㅂ](없다[업:따])으로 발음한다.

③ 'ㄻ'은 [ㅁ](삶[삼:]), 'ㄿ'은 [ㅂ](읊다[읍따])으로 발음한다.

⑤ 'ㄺ'은 뒤의 자음을 대표음으로 발음하나 예외적으로 용언의 어간 끝 'ㄺ'은 'ㄱ' 앞에서 [ㄹ]로 발음한다. 그 예로 '맑게[말께], 묽고[물꼬]' 등이 있다.

04 정답 ②

정답 풀이 '넓-'의 경우 '넓죽하다, 넓둥글다, 넓적하다'의 경우에만 [넙]으로 발음하고, 그 외의 경우는 [널]로 발음한다. 또한, 그 뒤에 오는 자음은 된소리로 바뀌므로 '넓고'의 발음은 [널꼬]가 된다.

05 정답 ④

정답 풀이 겹받침이 모음으로 시작된 조사나 어미, 접미사와 결합할 때는 뒤엣것만 뒤 음절 첫소리로 옮겨서 발음하기 때문에 '핥아'는 [할타]로 발음한다. 이때 'ㅅ'을 뒤 음절로 옮겨 발음할 때는 된소리인 [ㅆ]으로 발음하기에 '값은'은 [갑쓴]으로, '없이'는 [업씨]로 발음한다. 또한 'ㄼ'은 예외의 경우를 제외하고는 앞의 자음을 대표음으로 발음하므로 '얇지'는 [얄:찌]로 발음한다.

06 정답 [살마]

정답 풀이 겹받침이 모음으로 시작되는 어미와 결합할 때는 뒤엣것만 뒤 음절 첫소리로 옮겨서 발음하므로 '삶아'는 [살마]로 발음한다.

07 정답 ①

정답 풀이 '값'과 '읊다'의 받침 'ㅄ'과 'ㄿ'은 모두 [ㅂ]으로 발음한다.

오답 풀이
② 용언의 어간 끝 'ㄺ'은 'ㄱ' 앞에서 'ㄹ'로 발음된다는 원칙에 의해 '맑게'의 받침 'ㄺ'은 [ㄹ]로 발음하는 반면, '흙과'의 'ㄺ'은 [ㄱ]으로 발음한다.
③ '묽고'의 'ㄺ'은 [ㄹ]로 발음하는 반면, '넋이'의 'ㄳ'은 [ㄱ]으로 발음한다.
④ '삶과'의 'ㄻ'은 [ㅁ]으로 발음하는 반면, '앉다'의 'ㄵ'은 [ㄴ]으로 발음한다.
⑤ '짧다'의 'ㄼ'은 [ㄹ]로 발음하는 반면, '넓적하다'의 'ㄼ'은 [ㅂ]으로 발음한다.

08 정답 ⑤

정답 풀이 겹받침 'ㄼ'은 '밟-'의 경우 자음 앞에서 [ㅂ]으로 발음되며 뒤의 소리는 된소리로 바뀐다.

오답 풀이
①, ② '얇다', '넓게'의 경우를 통해 겹받침 'ㄼ'은 자음 앞에서 [ㄹ]로 발음됨을 알 수 있으나, '밟고'의 경우 겹받침 'ㄼ'이 자음 앞에서 [ㅂ]으로 발음되므로, 자음 앞에서 모든 경우에 'ㄼ'이 동일하게 발음되는 것은 아니라는 것을 알 수 있다.
③ '얇다'에서 겹받침 'ㄼ'은 [ㄹ]로 발음되기 때문에 '넓-'의 경우에만 자음 앞에서 [ㄹ]로 발음된다고 볼 수 없다.
④ 겹받침 'ㄼ'은 '밟-'의 경우 자음 앞에서, '넓-'의 경우 '-적하다', '-죽하다', '-둥글다'와 만날 때 [ㅂ]으로 발음된다. 겹받침이 모음으로 시작된 조사나 어미, 접미사와 결합되는 경우에는, 뒤엣것만을 뒤 음절 첫소리로 옮겨 발음하므로, '얇아[얄바]', '넓어[널버]', '밟아[발바]'와 같이 발음한다.

09 정답 ③

정답 풀이 '닭을'은 겹받침이 모음으로 시작된 조사와 결합하는 경우로, 이때 겹받침은 뒤엣것만을 뒤 음절 첫소리로 옮겨서 발음한다. 따라서 '닭을'은 [달글]로 발음해야 한다.

오답 풀이
①, ②, ⑤ 홑받침이나 쌍받침이 모음으로 시작된 조사나 어미, 접미사와 결합하는 경우에, 제 음가대로 뒤 음절 첫소리로 옮겨 발음한다.
④ 겹받침이 모음으로 시작된 조사나 어미, 접미사와 결합되는 경우에, 뒤엣것만을 뒤 음절로 옮겨 발음하되, 'ㅅ'은 된소리로 발음한다.

10 정답 ②

정답 풀이 '좋소'는 'ㅎ(ㄶ, ㅀ)' 뒤에 'ㅅ'이 결합한 경우 'ㅅ'을 [ㅆ]으로 발음하는 원리에 따라 [조:쏘]로 발음된다. 이와 동일한 원리로 발음해야 하는 것은 ②의 '많소'로 이 역시 [만:쏘]로 발음된다.

오답 풀이
①, ⑤ '놓고'와 '많고'는 'ㅎ(ㄶ, ㅀ)' 뒤에 'ㄱ, ㄷ, ㅈ'이 결합되는 경우, 뒤 음절 첫소리와 합쳐서 [ㅋ, ㅌ, ㅊ]으로 발음하는 원리에 따라 [노코]와 [만코]로 발음한다.
③ '낳은'은 'ㅎ(ㄶ, ㅀ)' 뒤에 모음으로 시작된 어미나 접미사가 결합하는 경우에 'ㅎ'을 발음하지 않는 원리에 따라 [나은]으로 발음한다.
④ '놓는'은 'ㅎ' 뒤에 'ㄴ'이 결합하는 경우에 [ㄴ]으로 발음하는 원리에 따라 [논는]으로 발음한다.

11 정답 [의문], [의복], [띠어]

정답 풀이 '의문'과 '의복'의 '모음 '의'는 이중 모음 [의]로 발음하는 것이 원칙이므로 [의문], [의복]으로 발음한다. '띄어'의 '띄'는 '자음을 첫소리로 가지고 있는 음절에 해당하므로 [ㅣ]로 발음해야 한다. 따라서 [띠어]로 발음한다.

12 정답 ①

정답 풀이 자음을 첫소리로 가지고 있는 음절의 'ㅢ'는 'ㅣ'로 발음한다고 하였으므로 '무늬'는 [무니]로만 발음해야 한다.

오답 풀이 모음 'ㅢ' 중 단어의 첫음절 이외의 '의'는 [ㅣ], 조사 '의'는 [ㅔ]로 발음을 허용한다고 하였다. 따라서 '그의'는 [그의/그에]로, '의의'는 [의의/의이]로, '그대의'는 [그대의/그대에]로, '토의의'는 [토의의/토의에/토이의/토이에]로 발음이 가능하다.

13 정답 ②

정답 풀이 'ㅍ'은 어말에서 대표음 [ㅂ]으로 소리 나기 때문에 '무릎'은 [무릅]으로 발음된다. 또한 겹받침 뒤에 모음으로 시작된 조사나 어미, 접미사가 오면 뒤엣것만을 뒤 음절 첫소리로 옮겨서 발음한다고 하였으므로 '굵은'은 [굴근]으로 발음한다. 'ㄼ'은 '넓-'일 경우 '-둥글다'와 만날 때 [ㅂ]으로 소리 나기 때문에 '넓둥글다'는 [넙뚱글다]로 발음한다.

<table><tr><td>오답 풀이</td></tr></table>

ⓒ 'ㄺ'은 예외의 경우를 제외하고는 뒤의 자음을 대표음으로 발음하
  므로, '흙'의 발음이 [흑]인 것은 맞지만 뒤에 오는 자음이 된소리
  발음으로 바뀌게 되므로 [흑도]가 아닌 [흑또]로 발음한다.
ⓔ 'ㄺ'은 예외의 경우를 제외하고는 뒤의 자음을 대표음으로 발음하
  므로 '암탉'은 [암탁]으로 발음한다.
ⓜ '값이'는 'ㅅ'을 뒤 음절로 옮겨 발음하여 된소리인 [ㅆ]으로 발음
  하기 때문에 [갑씨]로 발음한다.

14 정답 ⑤

정답 풀이 '부엌'의 받침 'ㅋ'은 대표음 [ㄱ]으로 발음되므로 '부엌'의
발음은 [부억]이다. 다만 '부엌에서'와 같이 모음으로 시작된 조사가
붙으면 제 소리값대로 뒤 음절 첫소리로 옮겨 발음해야 하므로 '부엌
에서'는 [부어케서]로 발음된다고 할 수 있다.

<table><tr><td>오답 풀이</td></tr></table>

① 받침 'ㅂ'와 'ㅍ'은 모두 대표음 [ㅂ]으로 발음이 같다.
② 홑받침일 때 뒤에 모음으로 시작된 조사가 결합되는 경우 제 소리
  값대로 뒤 음절 첫소리로 옮겨 발음해야 하므로 '삽으로'는 [사브
  로]로, '숲에'는 [수페]로 발음한다.
③ '박'의 발음은 [박]이고 '밖' 역시 [박]으로 발음이 된다.
④ '박'의 발음은 [박]이고 '엌'의 발음은 [억]으로 받침의 발음이 모두
  대표음 [ㄱ]으로 같다.

<table><tr><td>고난도 문제</td></tr></table>

15 정답 ③

정답 풀이 단어의 첫음절 이외의 'ㅢ'는 본래 [ㅢ]로 발음하는 것이
원칙이지만 [ㅣ]로 발음하는 것도 허용한다.

<table><tr><td>고난도 문제</td></tr></table>

16 정답 ③

정답 풀이 제11항에서 겹받침 'ㄺ'은 어말 또는 자음 앞에서 [ㄱ]으로
발음한다고 하였고, 제23항에서 받침 'ㄺ' 뒤에 연결되는 'ㄷ'은 된소리
로 발음한다고 하였으므로 '맑다가'는 [막따가]로 발음됨을 알 수 있다.
또한 제11항의 다만 조항에서 용언의 어간 말음 'ㄺ'은 'ㄱ' 앞에서 [ㄹ]
로 발음한다고 하였고, 제23항에서 받침 'ㄺ' 뒤에 연결되는 'ㄱ'은 된소
리로 발음한다고 하였으므로 '맑고'는 [말꼬]로 발음됨을 알 수 있다.

<table><tr><td>서술형 문제</td></tr></table>

17 정답 ⓔ [목], 겹받침 'ㄳ'은 어말 또는 자음 앞에서 [ㄱ]으로 발음된다.

채점 기준
'몫'이 [목]으로 발음됨을 씀.
겹받침 'ㄳ'은 어말이나 자음 앞에서 [ㄱ]으로 발음됨을 밝힘.

✏️ 필수 단어 [목], '겹받침', 'ㄳ', '어말', '자음', [ㄱ]

정답 풀이 겹받침 'ㄳ'은 어말 또는 자음 앞에서 [ㄱ]으로 발음된다.

<table><tr><td>확인 문제</td></tr></table>

본문 · 070~071쪽

01 소리, 어법   02 표기와 소리가 일치하는 것: 나무, 사람 / 표
기와 소리가 일치하지 않는 것: 꽃을, 떡볶이, 입술   03 (1) 밥을
(2) 꽃게 (3) 무늬   04 (1) ⓒ (2) ⓔ   05 (1) 마쳤다 (2) 반듯
이   06 (1) ○ (2) ✕   07 (1) 안 (2) 않   08 되어

<table><tr><td>내신 대비 문제</td></tr></table>

본문 · 072~073쪽

01 ⑤   02 ②   03 ④   04 ⑤   05 ③   06
떠뽀끼 → 떡볶이, 김치찌게 → 김치찌개   07 ②   08 ②
09 ③   10 ①   11 ①   12 ⓔ 문맥상 문장에는 '넘다'라
는 동사의 활용형이 어울리므로, 어간 '넘-'과 어미 '-어'를 구별하여
적은 '넘어'라는 표기가 적절하다.

01 정답 ⑤

정답 풀이 '꽃이', '꽃만'은 소리대로 적으면 [꼬치], [꼰만]이 되어 그
뜻이 바로 파악되지 않으므로 단어의 본래 형태를 밝혀서 적어야 한다.

📖 개념 복습! 한글 맞춤법 제1항은 '한글 맞춤법은 표준어를 소리
대로 적되, 어법에 맞도록 함을 원칙으로 한다.'이다.

02 정답 ②

정답 풀이 ⊙~ⓔ을 분류 기준인 '소리 나는 대로 적음.'과 '어법에
맞게 적음.'으로 나누면 ⊙ '값어치'와 ⓔ '걸음'은 소리 나는 [가버치]
와 [거름]으로 적은 것이 아니라 어법에 맞게 적었음을 알 수 있고 ⓒ
'달래'와 ⓒ '노름'은 소리 나는 [달래]와 [노름]으로 적었음을 알 수
있다.

03 정답 ④

정답 풀이 '가따'는 '갔다'를 소리 나는 대로 적은 것으로 소리대로
적으면 그 뜻이 얼른 파악되지 않으므로 단어의 본래 형태를 밝혀
'갔다'로 적어야 한다.

<table><tr><td>오답 풀이</td></tr></table>

①, ②, ⑤ '웃음', '깊다', '행복한'은 모두 어법에 맞게 적어야 하는 경
  우에 해당하며, 단어의 표기가 알맞다.
③ '아기'는 소리 나는 대로 적는 경우에 해당하며, 단어의 표기가 알
  맞다.

04 정답 ⑤

정답 풀이 〈보기〉의 문장들을 살펴보면 '무늬', '이버네', '조타', '널
따'처럼 어법에 맞게 적어야 하는 단어들을 소리 나는 대로 표기해

뜻을 파악하기 어렵게 썼음을 알 수 있다.

오답 풀이

① 어법에 맞지 않게 소리 나는 대로만 적을 경우 그 뜻을 파악하기 어렵다.

②, ③ '무니', '이버네', '조타', '널따'는 각 단어의 발음대로 적은 것으로, 본래 단어의 형태인 '무늬', '이번에', '좋다', '넓다'를 알아볼 수 없다.

④ 반드시 들어가야 할 품사가 빠진 문장은 없다.

05　정답 ③

정답 풀이　㉠의 '반드시'는 '틀림없이 꼭'이라는 의미로 사용되었고, ㉡의 '맞히다'는 '문제에 대한 답을 틀리지 않게 하다.'라는 의미로 사용되었으므로 둘 다 올바른 표기라고 할 수 있다.

오답 풀이　㉢의 '부치다'는 '편지나 물건 따위를 일정한 수단이나 방법을 써서 상대에게로 보내다.'의 의미이므로 이 문장에 어울리는 단어는 '맞닿아 떨어지지 않게 하다.'라는 의미의 '붙이다'이다.

06　정답 떠뽀끼 → 떡볶이, 김치찌게 → 김치찌개

정답 풀이　제시된 문장에서 잘못 표기된 단어는 '떠뽀끼'와 '김치찌게'이다. '떠뽀끼'는 소리 나는 대로 적는 것이 아닌 어법에 맞게 '떡볶이'라고 적어야 하고, '김치찌게'는 'ㅔ'가 아닌 'ㅐ'로 바꿔 '김치찌개'로 적어야 한다.

07　정답 ②

정답 풀이　'아니하-'의 준말은 '않'이므로 '책을 읽지 아니하다.'의 '아니하-'를 '않'으로 적은 것이 맞다.

오답 풀이

① '아니'의 준말은 '안'이다.

③ '뵈어'의 준말은 '봬'다.

④ '왜인지'의 준말은 '왠지'이다.

⑤ '되어서'의 준말은 '돼서'이다.

08　정답 ②

정답 풀이　㉠의 '능는다'는 소리 나는 대로 표기한 것으로 어법에 맞게 '늙는다'로 고쳐 써야 한다.

오답 풀이

① ㉠의 '인간은'은 올바르게 적은 것이다.

③ ㉡에는 '부딪치거나 맞거나 하여 신체에 상처가 생기다. 또는 상처를 입다.'라는 의미를 지닌 '다치다'의 활용형인 '다쳤다'를 사용해야 한다.

④ ㉢의 '가튼'은 '같튼'이 아닌 '같은'으로 고쳐 써야 한다.

⑤ ㉣의 '이리'는 '일리'가 아닌 '일이'로 고쳐 써야 한다.

09　정답 ③

정답 풀이　'너머야'는 '높은 부위를 지나가다.'라는 의미의 '넘어'를 잘못 쓴 것으로 '넘어야'로 적어야 한다.

오답 풀이

① '머거도'는 '먹어도'로 적어야 한다.

② '이바네'는 '입안에'로 적어야 한다.

④ '오뚜기'는 '오뚝이'로 적어야 한다.

⑤ '해도지'는 '해돋이'로 적어야 한다.

10　정답 ⑤

정답 풀이　'왠지'는 '왜인지'의 줄임말로 '웬지'가 아닌 '왠지'로 표기해야 한다. 따라서 '왠지'는 올바른 표기로 고치지 않아도 된다.

오답 풀이

① '돼지'는 '되어'로 풀 수 없는 단어이므로 '되지'로 고쳐야 한다.

② '오레'는 'ㅔ'가 아닌 'ㅐ'로 바꿔 '오래'로 고쳐야 한다.

③ '마나'는 소리 나는 대로 표기된 것으로 어법에 맞게 '많아'로 고쳐 써야 한다.

④ '안지'는 '아니하-'의 준말이므로 '않지'로 고쳐야 한다.

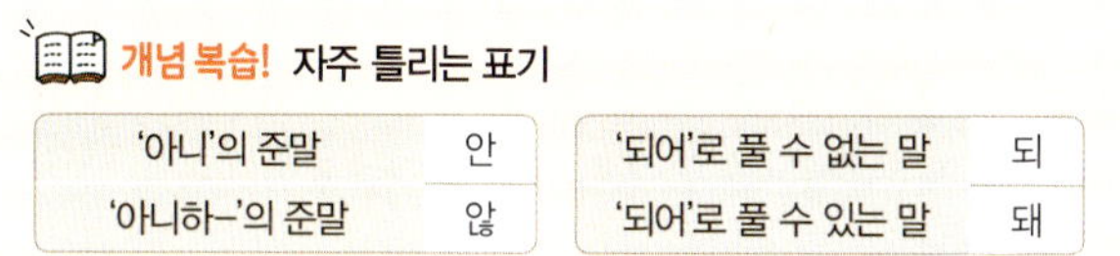

개념 복습! 자주 틀리는 표기

'아니'의 준말	안	'되어'로 풀 수 없는 말	되
'아니하-'의 준말	않	'되어'로 풀 수 있는 말	돼

11　정답 ①

정답 풀이　'발근'은 '밝은'을 잘못 표기한 것으로 소리 나는 대로 적은 것이다. 이렇게 소리 나는 대로만 적으면 뜻을 명확하게 파악하기 어려우므로 한글 맞춤법에서는 '어법에 맞도록' 원형을 밝혀 적는 것을 원칙으로 하고 있다.

12　정답 예 문맥상 문장에는 '넘다'라는 동사의 활용형이 어울리므로, 어간 '넘-'과 어미 '-어'를 구별하여 적은 '넘어'라는 표기가 적절하다.

채점 기준
'너머'와 '넘어' 중 '넘어'가 적절한 표기임을 밝힘.
어간 '넘-'과 어미 '-어'를 구별하여 적어야 한다는 점을 밝힘.

필수 단어　'넘어', 어간, 어미, 구별

정답 풀이　'높은 부분의 위를 지나가다.'라는 뜻의 '넘어'는 어간 '넘-'에 어미 '-어'가 결합한 것으로, '용언의 어간과 어미는 구별하여 적는다.'라는 한글 맞춤법 제15항에 따라 '너머'가 아닌, '넘어'로 적어야 한다.

DAY 15 음운의 개념과 종류

확인 문제 본문 • 076~077쪽

01 ③   **02** (1) ㅂ, ㅓ, ㄹ (2) ㅈ, ㅗ, ㅇ   **03** ㄹ, ㅇ, ㅅ
04 (1) 3 (2) 3 (3) 5 (4) 6   **05** (1) ㅂ, ㅁ (2) ㅅ, ㅈ (3) ㅓ, ㅜ
06 (1) ○ (2) × (3) ○   **07** 공기, ㅂ, ㅇ, ㅌ   **08** ②

내신 대비 문제 본문 • 078~079쪽

01 ③   **02** ⑤   **03** ③   **04** ⑤   **05** ②   **06**
바지, 아이   **07** ④   **08** ④   **09** ②   **10** ③   **11**
①   **12** 예 모음 'ㅣ', 'ㅜ', 'ㅡ', 'ㅏ', 'ㅏ', 'ㅓ'와 자음 'ㅊ', 'ㄴ', 'ㄱ',
'ㄹ', 'ㄹ', 'ㅁ', 'ㄴ', 'ㄴ', 'ㄴ', 'ㄷ'으로 이루어져 있다.

---

01 정답 ③

정답 풀이 음운이란 말의 뜻을 구별해 주는 소리의 가장 작은 단위
로 우리말의 음운에는 모음, 자음, 소리의 길이 등이 있다.

오답 풀이

① 음운은 말의 뜻을 구별해 주는 소리의 가장 작은 단위로, 음운 자
체는 뜻을 가지고 있지 않다. 뜻을 가진 가장 작은 말의 단위는
음운이 아니라 형태소이다.
② 음운은 소리의 가장 작은 단위이므로 더 이상 쪼갤 수 없다.
④ 음운은 쪼갤 수 없는 소리의 가장 작은 단위이며, 모음과 자음이
음운에 해당한다. 모음과 자음이 어울려 한 덩어리로 내는 말소리
의 단위는 음절이다.
⑤ 우리말의 음절은 '모음', '모음 + 자음', '자음 + 모음', '자음 + 모
음 + 자음'으로 구성된다.

02 정답 ⑤

정답 풀이 '풀'과 '뿔'의 뜻을 구별해 주는 소리는 'ㅍ'과 'ㅂ'이 아닌
'ㅍ'과 'ㅃ'이다.

03 정답 ③

정답 풀이 '각도'의 음운은 'ㄱ, ㅏ, ㄱ, ㄷ, ㅗ'로 5개이며 나머지 단
어의 음운은 모두 4개이다.

오답 풀이

① '소리'는 'ㅅ, ㅗ, ㄹ, ㅣ'로 음운이 4개이다.
② '호수'는 'ㅎ, ㅗ, ㅅ, ㅜ'로 음운이 4개이다.
④ '아침'은 'ㅏ, ㅊ, ㅣ, ㅁ'으로 음운이 4개이다. 'ㅇ'은 음절의 첫소
리일 때는 음가(소릿값)가 없으므로, '아'에 사용된 음운은 모음
'ㅏ' 1개이다.
⑤ '부자'는 'ㅂ, ㅜ, ㅈ, ㅏ'로 음운이 4개이다.

04 정답 ⑤

정답 풀이 '철학'이라는 단어에는 모음 'ㅓ, ㅏ'와 자음 'ㅊ, ㄹ, ㅎ,
ㄱ'이 사용되었다.

오답 풀이

① '오리'에 사용된 모음과 자음은 'ㅗ, ㄹ, ㅣ'이다.
② '새장'에 사용된 모음과 자음은 'ㅅ, ㅐ, ㅈ, ㅏ, ㅇ'이다.
③ '숙제'에 사용된 모음과 자음은 'ㅅ, ㅜ, ㄱ, ㅈ, ㅔ'이다.
④ '찌개'에 사용된 모음과 자음은 'ㅉ, ㅣ, ㄱ, ㅐ'이다.

05 정답 ②

정답 풀이 '곤드레'에는 'ㄱ, ㄴ, ㄷ, ㄹ' 등 모두 4개의 자음이 사용
되었다. '방문'에 사용된 자음은 'ㅂ, ㅇ, ㅁ, ㄴ'으로 4개이고, '짝꿍'
에 사용된 자음도 'ㅉ, ㄱ, ㄲ, ㅇ'으로 4개이다.

오답 풀이

① '감각'에는 4개의 자음이, '사자'에는 2개의 자음이 쓰였다.
③ '수영'에는 2개의 자음이, '캠핑'에는 4개의 자음이 쓰였다.
④ '관광'에는 4개의 자음이, '강아지'에는 3개의 자음이 쓰였다.
⑤ '민들레'에는 5개의 자음이, '옥수수'에는 3개의 자음이 쓰였다.

06 정답 바지, 아이

정답 풀이 발음할 때 공기의 흐름이 발음 기관의 방해를 받고 나오
는 소리는 자음, 발음할 때 공기의 흐름이 발음 기관의 방해를 받지
않고 나오는 소리는 모음에 해당한다. '바지'는 자음 'ㅂ, ㅈ'과 모음
'ㅏ, ㅣ'로 이루어진 단어이므로 자음으로 인해 발음할 때 공기의 흐
름이 발음 기관의 방해를 받고 나온다. 이에 비해 '아이'는 모음 'ㅏ,
ㅣ'로만 이루어진 단어이므로 발음할 때 공기의 흐름이 발음 기관의
방해를 받지 않고 나온다.

07 정답 ④

정답 풀이 모음은 소리를 낼 때 공기의 흐름이 발음 기관의 장애를
받지 않고 나오지만 자음은 소리를 낼 때 공기의 흐름이 목 안 또는
입안, 혀 등의 발음 기관에서 장애를 받고 나오므로 모음과 자음은
소리 내는 방식이 서로 다르다고 할 수 있다.

개념 복습!

모음	자음
• 발음할 때 공기의 흐름이 발음 기관의 방해를 받지 않고 나옴. • 홀로 음절을 이룰 수 있음.	• 발음할 때 공기의 흐름이 발음 기관의 방해를 받고 나옴. • 홀로 음절을 이룰 수 없고 모음과 함께 발음되어야 함.

08 정답 ④

정답 풀이 ㉠~㉢의 뜻을 구별해 주는 것은 소리의 길이가 아니라
자음 'ㄲ, ㄱ, ㅇ'이다.

① ㉠은 'ㅂ, ㅏ, ㄲ' 3개의 음운으로 나눌 수 있다.

② ㉡은 'ㅂ, ㅏ, ㄱ', ㉢은 'ㅂ, ㅏ, ㅇ'의 3개의 음운으로 이루어져 있다.

③ ㉠~㉢은 모두 가운뎃소리로 모음 'ㅏ'를 포함하고 있다.

⑤ ㉠~㉢을 구별해 주는 것은 자음 'ㄲ, ㄱ, ㅇ'이다.

09 정답 ②

정답 풀이 사람의 생각이나 느낌을 표현하고 전달하는 데 쓰는 음성인 '말(語)'은 [말ː]로 길게 소리 내야 하는 반면, 나머지 말들은 모두 짧게 소리 내야 한다. [말]로 짧게 소리 내야 하는 것은 동물인 '말(馬)'이다.

오답 풀이

① 음식인 '굴'은 [굴]로 짧게 발음되고, 동굴을 의미하는 '굴'은 [굴ː]로 길게 발음된다.

③ 신체 기관인 '눈'은 [눈]으로 짧게 발음되고, 하늘에서 내리는 '눈'은 [눈ː]으로 길게 발음된다.

④ 해가 져서 어두운 '밤'은 [밤]으로 짧게 발음되고, 열매인 '밤'은 [밤ː]으로 길게 발음된다.

⑤ 액체나 가루 등을 담는 '병'은 [병]으로 짧게 발음되고, 몸이 아픈 현상인 '병'은 [병ː]으로 길게 발음된다.

고난도 문제

10 정답 ③

정답 풀이 하늘에서 내리는 '눈[눈ː]', 아파서 나는 '병[병ː]', 바위가 패인 곳인 '굴[굴ː]'은 모두 길게 소리 내야 하는 단어들이다.

고난도 문제

11 정답 ①

정답 풀이 〈보기〉의 'ㅂ', 'ㅁ', 'ㅇ'은 자음으로 공기의 흐름이 발음 기관의 방해를 받고 나오는 소리이지만, 'ㅗ'는 모음으로 공기의 흐름이 발음 기관의 방해를 받지 않고 나오는 소리이다.

오답 풀이

③ 소리의 길이나 높낮이, 억양 등의 정보는 자음과 모음 같은 분절 음운이 아니라 비분절 음운이다.

서술형 문제

12 정답 예 모음 'ㅣ', 'ㅜ', 'ㅡ', 'ㅏ', 'ㅏ', 'ㅏ'와 자음 'ㅊ', 'ㄴ', 'ㄱ', 'ㄹ', 'ㄹ', 'ㅁ', 'ㄴ', 'ㄴ', 'ㄴ', 'ㄷ'으로 이루어져 있다.

채점 기준
자음과 모음을 구별하여 밝힘.
사용된 음운을 정확히 밝힘.

필수 단어 '모음', '자음', 'ㅊ', 'ㅣ', 'ㄴ', 'ㄱ', 'ㅜ', 'ㄹ', 'ㅡ', 'ㄹ', 'ㅁ', 'ㅏ', 'ㄴ', 'ㄴ', 'ㅏ', 'ㄴ', 'ㄷ', 'ㅏ'

정답 풀이 문장에 사용된 분절 음운을 종류별로 분석하려면 각각의 모음과 자음으로 분리하여 서술해야 한다.

확인 문제 본문 · 080~081쪽

01 ㅏ, ㅓ, ㅜ	**02** ㉠: 입술 ㉡: 혀	**03** ①	**04** (1) 저

(2) 고 (3) 중 (4) 저 **05** (1) ㉠ (2) ㉡ (3) ㉡ **06** ③ **07** (1) ○ (2) × (3) × **08** ①

내신 대비 문제 본문 · 082~083쪽

01 ④ **02** ⑤ **03** ① **04** ③ **05** ④ **06** 저모음, 후설 모음, 평순 모음 **07** ④ **08** ① **09** ② **10** ⑤ **11** ④ **12** 예 'ㅗ'는 후설 모음, 원순 모음, 중모음이고 'ㅓ'는 후설 모음, 평순 모음, 중모음이다.

01 정답 ④

정답 풀이 단모음은 발음 시 혀의 움직임 유무에 따라 전설 모음과 후설 모음으로 나뉘는 것이 아니라 혀의 최고점의 앞뒤 위치에 따라 전설 모음과 후설 모음으로 나뉜다.

오답 풀이

① 우리말의 단모음은 'ㅏ, ㅐ, ㅓ, ㅔ, ㅗ, ㅚ, ㅜ, ㅟ, ㅡ, ㅣ'로 10개이다.

② 우리말의 이중 모음에는 'ㅑ, ㅒ, ㅕ, ㅖ, ㅘ, ㅙ, ㅛ, ㅝ, ㅞ, ㅠ, ㅢ'가 있다.

⑤ 발음할 때 입술을 둥글게 오므리지 않고 평평하게 하는 평순 모음에는 'ㅣ, ㅔ, ㅐ, ㅡ, ㅓ, ㅏ'가 있다.

02 정답 ⑤

정답 풀이 '친구'는 단모음 'ㅣ'와 'ㅜ'로 이루어졌다.

오답 풀이

① '의사'는 이중 모음 'ㅢ'와 단모음 'ㅏ'로 이루어졌다.

② '열매'는 이중 모음 'ㅕ'와 단모음 'ㅐ'로 이루어졌다.

③ '우유'는 단모음 'ㅜ'와 이중 모음 'ㅠ'로 이루어졌다.

④ '야유회'는 이중 모음 'ㅑ, ㅠ'와 단모음 'ㅚ'로 이루어졌다.

03 정답 ①

정답 풀이 고모음에 해당하는 단모음은 'ㅣ, ㅟ, ㅡ, ㅜ'이므로 제시된 모음 중 고모음은 'ㅣ'이다.

오답 풀이

②, ③ 'ㅓ'와 'ㅚ'는 중모음이다.

④, ⑤ 'ㅐ'와 'ㅏ'는 저모음이다.

04 정답 ③

정답 풀이 발음할 때 혀의 최고점이 앞쪽에 있다는 것은 입천장의 중간점을 기준으로 하여 혀의 최고점이 그 앞쪽에 있을 때 발음이 되는 모음인 전설 모음을 의미한다. 전설 모음에 해당하는 단모음은 'ㅐ, ㅔ, ㅚ, ㅟ, ㅣ'이며, 제시된 모음의 묶음 중에 'ㅟ, ㅣ'가 이에 해당한다.

오답 풀이
① 'ㅐ'는 전설 모음이나, 'ㅏ'는 후설 모음이다.
② 'ㅚ'는 전설 모음이나, 'ㅜ'는 후설 모음이다.
④ 'ㅜ', 'ㅡ'는 둘 다 후설 모음이다.
⑤ 'ㅓ', 'ㅗ'는 둘 다 후설 모음이다.

05 정답 ④

정답 풀이 〈보기〉와 같이 모음을 구분한 기준은 입술의 모양 차이에 따른 것으로 'ㅗ, ㅚ, ㅜ, ㅟ'는 발음할 때 입술을 둥글게 오므리는 원순 모음이고, 'ㅏ, ㅐ, ㅓ, ㅔ, ㅡ, ㅣ'는 발음할 때 입술을 평평하게 하는 평순 모음이다.

오답 풀이
① 단모음은 발음할 때 혀의 높이 차이에 따라 고모음인 'ㅣ, ㅟ, ㅡ, ㅜ', 중모음인 'ㅔ, ㅚ, ㅓ, ㅗ', 저모음인 'ㅐ, ㅏ'로 구분할 수 있다.
② 단모음은 발음할 때 혀의 최고점의 앞뒤 위치에 따라 전설 모음인 'ㅐ, ㅔ, ㅚ, ㅟ, ㅣ'와 후설 모음인 'ㅏ, ㅓ, ㅗ, ㅜ, ㅡ'로 구분할 수 있다.

06 정답 저모음, 후설 모음, 평순 모음

정답 풀이 'ㅏ'를 발음해 보면, 혀의 높이로 봤을 때 '저모음'이고, 혀의 최고점의 앞뒤 위치로 봤을 때 '후설 모음'이며, 입술의 모양으로 봤을 때 '평순 모음'이다.

개념 복습!

혀의 앞뒤 위치	전설 모음		후설 모음	
혀의 높이 \ 입술 모양	평순 모음	원순 모음	평순 모음	원순 모음
고모음	ㅣ	ㅟ	ㅡ	ㅜ
중모음	ㅔ	ㅚ	ㅓ	ㅗ
저모음	ㅐ		ㅏ	

07 정답 ④

정답 풀이 '곤충'에는 평순 모음이 사용되지 않고 입술이 둥글게 오므라지는 발음인 원순 모음 'ㅗ', 'ㅜ'가 사용되었다.

오답 풀이
① '아이'에는 평순 모음인 'ㅏ', 'ㅣ'가 사용되었다.
② '금괴'에는 평순 모음인 'ㅡ'가 사용되었다.
③ '개미'에는 평순 모음인 'ㅐ', 'ㅣ'가 사용되었다.
⑤ '어부'에는 평순 모음인 'ㅓ'가 사용되었다.

08 정답 ①

정답 풀이 'ㅣ, ㅟ, ㅡ, ㅜ'는 모두 발음할 때 혀의 높이가 높은 고모음이다.

오답 풀이
③ 발음할 때 입술이 둥글게 오므라지는 원순 모음은 'ㅗ, ㅚ, ㅜ, ㅟ'이다.
④ 발음할 때 혀의 최고점의 위치가 앞쪽에 있는 전설 모음은 'ㅐ, ㅔ, ㅚ, ㅟ, ㅣ'이다.
⑤ 발음할 때 입술 모양이나 혀가 움직이는 모음은 이중 모음이다.

09 정답 ②

정답 풀이 〈보기〉에서 설명하는 모음은 중모음이자 원순 모음이며 전설 모음인 'ㅚ'이다. 이 모음을 사용한 단어는 '외갓집'이다.

오답 풀이
① 'ㅜ'는 고모음, 원순 모음, 후설 모음이다.
③, ④ 'ㅏ'는 저모음, 평순 모음, 후설 모음이다.
⑤ 'ㅗ'는 중모음, 원순 모음, 후설 모음이다.

10 정답 ⑤

정답 풀이 '교육'에는 이중 모음 'ㅛ', 'ㅠ'만 사용되고 단모음은 사용되지 않았다.

오답 풀이
① 'ㅐ'는 이중 모음, 'ㅡ', 'ㅏ'는 단모음이다.
② 'ㅚ'는 단모음, 'ㅢ'는 이중 모음이다.
③ 'ㅡ', 'ㅣ'는 모두 단모음이다.
④ 'ㅏ', 'ㅗ'는 모두 단모음이다.

11 정답 ④

정답 풀이 ㉠에는 고모음, 전설 모음, 평순 모음인 'ㅣ'가 들어가야 하고, ㉡에는 중모음, 전설 모음, 원순 모음인 'ㅚ'가 들어가야 한다. 또한 ㉢에는 저모음, 후설 모음, 평순 모음인 'ㅏ'가 들어가야 하고, ㉣에는 고모음, 후설 모음, 원순 모음인 'ㅜ'가 들어가야 한다.

12 정답 예 'ㅗ'는 후설 모음, 원순 모음, 중모음이고 'ㅓ'는 후설 모음, 평순 모음, 중모음이다.

채점 기준
'ㅗ'가 후설 모음, 원순 모음, 중모음임을 밝힘.
'ㅓ'가 후설 모음, 평순 모음, 중모음임을 밝힘.

필수 단어 'ㅗ', 'ㅓ', '후설 모음', '원순 모음', '평순 모음', '중모음'

정답 풀이 '보석'이라는 단어에 사용된 모음은 'ㅗ'와 'ㅓ'이다. 이 두 모음은 공통적으로 입천장의 중간점을 기준으로 하여 혀가 그 뒤쪽에 있을 때 발음되는 '후설 모음'이자 혀의 위치가 중간인 '중모음'이다. 다만 'ㅗ'는 입술을 둥글게 오므리는 모음인 '원순 모음'이고 'ㅓ'는 입술을 평평하게 하는 모음인 '평순 모음'이라는 차이가 있다.

01 입술소리, 센입천장소리 **02** (1) 잇몸소리 (2) 목청소리
03 ② **04** 파찰음 **05** (1) 마 (2) 파 (3) 찰 **06** (1) ㉢
(2) ㉡ (3) ㉠ **07** (1) ○ (2) ○ (3) × **08** (1) 혓바닥 (2) 예사
소리

01 ③ **02** ④ **03** ② **04** ③ **05** ③ **06** ㅁ,
ㄴ, ㅇ **07** ② **08** ⑤ **09** ④ **10** ⑤ **11** ①
12 예 'ㄱ'은 혀의 뒷부분과 여린입천장 사이에서 소리가 나는 여린입
천장소리이며, 'ㅁ'은 두 입술 사이에서 소리가 나는 입술소리이다.

01 정답 ③

정답 풀이 우리말의 자음은 소리 나는 위치에 따라 입술소리, 잇몸
소리, 센입천장소리, 여린입천장소리, 목청소리 5가지로 나눌 수 있
다(㉠). 또한 소리의 세기에 따라 예사소리, 된소리, 거센소리로 나
눌 수 있으며(㉡), 공기의 흐름을 잠시 막았다가 그 막은 자리를 일시
에 터뜨리면서 내는 소리는 '파열음'이라고 한다(㉣).

오답 풀이
㉢ 성대의 울림 여부로 울림소리와 안울림소리가 나뉘는 것이 아니
라 입안과 코안의 울림 여부에 따라 나뉘는 것이다.

02 정답 ④

정답 풀이 〈보기〉의 ㉠의 위치에서 나는 소리는 '여린입천장소리'
로, 혀 뒷부분과 여린입천장 사이에서 나는 소리이다. 여린입천장소
리는 'ㄱ, ㄲ, ㅋ, ㅇ'이다.

오답 풀이
① 'ㅁ, ㅂ'은 입술소리이다.
② 'ㄴ, ㄷ'은 잇몸소리이다.
③ 'ㅈ, ㅉ'은 센입천장소리이다.
⑤ 'ㅇ'은 여린입천장소리지만, 'ㅎ'은 목청소리이다.

03 정답 ②

정답 풀이 'ㅅ, ㅌ'은 혀끝이 윗잇몸에 닿아서 소리 나는 '잇몸소리'
이다. 제시된 자음 중 잇몸소리는 'ㄹ'이다.

오답 풀이
①, ④ 'ㅍ'과 'ㅃ'은 입술소리이다.
③ 'ㅊ'은 센입천장소리이다.
⑤ 'ㅋ'은 여린입천장소리이다.

04 정답 ③

정답 풀이 자음은 소리 내는 방법에 따라 안울림소리와 울림소리로
구분할 수 있고, 그중 안울림소리는 다시 파열음, 파찰음, 마찰음으
로 구분할 수 있다. 'ㅂ', 'ㄷ'은 모두 공기의 흐름을 잠시 막았다가 그
막은 자리를 일시에 터뜨리면서 내는 소리인 파열음에 해당한다.

오답 풀이
①, ② 'ㅅ', 'ㅎ'은 마찰음에 해당한다.
④ 'ㄹ', 'ㅁ'은 울림소리에 해당하며 'ㄹ'은 흐름소리, 'ㅁ'은 콧소리이
다. 그리고 'ㅈ'은 파찰음에 해당한다.
⑤ 'ㄹ', 'ㄴ'은 울림소리에 해당하며 'ㄹ'은 흐름소리, 'ㄴ'은 콧소리이다.

05 정답 ③

정답 풀이 〈보기〉에서 설명하는 자음은 흐름소리인 'ㄹ'이다. 제시
된 단어 중 'ㄹ'이 들어간 것은 '칼날'뿐이다.

06 정답 ㅁ, ㄴ, ㅇ

정답 풀이 '입안의 통로를 막고 공기를 코로 내보내면서 내는 소리'
는 '콧소리'이다. 콧소리에는 'ㅁ, ㄴ, ㅇ'이 있다.

07 정답 ②

정답 풀이 안울림소리 중 예사소리는 'ㅂ, ㄷ, ㄱ, ㅈ, ㅅ'이다. 따라
서 밑줄 친 단어 중 자음이 예사소리로만 이루어진 것은 '바지'임을
알 수 있다.

오답 풀이
① 'ㅃ'은 된소리이고, 'ㄹ'은 울림소리 중 흐름소리이다.
③ 'ㅌ'은 거센소리이고, 'ㄴ'과 'ㅁ'은 울림소리 중 콧소리이다.
④ 'ㅍ'은 거센소리이다.
⑤ 'ㅎ'은 목청소리이고, 'ㅊ'은 거센소리이다.

08 정답 ⑤

정답 풀이 〈보기〉에 제시된 'ㅃ, ㄸ, ㄲ, ㅉ, ㅆ'은 '된소리'로 '발음
기관의 근육을 긴장시키거나 목소리가 나오는 통로를 좁혀 내는 소
리'이다.

오답 풀이
① 센입천장과 혓바닥 사이에서 나는 소리는 '센입천장소리'로 'ㅈ,
ㅉ, ㅊ'이 이에 해당한다.
② 공기의 흐름을 막았다가 일시에 터뜨리면서 내는 소리는 '파열음'
으로 'ㅂ, ㅃ, ㅍ, ㄷ, ㄸ, ㅌ, ㄱ, ㄲ, ㅋ'이 이에 해당한다.
③ 발음 기관의 근육을 긴장시켜 숨을 거세게 터뜨려 내는 소리는
'거센소리'로 'ㅍ, ㅌ, ㅋ, ㅊ'이 이에 해당한다.
④ 공기의 흐름을 막았다가 서서히 터뜨리면서 마찰을 일으켜 내는
소리는 '파찰음'으로 'ㅈ, ㅉ, ㅊ'이 이에 해당한다.

09 정답 ④

정답 풀이 '도토리'에 사용된 자음 'ㄷ, ㅌ, ㄹ'은 모두 윗잇몸과 혀끝

이 닿는 위치에서 소리가 나는 잇몸소리이다.

오답 풀이

① 'ㄱ'은 혀의 뒷부분과 여린입천장 사이에서 나는 소리이고, 'ㅈ'은 혓바닥과 센입천장 사이에서 나는 소리이다.

② 'ㅎ'은 목청 사이에서 나는 소리이고, 'ㅇ'과 'ㄱ'은 혀의 뒷부분과 여린입천장 사이에서 나는 소리이다.

③ 'ㅍ'은 두 입술 사이에서 나는 소리이고, 'ㄹ'은 혀끝과 윗잇몸이 닿는 위치에서 나는 소리이다.

⑤ 'ㅈ'과 'ㅊ'은 혓바닥과 센입천장 사이에서 나는 소리이고, 'ㄷ'은 혀끝과 윗잇몸이 닿는 위치에서 나는 소리, 'ㅇ'은 혀의 뒷부분과 여린입천장 사이에서 나는 소리이다.

고난도 문제

10 정답 ⑤

정답 풀이 'ㄱ → ㅋ', 'ㅂ → ㅃ'은 각각 소리 나는 위치는 동일하나 소리의 세기 변화로 다른 자음이 된 것이다.

오답 풀이

① 'ㅁ'과 'ㄴ'은 울림소리 중 콧소리에 해당한다.

② 예사소리 'ㄱ, ㅂ, ㅅ', 된소리 'ㅃ', 거센소리 'ㅋ'이 모두 제시되어 있다.

③ 파열음 'ㄱ, ㅋ, ㅂ, ㅃ', 마찰음 'ㅅ, ㅎ'이 제시되어 있다.

④ 'ㅅ'과 'ㅎ'은 소리 나는 위치가 각각 혀끝과 윗잇몸, 목청으로 다르지만 둘 다 마찰음이다.

고난도 문제

11 정답 ①

정답 풀이 〈보기〉에서 설명하고 있는 자음은 '여린입천장소리'이면서 '파열음'이고 '거센소리'인 'ㅋ'이다. 제시된 단어 중 'ㅋ'이 사용된 단어는 '카메라'이다.

서술형 문제

12 정답 📝 'ㄱ'은 혀의 뒷부분과 여린입천장 사이에서 소리가 나는 여린입천장소리이며, 'ㅁ'은 두 입술 사이에서 소리가 나는 입술소리이다.

채점 기준
'ㄱ'이 혀의 뒷부분과 여린입천장 사이에서 소리가 나는 여린입천장소리임을 밝힘.
'ㅁ'이 두 입술 사이에서 소리가 나는 입술소리임을 밝힘.

✏️ **필수 단어** 'ㄱ', 'ㅁ', '여린입천장소리', '입술소리'

정답 풀이 '고구마'라는 단어에 쓰인 자음은 'ㄱ'과 'ㅁ'이다. 이 두 자음을 소리 나는 위치에 따라 분류하면 'ㄱ'은 혀의 뒷부분과 여린입천장 사이에서 소리가 나는 여린입천장소리이고, 'ㅁ'은 두 입술 사이에서 소리가 나는 입술소리이다.

DAY 18 통일 시대의 국어

확인 문제
본문 · 088~089쪽

01 (1) × (2) ○   **02** 일없다   **03** ③   **04** (1) 도시락 (2) 어묵   **05** 발음   **06** (1) ㉠ (2) ㉢ (3) ㉡   **07** (1) 사이시옷 (2) 첫소리   **08** ③

내신 대비 문제
본문 · 090~091쪽

01 ⑤   **02** ⑤   **03** ④   **04** ④   **05** ②   **06** 나루배, 리용   **07** ⑤   **08** ③   **09** ④   **10** ⑤   **11** ③   **12** 📝 '일없습네다'는 남한 말과 북한 말이 형태는 같으나 그 의미가 다르므로 남한 사람과 북한 사람의 대화에 문제가 발생한 것이다.

01 정답 ⑤

정답 풀이 남한과 북한의 말과 글은 근본적으로는 같지만 분단 이후 사회 체제가 달라지고 교류가 거의 없게 되자 상당한 차이가 생기게 되었다.

오답 풀이

①, ③ 남북한의 말과 글은 근본적으로는 같지만, 어휘에 있어 의미는 같지만 형태가 다른 어휘, 형태는 같지만 의미가 다른 어휘가 나타난다.

② 남북한 언어는 어휘 사용뿐만 아니라 발음과 표기, 말하기 방식 등에서도 차이를 보인다.

④ 남한과 북한의 언어는 둘 다 1933년 조선어 학회가 제정한 '한글 맞춤법 통일안(1933)'을 뿌리로 하고 있지만, 분단 이후 체제와 이념, 문화 등이 달라졌고 서로 교류 없이 각자 맞춤법을 수정해 왔기 때문에 차이가 생기게 되었다.

02 정답 ⑤

정답 풀이 북한 말은 남한 말과 달리 사이시옷을 사용하지 않고(㉢), 'ㄹ'과 '녀, 뇨, 누, 니'와 같은 단어가 첫소리에 나타난다(㉣).

오답 풀이

㉠ 북한의 어휘나 표기법을 보면 한자어가 사용되고 있음을 알 수 있다.

㉡ 북한 사람들은 간접적이고 우회적인 간접 화법보다 직설적인 직접 화법을 선호한다.

03 정답 ④

정답 풀이 남한 말로 '도시락'은 북한 말로 '곽밥'이다. 이는 의미는 같지만 형태가 다른 남북한 어휘의 예로 적절하다.

오답 풀이

① 남한 말 '볼펜'과 의미는 같지만 형태가 다른 북한 말은 '원주필'이

다. 북한 말 '부루'는 남한 말 '상추'와 같다.
② 남한 말 '상추'와 의미는 같지만 형태가 다른 북한 말은 '부루'이다. 북한 말 '랭동기'는 남한 말 '냉장고'와 같다.
③ 남한 말 '누룽지'와 의미는 같지만 형태가 다른 북한 말은 '가마치'이다. 북한 말 '물고기떡'은 남한 말 '어묵'과 같다.
⑤ 남한 말 '오징어'와 의미는 같지만 형태가 다른 북한 말은 '낙지'이다. 북한 말 '차마당'은 남한 말 '주차장'과 같다.

04 정답 ④

정답 풀이 북한 말은 사이시옷을 사용하지 않고 'ㄹ'과 '녀, 뇨, 누, 니'가 단어의 첫소리에 나타나므로 '념원'과 '장마비'가 북한의 표기법에 맞는 단어이다.

오답 풀이 '역사'는 '력사'로, '뒷일'은 '뒤일'로 표기해야 북한의 표기법에 맞는 것이다.

05 정답 ②

정답 풀이 '바쁘다'는 남한과 북한 모두 형태는 '바쁘다'로 동일하지만, 남한에서는 '일이 많거나 또는 서둘러서 해야 할 일로 인하여 딴 겨를이 없다.'라는 의미로 사용되고 북한에서는 '힘이 부치거나 참기가 힘들다.'라는 의미로 사용된다. 따라서 '바쁘다'는 형태는 같지만 의미가 서로 다른 어휘에 해당한다.

06 정답 나루배, 리용

정답 풀이 '나룻배'는 사이시옷이 사용되었으므로 '나루배'로, '이용'은 두음 법칙을 적용하지 않고 'ㄹ'과 '녀, 뇨, 누, 니'를 단어의 첫소리에 그대로 써야 하므로 '리용'으로 고쳐 써야 북한 말의 표기에 맞다.

07 정답 ⑤

정답 풀이 우리가 아는 사람들을 만났을 때 친근함을 표시하는 인사인 "언제 밥 한번 먹어요."라는 말을 북한 사람에게 하면 직접적, 직설적인 표현에 익숙한 북한 사람들은 이를 곧이곧대로 받아들여 밥을 언제 먹을지에 관한 연락을 기다릴 수 있다. 이는 남북한 사람들의 말하기 방식의 차이로 인해 벌어지는 상황이다.

08 정답 ③

정답 풀이 남북한의 언어 차이를 극복하기 위해서는 서로의 주체성을 인정하고 각자의 언어를 공고히 하기보다는, 서로 다름을 인정하고 교류를 유지하며 공동 사전을 편찬하는 등 이를 극복할 수 있는 다양한 방안을 모색해야 한다.

09 정답 ④

정답 풀이 북한은 말다듬기 사업의 일환으로 외래어를 잘 사용하지 않는다. 따라서 우리가 흔히 사용하는 '벤치'라는 단어는 북한 말의 특성으로 볼 수 없다.

① '량식'은 'ㄹ'과 '녀, 뇨, 누, 니'가 단어의 첫소리에 나타나는 것과 관련 있는 북한 말이다.
② '표말'은 사이시옷을 사용하지 않는 것과 관련 있는 북한 말이다.
③ '곽밥'은 남한 말 '도시락'을 의미하는 북한 말로 의미는 같으나 형태가 다른 북한 말에 해당한다.
⑤ '가락지빵'은 남한 말 '도넛'을 의미하는 북한 말로 의미는 같으나 형태가 다른 북한 말에 해당한다.

10 정답 ⑤

정답 풀이 〈보기〉에서 설명하는 것은 북한의 말다듬기 운동에 대한 내용으로 이는 외래어와 한자어를 고유어로 다듬는 데 주안점을 둔 운동이다. 제시된 단어 중 이와 연관이 있는 것은 '나이프'를 고유어로 바꾼 '밥상칼'이다.

오답 풀이
①, ③ '기발'과 '해빛'은 사이시옷을 사용하지 않는 북한 말의 특성을 엿볼 수 있는 말이다.
② '녀성'은 'ㄹ'과 '녀, 뇨, 누, 니'가 단어의 첫소리에 그대로 쓰이는 북한 말의 특성을 엿볼 수 있는 말이다.
④ '랭동기'는 남한 말 '냉장고'로, 의미는 같으나 형태가 다른 말이다.

11 정답 ③

정답 풀이 통일 시대에 대비하기 위해서는 남북한의 언어 차이를 극복해야 할 필요성을 인식하고 이에 대한 지속적인 노력을 기울여야 한다. 서로의 언어 차이를 존중하는 태도는 바람직하지만, 어느 한쪽만을 중심으로 어휘를 통일하기보다는 서로 간의 교류와 협의를 통해 조화롭게 통합하려는 노력이 필요하다.

12 정답 예 '일없습네다'는 남한 말과 북한 말이 형태는 같으나 그 의미가 다르므로 남한 사람과 북한 사람의 대화에 문제가 발생한 것이다.

채점 기준
남한과 북한에서 '일없습네다'가 형태는 같으나 그 의미가 다르게 쓰이고 있음을 밝힘.

필수 단어 '일없습네다', '남한 말', '북한 말' 혹은 '남북한 언어', '형태', '의미'

정답 풀이 남한과 북한에서 '일없습네다'는 형태는 같으나 그 의미가 다르게 쓰인다. 남한에서 '일없다'는 '소용이나 필요가 없다.'의 의미로 사용되는 데 반해 북한에서 '일없다'는 정중한 사양의 뜻이나 '괜찮다'의 의미로 사용된다. 즉 대화에서 북한 주민의 '일없다'는 '필요 없다.'의 의미가 아닌 '괜찮으니 앉아도 된다.'의 의미인 것인데 남한 주민이 이를 이해하지 못한 것이다.

정답과 해설

확인 문제　　　　　　　　　　　　본문 · 094~095쪽

01 ③　　**02** 나는　　**03** ②　　**04** 책가방은　　**05** 태양이, 솟는다　　**06** ①　　**07** ①　　**08** (1) ㉡ (2) ㉠ (3) ㉢
09 (1) 살아 있다 (2) 눈은, 살아 있다

내신 대비 문제　　　　　　　　　　본문 · 096~097쪽

01 ③　　**02** ③　　**03** ④　　**04** ④　　**05** ②　　**06** 주어　　**07** ④　　**08** ④　　**09** ⑤　　**10** ⑤　　**11** ⑤
12 ㉠은 문장을 이루는 데 주성분(필수적인 문장 성분)만으로 이루어진 반면, ㉡은 문장을 이루는 데 보조 성분(필수적이지 않은 문장 성분)도 사용되었다.

01　정답 ③

정답 풀이　부속 성분은 주로 주성분을 꾸며 주는 역할을 하며, 독립 성분은 다른 문장 성분과는 직접적인 관련이 없는 문장 성분이다.

오답 풀이

①, ② 문장 성분은 문장을 이루는 각 부분을 말하는데, 그중 주성분은 문장을 이루는 데 기본적으로 필요한 문장 성분을 말한다. 주어와 서술어는 주성분에 해당한다.

④, ⑤ 주어는 문장에서 동작이나 작용, 상태나 성질 등의 주체를 나타내는 문장 성분이며, 서술어는 그 주어의 동작이나 작용, 상태나 성질 등을 풀이하는 문장 성분이다.

> **개념 복습!** 주성분은 문장을 이루는 데 기본적으로 필요한 문장 성분으로, 주성분에는 주어, 서술어, 목적어, 보어가 있다. 그중 주어와 서술어는 반드시 필요한 성분이고, 목적어와 보어는 서술어에 따라 필요한 성분이다. 주어와 서술어만으로 문장을 이룰 수 있다는 점에서 '주어+서술어'를 문장의 기본적인 구조로 본다.

02　정답 ③

정답 풀이　주어는 문장에서 동작이나 작용, 상태나 성질 등의 주체를 나타내는 문장 성분이다. '그녀는 이제 학생이 아니다.'에서 주어는 '아니다'라는 서술어의 주체인 '그녀는'이다. '학생이'는 서술어 '아니다'의 의미가 완전하지 않아 그 의미를 보충하는 보어에 해당한다.

오답 풀이

① '번개'는 서술어 '쳤다'의 주체이므로 '번개가'는 주어에 해당한다.

② '인간'은 서술어 '존엄하다'의 주체이므로 '인간은'은 주어에 해당한다.

④ '삼촌'은 서술어 '주셨다'의 주체이므로 '삼촌께서는' 주어에 해당한다.

⑤ '영서'는 서술어 '본다'의 주체이므로 '영서는'은 주어에 해당한다.

03　정답 ④

정답 풀이　'여기, 책상 위에 있는 이것은 뭐예요?'에서 주어는 '이것은'이다. '너에게 생일 선물로 주는 거야.'에서 주어는 '주는'의 주체인 엄마로, 엄마의 말에는 스스로를 지칭하는 말인 주어 '내가'가 생략되어 있다. '아, 가방이다.'에서는 '이것이'라는 주어가 생략되어 있으며, '이 가방 정말 예뻐요.'에서는 주어 '가방이'의 주격 조사 '이'가 생략되어 있다. 따라서 주어는 모두 4개이다.

04　정답 ④

정답 풀이　서술어는 문장에서 주어의 동작이나 작용, 상태나 성질 등을 풀이하는 문장 성분이다. '아린이는 재미있는 이야기를 잘한다.'에서 서술어는 주어 '아린이'의 특성을 풀이하는 '잘한다'이다. '재미있는'은 '이야기'를 꾸며 주는 문장 성분이다.

오답 풀이

① '번졌다'는 주어 '소문이'가 어찌함을 풀이하고 있으므로 서술어에 해당한다.

② '되었다'는 주어 '물이'가 어찌함을 풀이하고 있으므로 서술어에 해당한다.

③ '샀다'는 주어 '유아는'이 어찌함을 풀이하고 있으므로 서술어에 해당한다.

⑤ '듣고 있다'는 주어 '효정이는'이 어찌함을 풀이하고 있으므로 서술어에 해당한다.

05　정답 ②

정답 풀이　〈보기〉의 문장은 주어인 '수증기가', 보어인 '구름이', 서술어인 '되었다'로 이루어져 있다. '구름이'는 서술어 '되었다'의 의미가 완전하지 않아 의미를 보충해 주는 역할을 하는 문장 성분이므로 주어로 볼 수 없다.

오답 풀이

①, ③, ⑤ 〈보기〉의 문장은 주어, 보어, 서술어의 세 개의 문장 성분으로 이루어져 있다. 주어, 보어, 서술어는 모두 주성분에 해당한다. 주성분으로만 이루어진 문장에서 한 개의 문장 성분이라도 생략할 경우 문장이 성립하지 않는다.

④ 〈보기〉의 문장에서 서술어인 '되었다'는 동사이므로 '어찌하다'에 해당한다.

06　정답 주어

정답 풀이　문장 성분이 생략되지 않은 형태는, '(우리) 오랜만이다. (너는) 잘 지냈지?' / '(나는) 잘 지냈지. 넌 (잘 지냈어)?'이다. 따라서 승민이와 수환이의 말에서 공통적으로 생략된 문장 성분은 주어이다.

07　정답 ④

정답 풀이　'이제 그녀의 건강은 매우 좋다.'에서 '좋다'는 '그녀의 건강'이라는 주체의 상태를 풀이하는 서술어이며, 형용사이므로 '어떠하다'에 해당한다.

오답 풀이

① '내렸다'는 '비'라는 주체의 움직임을 풀이하는 서술어이며, 동사이므로 '어찌하다'에 해당한다.

② '지저귄다'는 '참새'라는 주체의 동작을 풀이하는 서술어이며, 동사이므로 '어찌하다'에 해당한다.

③ '놀랐다'는 '나'라는 주체의 동작을 풀이하는 서술어이며, 동사이므로 '어찌하다'에 해당한다.

⑤ '싫어한다'는 '친구'라는 주체의 작용을 풀이하는 서술어이며, 동사이므로 '어찌하다'에 해당한다.

> 📖 **개념 복습!** 서술어는 크게 세 가지 형태로 나뉜다. 첫째, '어찌하다'와 같이 주어의 동작이나 작용을 나타내는 경우로 동사가 이에 해당한다. 둘째, '어떠하다'와 같이 주어의 상태나 성질을 나타내는 경우로 형용사가 이에 해당한다. 셋째, '무엇이다'와 같이 주어를 지정하는 경우로 체언과 서술격 조사가 결합된 형태가 이에 해당한다.

08 정답 ④

정답 풀이 '어느새 주위는 칠흑같이 깜깜하다. 어디선가 희미한 빗소리만이 들린다.'에서 문장을 이루는 데 필요한 주성분만을 추려 보면, '주위는 깜깜하다. 빗소리만이 들린다.'이다. 그 밖의 문장 성분은 '어느새', '칠흑같이', '어디선가', '희미한'으로 총 4개이다.

09 정답 ⑤

정답 풀이 주성분은 문장을 이루는 데 기본적으로 필요한 문장 성분이다. 따라서 〈보기〉에서 주성분은 '저는, 쉬었어요, 피곤이, 쌓였나 봐요. 힘이, 나네요.'이다.

10 정답 ⑤

정답 풀이 '드디어 산에 올라갔다.', '산에 눈이 펄펄 내렸다.', '그러나 우리는 환호성을 질렀다.'라는 문장은 '누가/무엇이 어찌하다' 구조이다. 그러나 '찬바람이 몹시 매서웠다.'라는 문장은 '무엇이 어떠하다' 구조이다.

오답 풀이

① 각 문장의 주어는 '(우리는) 드디어 산에 올라갔다.'에서 '우리는', '산에 눈이 펄펄 내렸다.'에서 '눈이', '찬바람이 몹시 매서웠다.'에서 '찬바람이', '그러나 우리는 환호성을 질렀다.'에서 '우리는'이다. 따라서 주어는 모두 4개이다.

② '드디어 산에 올라갔다.'에는 주어가 생략되어 있다. 그러나 '우리는 환호성을 질렀다.'라는 뒤의 문장을 볼 때 산에 올라간 주체는 '우리'이므로 주어는 '우리는'임을 알 수 있다.

③ 주성분은 주어, 서술어, 목적어, 보어이다. '산에 눈이 펄펄 내렸다.'라는 문장에서 주성분은 '눈이'라는 주어와 '내렸다'라는 서술어이다.

④ '찬바람이 몹시 매서웠다.'에서 '몹시'를 생략해도 '찬바람이 매서웠다.'라는 문장이 되어 주어인 '찬바람이'와 서술어인 '매서웠다'만으로도 문장이 성립될 수 있다.

11 정답 ⑤

정답 풀이 '아버지께서 그 소식을 들으면 기뻐하시겠어.'에서 주어는 '아버지께서'이다. 따라서 ⓜ의 주어는 문맥상 생략할 수 없으므로 주어가 없어도 의미가 통한다고 이해한 것은 적절하지 않다.

오답 풀이

① '날씨가 쌀쌀해.'에서 '날씨가'는 상태나 성질을 나타내는 서술어 '쌀쌀하다'의 주체이다.

② '제법 춥죠?'에서 '제법'은 문장을 이루는 데 꼭 필요한 성분이 아니므로 생략해도 문장이 성립한다.

③ '참, 수진이가 학교에서 전화했어요.'에서 '전화했어요.'는 '수진이'의 동작을 나타내는 서술어이다.

④ '제법 춥죠?'는 '날씨가 제법 춥죠?'라는 문장에서 주어가 생략된 형태이다. '반 대표로 상장을 받았대요.'는 '수진이가 반 대표로 상장을 받았대요.'라는 문장에서 주어가 생략된 형태이다. 따라서 ⓛ, ⓔ을 통해 주어는 앞뒤 문맥으로 보아 주어가 분명할 때는 생략할 수 있다고 이해할 수 있다.

> 📖 **개념 복습!** 주어는 다음과 같은 형태로 만들어진다.
> • 체언과 주격 조사 '이/가'가 결합한 형태의 주어가 많이 쓰인다.
> • 높임의 대상은 주격 조사 '이/가' 대신 '께서'를 붙인다.
> • 단체인 경우에는 '에서'를 명사에 붙여 주어를 나타낸다.
> • 주격 조사 '이/가' 대신 체언에 보조사를 결합하여 주어를 나타내기도 하는데 주로 보조사 '은/는'이 많이 결합한다.
> • 조사를 생략하고 체언만을 사용해 주어를 나타내기도 한다.

12 정답 예 ㉠은 문장을 이루는 데 주성분(필수적인 문장 성분)만으로 이루어진 반면, ㉡은 문장을 이루는 데 보조 성분(필수적이지 않은 문장 성분)도 사용되었다.

채점 기준
㉠이 주성분만으로 이루어졌음을 분석함.
㉡은 주성분 외에 다른 문장 성분, 즉 보조 성분도 사용되었음을 분석함.

✏️ **필수 단어** 문장, 주성분(필수적인 문장 성분), 보조 성분(필수적이지 않은 문장 성분)

정답 풀이 ㉠ '그분은 멋지다.'라는 문장은 주어와 서술어로만 이루어져 있으며, ㉡ '눈동자가 무척 맑다.'라는 문장은 주어와 서술어 외에 다른 문장 성분도 포함하고 있다. ㉡은 '무척'이라는 말을 생략해도 문장은 성립된다. 따라서 ㉠은 필수적인 성분, 즉 주성분만으로 이루어진 문장인 반면, ㉡은 주성분 외의 문장 성분, 즉 보조 성분도 사용되었음을 알 수 있다.

DAY 20 목적어, 보어

확인 문제
본문 · 098~099쪽

01 ③ **02** 밥, 반찬만, 야단을 **03** ③ **04** (1) ㉠ (2) ㉣ **05** ③ **06** 동생은, 어린애가 **07** 이, 가 **08** ③ **09** ③

내신 대비 문제
본문 · 100~101쪽

01 ④ **02** ④ **03** ③ **04** ③ **05** ④ **06** 아니다 **07** ⑤ **08** ② **09** ④ **10** ① **11** ④ **12** 예 '커피를'은 목적어이고 '신사가'는 보어로, 문장을 이루는 데 기본적으로 필요한 주성분이다.

---

01 정답 ④

정답 풀이 목적어는 주로 주어와 서술어 사이에 놓이며, 보어는 '되다'나 '아니다' 앞에서 그 서술어의 의미를 보충하는 성분이므로 위치의 이동이 제한적이다.

오답 풀이
① 서술어는 주어의 동작이나 작용, 상태나 성질 등을 풀이하는 문장 성분이다.
② 목적어는 서술어가 나타내는 동작의 대상이 되는 문장 성분이다.
③ 불완전한 서술어 '되다'나 '아니다'가 완전한 의미의 문장이 되려면 그 서술어의 의미를 보충하는 보어가 반드시 필요하다.
⑤ 목적어는 서술어가 동작을 나타낼 때 그 대상이 되는 문장 성분이며, 보어는 '되다'나 '아니다'라는 서술어가 필수적으로 요구하는 문장 성분이다. 따라서 목적어와 보어는 서술어에 따라 필요한 문장 성분이라고 할 수 있다.

02 정답 ④

정답 풀이 주성분은 주어, 서술어, 목적어, 보어이다. ④의 '빗방울이 하나둘씩 떨어진다.'에는 주어 '빗방울이'와 서술어 '떨어진다'라는 주성분이 사용되었다. '하나둘씩'은 주성분에 해당하지 않는다.

03 정답 ③

정답 풀이 목적어는 서술어가 나타내는 동작의 대상이 되는 문장 성분이다. ③의 '흘리다'는 '눈물을 흘리다.'와 같이 목적어를 취하는 서술어이며, '추다'는 '춤을 추다.'와 같이 목적어를 취하는 서술어이다.

오답 풀이
① '빠르다'는 '자동차가 빠르다.'와 같이 목적어가 필요하지 않으며, '타다'는 '자동차를 타다.'와 같이 목적어가 필요하다.
② '끓이다'는 '라면을 끓이다.'와 같이 목적어가 필요하며, '솟다'는 '해가 솟다.'와 같이 목적어가 필요하지 않다.

④ '미워하다'는 '철수를 미워하다.'와 같이 목적어가 필요하며, '넓다'는 '운동장이 넓다.'와 같이 목적어가 필요하지 않다.
⑤ '칭찬하다'는 '순이를 칭찬하다.'와 같이 목적어가 필요하며, '크다'는 '키가 크다.'와 같이 목적어가 필요하지 않다.

04 정답 ③

정답 풀이 ③의 '오 분'은 상태의 주체를 나타내는 주어에 해당한다. 나머지는 모두 목적어에 해당한다.

오답 풀이
① '숙제'는 목적격 조사가 생략된 목적어이다.
② '것만'은 체언에 목적격 조사 대신 보조사가 결합된 목적어이다.
④ '세 공기나'는 체언에 목적격 조사 대신 보조사가 결합된 목적어이다.
⑤ '저것이라도'는 체언에 목적격 조사 대신 보조사가 결합된 목적어이다.

개념 복습! 목적어는 체언과 목적격 조사가 결합하거나, 목적격 조사 '을/를' 대신 보조사가 쓰여 목적어를 나타낸다. 또 목적격 조사나 보조사를 생략하고 체언 단독으로 목적어를 나타내기도 한다. 그리고 목적격 조사와 보조사가 함께 결합되어 목적어를 나타내기도 한다.

05 정답 ④

정답 풀이 보어는 서술어 '되다'나 '아니다'를 보충하는 문장 성분으로, 주어 외에 '누가', '무엇이'에 해당하는 부분을 말한다. 따라서 '일이 엉망진창으로 되었다.'에서 '엉망진창으로'는 부사어이지 보어라고 할 수 없다. 보어가 되려면 '일이 엉망진창이 되었다.'가 되어야 한다.

오답 풀이
① '죽이'는 체언에 보격 조사 '이'가 결합한 형태로 '되었다' 앞에서 그 의미를 보충하고 있으므로 보어이다.
② '죄인이'는 체언에 보격 조사 '이'가 결합한 형태로 '아니다' 앞에서 그 의미를 보충하고 있으므로 보어이다.
③ '동물이'는 체언에 보격 조사 '이'가 결합한 형태로 '아니다' 앞에서 그 의미를 보충하고 있으므로 보어이다.
⑤ '어른이'는 체언에 보격 조사 '이'가 결합한 형태로 '되었다' 앞에서 그 의미를 보충하고 있으므로 보어이다.

개념 복습! 보어는 '되다'나 '아니다' 앞에서 그 서술어의 의미를 보충하는 문장 성분이다. '되다'나 '아니다'가 서술어로 쓰이는 경우 그 의미가 완전하지 못하여 체언에 '이/가'라는 보격 조사나 보조사 등이 결합해 그 서술어의 의미를 보충한다. '주어＋보어＋서술어'의 구조로 주어와 보어가 '이/가'나 '은/는'이라는 같은 형태의 조사를 취한다.

06 정답 아니다

정답 풀이 〈보기〉에서 앞 문장의 '거짓말쟁이'와 뒤 문장의 '순수한 청년'은 반대되는 의미의 말이다. 거짓말쟁이가 되었다는 앞 문장의 문맥을 고려할 때 '순수한 청년이' 다음에 들어갈 서술어는 '아니다'이다.

07 정답 ⑤

정답 풀이 '밤하늘에 반짝이는 별이 떴다.'는 '별이 떴다.'라는 주어와 서술어만으로도 문장이 성립한다. 따라서 '반짝이는'은 생략할 수 있다.

오답 풀이

① '있니'는 서술어로, 문장이 성립하는 데 반드시 필요한 문장 성분으로 생략할 경우 불완전한 문장이 된다.

② 서술어 '되었다'는 그 자체로는 의미가 완전하지 못하여 보어를 필요로 한다. '얼음이'는 보어로서 이를 생략할 경우 불완전한 문장이 된다.

③ 서술어 '아니다'는 그 자체로는 의미가 완전하지 못하여 보어를 필요로 한다. '과일이'는 보어로서 이를 생략할 경우 불완전한 문장이 된다.

④ 서술어 '망가뜨렸다'는 타동사로서 목적어를 반드시 필요로 한다. '시계를'은 목적어로서 이를 생략할 경우 불완전한 문장이 된다.

08 정답 ②

정답 풀이 ②의 '얼음으로'는 체언에 부사격 조사 '으로'가 붙은 것으로 보어가 아닌 필수적 부사어이다.

오답 풀이

① '범인은'은 체언에 보조사 '은'이 결합한 것으로, 서술어 '아니다'의 의미를 보충하는 보어이다.

③ '문제는'은 체언에 보조사 '는'이 결합한 것으로, 서술어 '아니다'의 의미를 보충하는 보어이다.

④ '주민도'는 체언에 보조사 '도'가 결합한 것으로, 서술어 '아니다'의 의미를 보충하는 보어이다.

⑤ '학생회장도'는 체언에 보조사 '도'가 결합한 것으로, 서술어 '되었다'의 의미를 보충하는 보어이다.

09 정답 ④

정답 풀이 ㄱ. A가 '정답은(주어) 2번이(보어) 아니다(서술어).'로 분석되는 것으로 볼 때, A는 주성분만으로 이루어진 문장임을 알 수 있다. ㄴ. B의 '한글은 우리의 문자이다.'에서 '우리의'를 생략한 '한글은 문자이다.'만으로도 문장이 성립한다. ㄷ. C의 '조는 학생들이 의외로 많다.'에서 주성분은 '학생들이'라는 주어와 '많다'라는 서술어로, 필수적인 문장 성분은 2개이다. ㄹ. D의 '때렸다'는 그 동작의 대상이 필요하므로 '흥부를'이라는 목적어를 취하고 있다. 따라서 A~D에 대한 설명이 적절한 것은 ㄱ, ㄴ, ㄹ이다.

10 정답 ①

정답 풀이 '형은 차를 몰고 멀리 갔다.'에서 '갔다'는 자동사로 목적어를 필요로 하지 않는 말이다. 이 문장에서 '차를'이라는 문장 성분은 '몰고'라는 서술어가 필요로 하는 목적어이다.

오답 풀이

② '귀엽다'는 주어가 '어떠하다'에 해당하는 말로, 주체의 상태나 성

질을 풀이하는 말이다.

③ '눈을'은 '감는다'라는 서술어가 나타내는 행위의 대상이 되는 목적어이다.

④ '바다가 맑다.'로 주어와 서술어만으로 문장이 성립하므로 '드넓은'은 문장을 성립하는 데 반드시 필요한 문장 성분은 아니다.

⑤ '개척자가'는 서술어 '되었다' 앞에서 의미를 보충하는 보어이다.

11 정답 ④

정답 풀이 ㉣ '어디 가서 밥이나 먹자.'는 '먹자'의 주체, 즉 주어가 생략되어 있다. 그러나 목적어가 생략되어 있지는 않다. 목적어는 '밥이나'로, '밥'에 보조사 '이나'가 결합되어 목적어가 되었다.

오답 풀이

① '과제 다했어?'에서 '과제'는 '과제를'이라는 목적어에 해당한다. 이를 통해 목적격 조사를 생략해도 목적어가 될 수 있음을 알 수 있다.

② '아니, 난 신이 아니야.'에는 서술어 '아니야'를 보충하는 말로 보어 '신이'가 사용되었다.

③ '그렇게 많이 내 주었는데…….'에는 앞 문장 '과제 다했어?'로 볼 때 '과제를'이라는 목적어가 생략되어 있다. 이를 통해 문맥상 목적어가 무엇인지 알 수 있는 경우에 이를 생략할 수도 있음을 알 수 있다.

⑤ '난 그것도 모르고 만나자고 했군.'에서 '그것도'(그것을)는 목적격 조사 대신 보조사가 결합된 목적어이다. 이를 통해 보조사로도 목적어를 만들 수 있음을 알 수 있다.

12 정답 예 '커피를'은 목적어이고 '신사가'는 보어로, 문장을 이루는 데 기본적으로 필요한 주성분이다.

채점 기준
'커피를'이 목적어이고 '신사가'가 보어임을 밝힘.
'커피를'과 '신사가'가 문장을 이루는 데 기본적으로 필요한 주성분임을 밝힘.

필수 단어 '커피를', 목적어, '신사가', 보어, 주성분

정답 풀이 '탔다'라는 서술어는 그 동작의 대상이 되는 문장 성분인 목적어가 필요하다. 따라서 '커피를'은 타는 대상이므로 목적어이다. '아니다'라는 서술어는 완전한 문장이 되기 위해 의미를 보충하는 보어가 필요하다. '신사가'는 '아니다'라는 서술어 앞에서 그 서술어의 의미를 보충하고 있으므로 보어에 해당한다.

개념 복습! 문장을 이루는 데 필수적 문장 성분을 주성분이라 한다. 주성분에는 주어, 서술어, 목적어, 보어가 있다. 주어와 서술어는 문장에서 반드시 필요한 성분이고, 목적어와 보어는 서술어의 성격에 따라 필요한 성분이다. 목적어는 서술어가 동작을 나타내는 경우에, 보어는 서술어가 '되다'와 '아니다'인 경우에 취한다.

DAY 21 관형어, 부사어, 독립어

확인 문제
본문 · 102~103쪽

01 시 **02** ② **03** 학교 **04** (1) ⓒ (2) ㉠ (3) ⓛ
05 ② **06** 본래 **07** 부사어를 꾸며 주는 부사어: 매우 /
관형어를 꾸며 주는 부사어: 아주 **08** 수지야, 와

내신 대비 문제
본문 · 104~105쪽

01 ④ **02** ① **03** ④ **04** ⑤ **05** ④ **06**
관형어: 꺼낸, 빨간 / 부사어: 냉장고에서, 맛있게 **07** ③ **08** ④
09 ⑤ **10** ④ **11** ⑤ **12** ⓔ 주로 주성분의 내용을 수
식하는 부속 성분으로 문장을 이루는 데 반드시 필요하지는 않다.

01 정답 ④

정답 풀이 부속 성분은 주로 주성분의 뜻을 수식하는 기능을 하는
성분으로, 관형어와 부사어가 이에 속한다. '오랜만이니 우리 차나
한잔하러 가요, 네?'에서 '네'는 독립어이므로 부속 성분이 아니다.

오답 풀이
① '아기자기한'은 '물건'이라는 체언을 꾸며 주는 관형어이다. 따라
서 부속 성분에 해당한다.
② '확실히'는 '그는 반장으로서 역할을 잘한다.'라는 문장을 꾸며 주
는 부사어이다. 따라서 부속 성분에 해당한다.
③ '어느'는 '마을'이라는 체언을 꾸며 주는 관형어이다. 따라서 부속
성분에 해당한다.
⑤ '그러므로'는 '이틀째 꼬박 밤을 샜다.'라는 문장과 '자야 한다.'라
는 문장을 이어 주는 접속 부사어이다. 따라서 부속 성분에 해당
한다.

02 정답 ①

정답 풀이 관형어는 체언을 꾸며 주는 문장 성분이므로 체언 없이
혼자서는 쓰일 수 없으며(ㄱ), '시골 학교'와 같이 관형격 조사가 생
략된 채 체언만으로도 관형어가 될 수 있다(ㄴ).

오답 풀이
ㄷ. 관형어는 관형격 조사 '의' 외에 다른 보조사가 결합하기 어렵다.
ㄹ. 관형어는 체언을 꾸며 주는 말로서 반드시 꾸밈을 받는 체언 앞
에 놓여야 하기에 문장 내 위치 이동이 어렵다.

> 📖 **개념 복습!** 관형어와 부사어는 주로 주성분을 꾸며 주는 부속 성
> 분으로, 관형어는 체언을, 부사어는 주로 용언을 꾸며 준다.

관형어	부사어
혼자서는 쓰이지 못함.	혼자서 쓰일 수 있음.
주로 꾸밈을 받는 말 앞에 놓임.	위치가 비교적 자유로움.

03 정답 ④

정답 풀이 '거세게'는 용언의 어간 '거세–'에 부사형 어미 '–게'가 붙
어 '분다'라는 용언을 꾸며 주는 부사어이다.

오답 풀이
① '색다른'은 용언의 어간 '색다르–'에 관형사형 어미 '–ㄴ'이 붙어
'맛'이라는 체언을 꾸며 주는 관형어이다.
② '독서의'는 체언 '독서'에 관형격 조사 '의'가 붙어 '계절'이라는 체
언을 꾸며 주는 관형어이다.
③ '맨'은 관형사로 '처음'이라는 체언을 꾸며 주는 관형어이다.
⑤ '고생한'은 용언의 어간 '고생하–'에 관형사형 어미 '–ㄴ'이 붙어
'일'이라는 체언을 꾸며 주는 관형어이다.

04 정답 ⑤

정답 풀이 '정부에서는' 서술어 '발표했다'의 주체이므로 주어에 해당
한다. 주체가 단체일 때 붙는 '에서'는 주격 조사 역할을 한다.

오답 풀이
① '유독'은 부사로 '어렵다'라는 용언을 꾸며 주는 부사어이다.
② '펑펑'은 부사로 '내린다'라는 용언을 꾸며 주는 부사어이다.
③ '집으로'는 체언 '집'에 부사격 조사 '으로'가 붙어 '가는 중이다'라
는 용언을 꾸며 주는 부사어이다.
④ '기쁘게'는 용언의 어간 '기쁘–'에 부사형 어미 '–게'가 붙어 '받아
들였다'라는 용언을 꾸며 주는 부사어이다.

05 정답 ④

정답 풀이 '처음부터'는 체언에 부사격 조사 '부터'가 결합한 부사어
로 '대단했다'라는 용언을 꾸며 준다.

오답 풀이
① '아주'는 부사어로서 '높이'라는 부사어를 꾸며 주며, 이 문장에서
는 '높이'라는 부사어가 '날아간다'라는 용언을 꾸며 주기도 한다.
② '매우'는 부사어로서 '현명한'이라는 관형어를 꾸며 준다.
③ '많이'는 부사어로서 '내린다'라는 용언을 꾸며 준다.
⑤ '과연'은 부사어로서 '내가 그 일을 할 수 있을까?'라는 문장 전체
를 꾸며 준다.

06 정답 관형어: 꺼낸, 빨간 / 부사어: 냉장고에서, 맛있게

정답 풀이 '꺼낸'과 '빨간'은 '감'이라는 체언을 꾸며 주는 관형어이
다. '냉장고에서'는 '꺼낸'이라는 용언을 꾸며 주는 부사어이며, '맛있
게'는 '먹었다'라는 용언을 꾸며 주는 부사어이다.

07 정답 ③

정답 풀이 〈보기〉의 '와'는 뜻밖의 기쁜 일이 생겼을 때 내는 소리로,
다른 문장 성분과 직접적인 관련이 없는 독립어이다. ③은 '모름지기
(부사어) 아이들은(주어) 실컷(부사어) 놀아야 한다(서술어).'로 이루
어진 문장으로, 독립어가 쓰이지 않았다.

① '예'라는 독립어가 사용되었다.

② '영은아'라는 독립어가 사용되었다.

④ '어머나'라는 독립어가 사용되었다.

⑤ '사랑'이라는 독립어가 사용되었다.

08 정답 ④

정답 풀이 〈보기〉의 문장은 '독립어(엄마)+주어(저)+부사어(많이) +서술어(늦어요)'로 이루어져 있다. ④는 '할아버지(독립어), 제가(주어) 진심으로(부사어) 사랑합니다(서술어).'로 〈보기〉의 문장과 문장 성분의 구성이 같다.

오답 풀이

① '와(독립어), 이(관형어) 김밥(주어) 정말(부사어) 맛있다(서술어).' 로 이루어져 있다.

② '선아야(독립어), 너(주어) 집에(부사어) 언제(부사어) 갈 거야(서 술어)?'로 이루어져 있다.

③ '어머(독립어), 지우가(주어) 의외로(부사어) 일을(목적어) 잘하네 (서술어).'로 이루어져 있다.

⑤ '물(독립어), 그것은(주어) 인간에게(부사어) 꼭(부사어) 필요한(관 형어) 물질이다(서술어).'로 이루어져 있다.

09 정답 ⑤

정답 풀이 '동생과'는 '다르다'라는 서술어가 필수적으로 요구하는 부사어로, 이 문장 성분을 생략할 경우 '나의 성격'이 누구와 다른지 를 알 수 없어 문장의 의미가 제대로 전달되지 않는다.

오답 풀이

① '우아'는 독립어로, 이 문장 성분 없이 '우리 반이 이겼다.'만으로 의미가 전달된다.

② '밥을'은 목적어로 '먹었지'라는 서술어가 필수적으로 요구하는 문 장 성분이지만, 앞의 문장 '밥은 먹었니?'로 미루어 보아 문맥상 생략해도 문장의 의미는 전달된다.

③ '있어'는 앞의 문장 '너, 어디에 있어?'로 미루어 보아 문맥상 생략 해도 문장의 의미는 전달된다.

④ '어머나'는 독립어로, 이 문장 성분 없이 '밤새 꽃이 활짝 폈네.'만 으로 의미가 전달된다.

10 정답 ④

정답 풀이 '그'는 '강아지'를 꾸며 주는 관형어이다. 관형어는 부속 성분으로 문장이 성립하는 데 반드시 필요한 성분은 아니다.

오답 풀이

① '사회인이'는 '되었다'라는 서술어가 그 의미를 보충하기 위해 필 수적으로 요구하는 보어이다.

② '사물함에'는 '넣어 두었다'라는 서술어가 필수적으로 요구하는 부 사어이다.

③ '발판으로'는 '삼았다'라는 서술어가 필수적으로 요구하는 부사어 이다.

⑤ '일을'은 '몰아쳐서'라는 서술어가 필수적으로 요구하는 목적어이다.

개념 복습! 부사어는 부속 성분이라서 필수적인 문장 성분은 아 니지만, 특정 서술어의 경우 부사어를 반드시 요구한다. 그 부사어를 필수적 부사어라 한다.

필수적 부사어를 취하는 서술어	필수적 부사어
닮다, 다르다, 비슷하다, 같다 등	체언+조사 '와/과', '랑'
주다, 두다, 넣다, 놓다, 다가서다 등	체언+조사 '에/에게'
삼다, 변하다	체언+조사 '(으)로'

11 정답 ⑤

정답 풀이 ㉠에서는 '저', '두', '젊은'이라는 관형어가 '사람들이'라는 주어를 꾸며 준다. ㉡에서는 '아주'라는 부사어가 '많이'라는 부사어 를, '많이'라는 부사어가 '난다'라는 서술어를 꾸며 준다. ㉢에서는 '먹 을'이라는 관형어가 '것이'라는 주어를, '할'이라는 관형어가 '뿐이다' 라는 서술어를 꾸며 준다. ㉣에서는 '온갖'이라는 관형어가 '근심을' 이라는 목적어를, '아주'라는 부사어가 '밝은'이라는 관형어를, 이 '밝 은'은 '생각을'이라는 목적어를 꾸며 준다. 이를 통해 관형어가 주성 분을 꾸며 준다고 할 수 있지만, 부사어는 서술어 외에 부사어나 관 형어와 같은 부속 성분도 꾸며 준다는 것을 알 수 있다.

오답 풀이

① ㉠에서는 '저', '세', '젊은'이라는 3개의 관형어가 '사람들'이라는 체언을 꾸며 주고 있다.

② ㉡에서 '아주'와 '많이'라는 부사어는 서술어 앞에 놓이기도 하고 주어 앞에 놓이기도 한다. 이를 통해 부사어는 자리 이동이 자유 로운 편임을 알 수 있다.

③ ㉢에서는 의존 명사 '것'과 '뿐' 앞에 '먹을', '할'이라는 관형어가 쓰 였음을 확인할 수 있다. 관형어 없이 '집에 것이 없다.', '그는 구 경만 뿐이다.'라는 문장은 성립하지 않으므로 관형어가 부속 성분 이지만 의존 명사 앞에는 관형어가 반드시 필요하다는 사실을 알 수 있다.

④ ㉣에서는 '온갖'이라는 관형사가 조사 등 다른 문법적 요소와의 결 합 없이 그대로 관형어로 쓰여 '근심'이라는 체언을 꾸며 주고 있다.

12 정답 **예** 주로 주성분의 내용을 수식하는 부속 성분으로 문장을 이루는 데 반드시 필요하지는 않다.

채점 기준
주로 주성분의 내용을 수식하는 부속 성분임을 밝힘.
부속 성분은 문장을 성립하는 데 필수적으로 요구되는 성분은 아님을 밝힘.

필수 단어 부속 성분, 문장, 필요, 않다

정답 풀이 '오랜만에'는 '깨끗한 공기를 마실 수 있어서'를 꾸며 주는 부 사어이고, '깨끗한'은 체언 '공기'를 꾸며 주는 관형어이다. 또 '참'은 용언 '좋다'를 꾸며 주는 부사어이다. 부사어와 관형어는 주로 주성분을 꾸며 주는 부속 성분으로, 문장이 성립하는 데 반드시 필요하지는 않다.

DAY 22 홑문장과 겹문장, 이어진문장

확인 문제　　　　본문 · 106~108쪽

01 ①	**02** (1) 2개 (2) 겹문장	**03** 바다가	**04** ③
05 ③	**06** (1) 서술어 (2) 2개	**07** (1) ⓒ (2) ⑤	**08** ②
09 (1) ⓒ (2) ⓒ (3) ⑤		**10** 원인(이유)	**11** ②	**12** (1)
○ (2) ×			

내신 대비 문제　　　　본문 · 109~111쪽

01 ③	**02** ⑤	**03** ③	**04** ③	**05** ②	**06**
②	**07** ③	**08** ⑤	**09** ③	**10** ④	**11** ④

12 ⑩ 사람은 착하면 복을 받는다. / 사람은 착해야 복을 받는다.
13 ③　**14** ⑤　**15** ③　**16** ④　**17** ③　**18** ⑩
머리를 깎으러(깎고자/깎으려고) 미용실에 갔다. 종속적으로 연결된 이
어진문장이다.

---

01 정답 ③

정답 풀이 홑문장과 겹문장을 구분하는 기준은 주어와 서술어의 관
계가 몇 번 나타나는가 하는 것이다. 홑문장은 주어와 서술어의 관계
가 한 번만 나타나는 문장이고, 겹문장은 주어와 서술어의 관계가 두
번 이상 나타나는 문장이다.

오답 풀이
① 품사는 문장의 유형이 아니라 단어를 구분하는 기준이다.
② 필수적인 문장 성분은 주어, 서술어, 목적어, 보어와 같은 주성분
　을 말한다. 홑문장과 겹문장을 구분하는 기준은 주성분이 아니라
　주성분 중 주어와 서술어의 관계가 이루어진 개수에 달려 있다.
④ 문장과 문장이 어떤 의미 관계를 맺고 있느냐에 따라서는 대등하
　게 연결된 이어진문장과 종속적으로 연결된 이어진문장으로 나눌
　수 있다.
⑤ 문장 성분의 개수가 많아도 주어와 서술어의 관계가 한 번만 나오
　면 홑문장이므로 문장 성분의 총 개수는 홑문장과 겹문장을 나누
　는 기준이 될 수 없다.

📖 **개념 복습!** 주성분은 문장이 골격을 이루는 데 필수적인 성분으
로 주어, 서술어, 목적어, 보어가 이에 해당한다. 이 외에 서술어에 따
라 특정한 부사어가 문장을 성립하는 데 필수적으로 요구된다.

02 정답 ⑤

정답 풀이 〈보기〉의 문장은 '우리는(주어) 오랜만에(부사어) 만났다
(서술어). / 우리는(주어) 영화도(목적어) 보았다(서술어). / 우리는
(주어) 밥도(목적어) 먹었다(서술어). / 우리는(주어) 노래방도(부사
어) 갔다(서술어). / 우리는(주어) 춤도(목적어) 추었다(서술어).'로

분석된다. 따라서 〈보기〉의 문장에서 주어와 서술어의 관계는 5번
나타난다.

03 정답 ③

정답 풀이 〈보기〉의 문장은 '아(독립어), 저(관형어) 학생은(주어)
영어(관형어) 단어를(목적어) 정말(부사어) 빨리(부사어) 외우는구나
(서술어).'로 분석된다. 따라서 〈보기〉의 문장은 주어와 서술어의 관
계가 한 번 나타나는 홑문장이다.

오답 풀이
①, ⑤ 〈보기〉의 문장은 홑문장으로 앞 절과 뒤 절을 구분할 수 없다.
② 부사어 '정말'은 '빨리'라는 부사어를, 부사어 '빨리'는 '외우는구나'
　라는 용언을 꾸며 준다. 〈보기〉의 문장에서 부사어가 관형어를
　꾸며 주고 있지는 않다.
④ 서술어 '외우는구나'는 목적어를 반드시 필요로 한다. 〈보기〉의
　문장은 주어와 서술어 외에 목적어를 필수적으로 요구하는 문장
　이다.

04 정답 ③

정답 풀이 홑문장은 주어와 서술어의 관계가 한 번 나타나는 문장
이다. ③이 '우리(관형어) 집(관형어) 화초에(부사어) 드디어(부사어)
싹이(주어) 돋았다(서술어).'로 분석되는 것으로 볼 때 주어와 서술어
의 관계가 한 번 나타나는 홑문장이다.

오답 풀이
① '산은(주어) 높다(서술어).'와 '바다는(주어) 넓다(서술어).'라는 두
　문장이 이어진 겹문장이다.
② '길이(주어) 막혔다(서술어).'와 '나는(주어) 학교에(부사어) 지각을
　(목적어) 했다(서술어).'라는 두 문장이 이어진 겹문장이다.
④ '그는(주어) 사람들을(목적어) 도와주었다(서술어).'와 '그는(주어)
　흐뭇해했다(서술어).'라는 두 문장이 이어진 겹문장이다.
⑤ '바람이(주어) 많이(부사어) 불다(서술어).'와 '나는(주어) 일찍(부
　사어) 집에(부사어) 들어가야겠다(서술어).'라는 두 문장이 이어진
　겹문장이다.

05 정답 ②

정답 풀이 ㄱ은 '나는(주어) 강아지와(부사어) 함께(부사어) 산책을
(목적어) 나갔다(서술어).'로 분석되는 것으로 볼 때 홑문장이다.
ㄴ은 '오월이(주어) 오다(서술어).'와 '벌써(부사어) 날씨가(주어) 더워
진다(서술어).'라는 문장이 이어진 겹문장이다. ㄷ은 '사람들이(주어)
공원에서(부사어) 운동을(목적어) 열심히(부사어) 한다(서술어).'로
분석되는 것으로 볼 때 홑문장이다. ㄹ은 '우리(관형어) 식구들은(주
어) 고추를(목적어) 심다(서술어).'와 '우리(관형어) 식구들은(주어)
무척(부사어) 바쁘다(서술어).'라는 문장이 이어진 겹문장이다. 따라
서 홑문장은 ㄱ, ㄷ이, 겹문장은 ㄴ, ㄹ이 해당된다.

06 정답 ②

정답 풀이 〈보기〉에서 이어진문장은 둘 이상의 홑문장이 연결 어미에 의해 대등하거나 종속적으로 결합된 방식이고, 안은문장은 하나의 홑문장이 다른 문장을 문장 성분으로 가지는 방식이라고 제시하고 있다. '굵은 빗방울들이 창문을 때린다.'에서는 '빗방울들이 창문을 때린다.'라는 문장이 '빗방울들이 굵다.'라는 문장을 하나의 문장 성분(관형어)으로 가지므로 이어진문장이라고 할 수 없다.

오답 풀이

① '비가 오다.'라는 문장과 '운동회가 취소되었다.'라는 문장이 연결 어미 '-아서'에 의해 종속적으로 연결된 이어진문장이다.

③ '비가 그치다.'라는 문장과 '우리는 운동회를 할 것이다.'라는 문장이 연결 어미 '-면'에 의해 종속적으로 연결된 이어진문장이다.

④ '비가 너무 많이 내렸다.'라는 문장과 '둑이 무너졌다.'라는 문장이 연결 어미 '-어'에 의해 종속적으로 연결된 이어진문장이다.

⑤ '오전에는 비가 왔다.'라는 문장과 '오후에는 비가 그쳤다.'라는 문장이 연결 어미 '-지만'에 의해 대등하게 연결된 이어진문장이다.

07 정답 ③

정답 풀이 〈보기〉의 '토끼는 빠르며 거북이는 느리다.'는 두 문장이 연결 어미 '-며'에 의해 대등하게 연결된 이어진문장이다. ③은 '나는 많이 먹는다.'와 '나는 살이 찌지 않는다.'라는 두 문장이 연결 어미 '-지만'에 의해 대등하게 연결된 이어진문장으로, 〈보기〉와 문장의 유형이 유사하다.

오답 풀이

① '그는(주어) 아버지와(부사어) 닮지 않았다(서술어).'로 분석되는 것으로 볼 때 주어와 서술어가 한 번 나타나는 홑문장이다.

② '아이들은(주어) 교실에서(부사어) 아주(부사어) 시끄럽다(서술어).'로 분석되는 것으로 볼 때 주어와 서술어가 한 번 나타나는 홑문장이다.

④ '우진이는 그 친구를 돕다.'라는 문장과 '우진이는 노력했다.'라는 문장이 연결 어미 '-려고'에 의해 종속적으로 연결된 이어진문장이다.

⑤ '그가 발표를 하다.'라는 문장과 '우리는 질문을 할 것이다.'라는 문장이 연결 어미 '-면'에 의해 종속적으로 연결된 이어진문장이다.

08 정답 ⑤

정답 풀이 〈보기〉의 문장은 '선생님이 떠나신다.'라는 문장과 '선생님이 설마 우리를 잊으시겠니?'라는 문장이 '-더라도'라는 양보의 의미를 지니는 연결 어미에 의해 종속적으로 연결된 이어진문장이다. ⑤는 '나는 시험에 떨어지다.'라는 문장과 '나는 좌절하지 않는다.'라는 문장이 '-어도'라는 양보의 의미를 지니는 연결 어미에 의해 종속적으로 연결된 이어진문장이다.

오답 풀이

① '너는 많이 졸리다.'라는 문장과 '너는 잠을 자라.'라는 문장이 조건의 뜻을 가진 연결 어미 '-면'에 의해 종속적으로 연결된 이어진문장이다. 결합하는 과정에서 주어가 생략되었다.

② '사람은 오래 겪어 보다.'라는 문장과 '사람은 안다.'라는 문장이 조건의 뜻을 가진 연결 어미 '-아야'에 의해 종속적으로 연결된 이어진문장이다.

③ '가을이 되다.'라는 문장과 '나뭇잎들이 떨어진다.'라는 문장이 원인의 뜻을 가진 연결 어미 '-어서'에 의해 종속적으로 연결된 이어진문장이다.

④ '그는 밥만 먹는다.'라는 문장과 '그는 잘 자라지 않는다.'라는 문장이 원인의 뜻을 가진 연결 어미 '-으니까'에 의해 종속적으로 연결된 이어진문장이다.

09 정답 ③

정답 풀이 〈보기〉의 문장은 '우리는 질서를 지키다.'라는 문장과 '우리는 노력했다.'라는 문장이 목적, 의도를 나타내는 연결 어미 '-고자'에 의해 종속적으로 연결된 이어진문장이다. 따라서 앞 절은 뒤 절에 대해 '이유'의 의미 관계에 가진다는 설명은 적절하지 않다.

오답 풀이

①, ② 〈보기〉의 문장은 '우리는 질서를 지키다.'라는 홑문장과 '우리는 노력했다.'라는 홑문장이 연결 어미 '-고자'에 의해 종속적으로 연결된 이어진문장이다. 두 절의 주어는 모두 '우리는'으로 동일하다.

④ 〈보기〉의 문장 속 두 절은 '우리는(주어) 질서를(목적어) 지키다(서술어).'와 '우리는(주어) 노력했다(서술어).'로 분석할 수 있다. 따라서 두 절은 각각 필수적인 문장 성분으로 이루어져 있다.

⑤ 〈보기〉의 문장에서 목적, 의도를 나타내는 연결 어미 '-고자'를 같은 의미를 가진 '-려고'로 바꾸어도 문장의 의미에 큰 변화가 없다.

10 정답 ④

정답 풀이 '나는 약속을 했으니 그곳에 가야 한다.'는 '나는 약속을 했다.'와 '나는 그곳에 가야 한다.'라는 두 문장이 이유나 원인을 나타내는 연결 어미 '-으니'에 의해 종속적으로 연결된 이어진문장이다. 따라서 앞뒤 절이 조건의 의미 관계로 연결되었다고 분석한 것은 적절하지 않다.

오답 풀이

① '다람쥐는 매우 작다.'와 '다람쥐는 매우 날쌔다.'라는 두 문장이 대등하게 나열할 때 쓰이는 연결 어미 '-고'에 의해 대등하게 연결된 이어진문장이다.

② '꽃은 피었다.'와 '열매를 맺지 못한다.'라는 두 문장이 앞뒤 내용이 서로 다름을 나타내는 연결 어미 '-으나'에 의해 대등하게 연결된 이어진문장이다.

③ '자리를 맡다.'와 '일찍 도서관에 갔다.'라는 두 문장이 목적, 의도의 뜻을 나타내는 연결 어미 '-으러'에 의해 종속적으로 연결된 이어진문장이다.

⑤ '그는 주말에 운동을 한다.'와 '그는 주말에 도서관을 간다.'라는 두 문장이 선택의 의미를 나타내는 연결 어미 '-거나'에 의해 대등하게 연결된 이어진문장이다.

11 정답 ④

정답 풀이 〈보기〉의 ㉠은 '배경'의 의미 관계를 나타내는 연결 어미로, '-는데'나 '-(으)ㄴ데' 등이 있다. ④의 '숙제가 많은데 숙제부터 먼저 하고 놀아라.'에는 '-은데'라는 연결 어미가 사용되었는데, 이는 앞 절이 뒤 절의 배경이 됨을 나타내는 데 쓰였음을 확인할 수 있다.

오답 풀이

① '-자마자'는 앞 문장의 동작과 뒤 문장의 동작이 잇달아 일어남을 나타내는 연결 어미이다.

② '-므로'는 앞 문장이 뒤 문장의 이유나 원인이 됨을 나타내는 연결 어미이다.

③ '-ㄹ수록'은 앞 문장이 뒤 문장의 조건이 됨을 나타내는 연결 어미이다.

⑤ '-거나'는 앞 문장과 뒤 문장 중 어느 것이든 선택될 수 있음을 나타내는 연결 어미이다.

12 정답 ⓔ 사람은 착하면 복을 받는다. / 사람은 착해야 복을 받는다.

정답 풀이 종속적으로 연결된 이어진문장을 만들려면 두 문장을 원인, 조건, 목적, 양보, 배경 등을 나타내는 연결 어미로 연결해야 한다. 사람이 착해야 복을 받는 것이므로 '사람은 착하다.'라는 문장이 '사람은 복을 받는다.'라는 문장에 대한 조건이 된다고 할 수 있다. 따라서 조건을 나타내는 연결 어미 '-(으)면', '-아야/-어야' 등을 사용하여 두 문장을 하나의 이어진문장으로 만들 수 있다.

13 정답 ③

정답 풀이 '눈이 오다.'와 '길이 너무 미끄럽다.'라는 두 문장이 연결 어미 '-아서'에 의해 결합된 종속적으로 연결된 이어진문장이다. 종속적으로 연결된 이어진문장은 '길이 눈이 와서 너무 미끄럽다.'와 같이 앞 절이 뒤 절 안으로 이동할 수 있다.

오답 풀이

① '눈이 오다.'는 '주어＋서술어'로, '길이 너무 미끄럽다.'는 '주어＋부사어＋서술어'로 이루어진 문장으로 두 절을 이루는 문장 성분은 각기 다르다.

② '눈이 오다.'와 '길이 너무 미끄럽다.'라는 두 개의 홑문장이 종속적으로 연결된 이어진문장이다.

④ '눈이 오다.'라는 문장과 '길이 너무 미끄럽다.'라는 두 문장이 원

인을 나타내는 연결 어미 '-아서'에 의해 종속적으로 연결된 이어진문장이다.

⑤ 종속적으로 연결된 이어진문장에서는 '길이 너무 미끄러워서 눈이 오다.'와 같이 앞 절과 뒤 절의 순서를 바꾸면 의미가 달라지거나 문장이 성립되지 않는다.

> **개념 복습!** 대등하게 연결된 이어진문장은 앞뒤 문장이 구조적이나 의미적으로 대칭성을 가지어 두 문장의 순서를 바꾸어도 의미가 통하는 반면, 종속적으로 연결된 이어진문장은 앞뒤 문장의 순서를 바꾸면 의미가 달라지거나 비문이 된다. 또한, 종속적으로 연결된 이어진문장에서 앞 절이 뒤 절 속으로 이동할 수 있는 반면, 대등하게 연결된 이어진문장에서는 앞 절이 뒤 절 안으로 이동할 수 없다.

14 정답 ⑤

정답 풀이 ①, ②, ③, ④는 종속적으로 연결된 이어진문장이다. 그러나 ⑤는 '여기에 있다.'와 '집에 가다.', '결정해라.'라는 세 문장을 선택의 의미를 가진 '-든지'라는 연결 어미를 사용하여 결합한 대등하게 연결된 이어진문장이다.

오답 풀이

① '비가 오다.'와 '땅이 질다.'라는 두 문장이 원인을 나타내는 연결 어미 '-아서'에 의해 종속적으로 연결된 이어진문장이다.

② '봄이 되다.'와 '꽃이 핀다.'라는 두 문장이 조건을 나타내는 연결 어미 '-면'에 의해 종속적으로 연결된 이어진문장이다.

③ '집에 가다.'와 '고향 친구를 만나다.'라는 두 문장이 배경을 나타내는 연결 어미 '-는데'에 의해 종속적으로 연결된 이어진문장이다.

④ '현희는 뛰어갔다.'와 '현희는 집에 빨리 갔다.'라는 두 문장이 이유를 나타내는 연결 어미 '-더니'에 의해 종속적으로 연결된 이어진문장이다.

> **개념 복습!** 이어진문장에 쓰이는 연결 어미는 다음과 같다.

	의미 관계	연결 어미
대등하게 연결된 이어진문장	나열	-고, -(으)며
	대조	-지만, -(으)나
	선택	-거나, -든(지)
종속적으로 연결된 이어진문장	이유, 원인	-(아)서/-(어)서, -(으)니까, -(으)므로
	조건	-(으)면, -거든, -아야/-어야
	목적, 의도	-(으)러, -(으)려고, -고자
	양보	-아도/-어도, -더라도, -(으)ㄹ지라도
	배경	-는데, -(으)ㄴ데

15 정답 ③

정답 풀이 '-으나'는 앞뒤 문장이 서로 다른 내용임(대조)을 나타낼 때 쓰는 연결 어미이다. 그러나 '윗물이 맑다.'와 '아랫물이 맑다.'라는 두 개의 문장은 '맑다'라는 같은 내용을 말하고 있다. 따라서 두 문장을 '-으나'로 연결하는 것은 적절하지 않다. 이 두 문장은 앞 문

장의 내용이 뒤 문장 내용의 조건임을 나타내는 연결 어미 '-으면', '-아야' 등을 사용하여 '윗물이 맑으면(맑아야) 아랫물이 맑다.' 등으로 만들 수 있다.

① '여름이 되다.'와 '모기가 많다.'라는 두 문장은 조건의 의미 관계로 나타낼 수 있으므로, 조건을 나타내는 연결 어미 '-면'으로 두 문장을 결합하는 것은 적절하다.

② '오늘은 방학이다.'와 '신이 난다.'라는 두 문장은 이유의 의미 관계로 나타낼 수 있으므로, 원인, 이유의 뜻을 가진 연결 어미 '-어서'로 두 문장을 결합하는 것은 적절하다.

④ '아빠는 인자하다.'와 '엄마는 현명하다.'라는 두 문장은 나열의 의미 관계로 나타낼 수 있으므로, 사실들을 대등하게 나열하는 연결 어미 '-고'로 두 문장을 결합하는 것은 적절하다.

⑤ '봄이 왔다.'와 '날씨가 따뜻하지 않다.'라는 두 문장은 대조의 의미 관계로 나타낼 수 있으므로, 서로 반대되는 내용을 말할 때 쓰는 연결 어미 '-지만'으로 두 문장을 결합하는 것은 적절하다.

고난도 문제

16 정답 ④

정답 풀이 ⓒ은 '우리가 첫눈을 보다.'와 '우리가 소원을 빌다.', '소원이 이루어진다.'라는 세 개의 홑문장이 결합한 이어진문장이다. 따라서 주어와 서술어의 관계는 3번 나타난다.

① ㉠은 '어머(독립어), 첫눈이(주어) 와(서술어).'에서 보듯이, 주어와 서술어의 관계가 한 번 나타나는 홑문장이다.

② ㉡은 '완연히(부사어) 겨울이(주어) 왔네(서술어).'에서 보듯이, 서술어는 1개이다.

③ ⓒ의 '첫눈을 보며 소원을 빌면'은 '우리가 첫눈을 보다.'와 '우리가 소원을 빌다.'라는 두 문장이 '-며'라는 연결 어미에 의해 대등하게 연결된 이어진문장이 되었다. 이렇게 결합된 문장이 다시 '소원이 이루어진다.'라는 문장과 '-면'이라는 연결 어미에 의해 이어져 종속적으로 연결된 이어진문장이 되었다.

⑤ ㉠ '어머(독립어), 첫눈이(주어) 와(서술어).'와 ㉡ '완연히(부사어) 겨울이(주어) 왔네(서술어).'에서는 문장 성분이 생략되어 있지 않다. 그러나 ⓒ은 '우리가(주어) 첫눈을(목적어) 보다(서술어).'와 '우리가(주어) 소원을(목적어) 빌다(서술어).', '소원이(주어) 이루어진다(서술어).'로 분석되는 것으로 볼 때 주어들이 생략되어 있음을 알 수 있다.

고난도 문제

17 정답 ③

정답 풀이 ⓓ의 앞 절과 뒤 절의 위치를 바꾸면, '수환이는 영화를 좋아하고, 영지는 여행을 좋아한다.'라는 문장이 되어 앞뒤 절의 위치를 바꾸기 전과 의미가 크게 달라지지 않는다. 한편 ⓑ의 앞 절과 뒤 절의 위치를 바꾸면, '우리는 그곳으로 출발할지라도 눈이 온다.'라는 비문이 되어 문장이 성립하지 않는다.

① ⓐ는 '그는(주어) 정직을(목적어) 좌우명으로(부사어) 여기고 있다(서술어).'에서 보듯이, 주어와 서술어의 관계가 한 번 나타나는 홑문장이다. ⓑ는 '눈이(주어) 올지라도(서술어) 우리는(주어) 그곳으로(부사어) 출발한다(서술어).'에서 보듯이, 주어와 서술어의 관계가 2번 나타나는 겹문장이다.

② ⓑ는 '눈이 온다.'와 '우리는 그곳으로 출발한다.'라는 두 개의 문장이 양보의 뜻을 나타내는 연결 어미 '-ㄹ지라도'에 의해 결합되어 있다. ⓒ는 '그분을 만나다.'와 '제 안부 좀 전해 주세요.'라는 두 문장이 조건을 나타내는 연결 어미 '-거든'에 의해 결합되어 있다.

④, ⑤ ⓒ는 '그분을 만나다.'와 '제 안부 좀 전해 주세요.'라는 두 문장이 조건을 나타내는 연결 어미 '-거든'에 의해 종속적으로 연결된 이어진문장이다. ⓓ는 '영지는 여행을 좋아한다.'와 '수환이는 영화를 좋아한다.'라는 두 개의 문장이 '-고'라는 연결 어미에 의해 대등하게 연결된 이어진문장이다.

서술형 문제

18 정답 예 머리를 깎으러(깎고자/깎으려고) 미용실에 갔다. 종속적으로 연결된 이어진문장이다.

채점 기준

'머리를 깎다.'와 '미용실에 갔다.'라는 두 문장이 목적, 의도의 의미를 나타내는 '-(으)러', '-고자', '-(으)려고'의 연결 어미에 의해 결합될 수 있음을 분석함.

두 문장을 연결한 문장이 종속적으로 연결된 이어진문장임을 설명함.

✏️ **필수 단어** '깎으러/깎고자/깎으려고', 종속적으로 연결된 이어진문장

정답 풀이 미용실은 머리를 깎기 위해 가는 곳이므로 '머리를 깎다.'와 '미용실에 갔다.'라는 두 문장은 목적, 의도의 뜻을 나타내는 연결 어미 '-(으)러', '-고자', '-(으)려고'에 의해 결합될 수 있다. 이 문장은 앞 문장과 뒤 문장이 종속적으로 연결된 이어진문장이다.

DAY 23 안은문장과 안긴문장 1

01 ③　　**02** (1) 지민이는 자신의 공책이 사라졌음을 깨달았다. (2) 자신의 공책이 사라졌음　　**03** (1) 그는 (2) 돌아왔다　　**04** ③
05 ①　　**06** 시간이 없음　　**07** ①　　**08** 관형절

01 ③　　**02** ④　　**03** ⑤　　**04** ③　　**05** ③　　**06** 지원이가 우유를 먹기　　**07** ②　　**08** ②　　**09** ③　　**10** ②　　**11** ④　　**12** 예 ㉠은 명사절로 문장에서 목적어의 역할을 하는 반면, ㉡은 관형절로 문장에서 체언을 꾸며 주는 관형어의 역할을 한다.

01 정답 ③

정답 풀이　안은문장은 홑문장을 하나의 문장 성분으로 안고 있는 문장이다. 안긴문장은 절의 형태가 되어 안은문장 속에서 문장 성분으로 쓰이므로, 안은문장은 두 개의 홑문장이 대등하게 결합되어 있다고 볼 수 없다. 둘 이상의 홑문장이 대등한 관계로 결합된 겹문장은 대등하게 연결된 이어진문장이다.

오답 풀이
① 안긴문장은 주어와 서술어를 가진 홑문장이 절의 형태가 되어 다른 문장 속에 들어간 것이다.
②, ④ 안긴문장은 주어와 서술어를 가진 문장이지만 안은문장 속에 들어가 하나의 문장 성분으로 쓰인다.
⑤ 관형절을 가진 안은문장은 안긴문장에 '-(으)ㄴ', '-는', '-(으)ㄹ', '-던' 등의 관형어와 같은 기능을 하게 하는 어미를 붙여 만든다.

02 정답 ④

정답 풀이　안긴문장은 다른 홑문장 속에 들어가 하나의 문장 성분으로 쓰이는 홑문장을 말한다. 〈보기〉의 문장은 '영진이가 밤새 영화를 보았다.'라는 문장이 명사형 어미 '-(으)ㅁ'과 결합해 절의 형태로 '우리는 (무엇을) 알고 있다.'라는 문장에 안겨 있는 것이므로, 안긴문장에 해당하는 절은 '영진이가 밤새 영화를 보았음'이다.

03 정답 ⑤

정답 풀이　⑤는 '우리는 공원에서 놀이를 했다.'와 '놀이가 재미있다.'라는 두 개의 문장으로 이루어진 겹문장이다. '놀이가 재미있다.'라는 문장이 관형사형 어미 '-는'과 결합하여 '재미있는'이라는 관형절로 안겨 '놀이'를 꾸며 주고 있으므로 관형절을 가진 안은문장이다.

오답 풀이
① '밥을 먹기'가 명사절로 안겨 있는 안은문장이다.

② '그것이 잘못임'이 명사절로 안겨 있는 안은문장이다.
③ '눈이 오기'가 명사절로 안겨 있는 안은문장이다.
④ '그 일을 하기'가 명사절로 안겨 있는 안은문장이다.

04 정답 ③

정답 풀이　'그녀가 집주인임이 밝혀졌다.'라는 문장에서 명사절 '그녀가 집주인임'은 그 뒤에 주격 조사 '이'와 결합해 주어의 역할을 하고 있다.

오답 풀이
① 명사절 '더위를 참기' 뒤에 주격 조사 '가'가 붙어 주어의 역할을 하고 있다.
② 명사절 '영화 보기' 뒤에 목적격 조사 '를'이 붙어 목적어의 역할을 하고 있다.
④ 명사절 '민서가 똑똑함' 뒤에 목적격 조사 '을'이 붙어 목적어의 역할을 하고 있다.
⑤ 명사절 '기분이 좋지 않음' 뒤에 주격 조사 '이'가 붙어 주어의 역할을 하고 있다.

개념 복습!　명사절은 안은문장에서 명사와 같은 역할을 하여 주어, 목적어 등 다양한 문장 성분으로 쓰인다. 이때 안은문장에서 명사절의 문장 성분은 조사에 의해 결정된다. 따라서 명사절 뒤에 붙는 조사가 주격 조사인지, 목적격 조사인지 등을 판단하여 명사절이 안은문장에서 하는 기능을 파악한다.

05 정답 ③

정답 풀이　〈보기〉의 문장에서는 '현정이가 건강하다.'라는 문장에 명사형 어미 '-기'를 붙여 만든 명사절 '현정이가 건강하기'와 목적격 조사 '를'이 결합되어 목적어 역할을 하고 있다. 따라서 안은문장에서의 목적어는 '현정이가 건강하기를'이다.

오답 풀이
① '부모님은(주어) 바란다(서술어).'라는 홑문장과 '현정이가(주어) 건강하다(서술어).'라는 홑문장이 결합되어 이루어진 겹문장이다.
②, ⑤ '현정이가 건강하다.'라는 문장에 명사형 어미 '-기'를 붙여 '현정이가 건강하기'라는 명사절이 된 것이므로 안긴문장의 서술어는 '건강하다'이다.
④ '현정이가 건강하기'는 명사절로, 명사절은 안긴문장에서 명사처럼 쓰인다.

개념 복습!　안은문장에서 문장 성분을 파악할 때는 전체 문장의 주어와 서술어를 찾은 다음, 안겨 있는 절을 찾아 그 절의 주어와 서술어를 찾는다. 그리고 그 절이 전체 문장에서 어떤 역할을 하는지를 판단해야 하는데, 명사절인 경우 명사절 뒤에 붙은 조사를 통해 주어, 목적어 등의 어떤 문장 성분으로서 역할을 하는지 파악한다. 그리고 관형절인 경우 그 절이 바로 뒤의 체언을 꾸며 주고 있는지를 확인한다.

06 정답 지원이가 우유를 먹기

정답 풀이 〈보기〉의 빈칸 뒤에 '을/를'이라는 목적격 조사가 있는 것으로 보아 빈칸에는 목적어의 역할을 하는 명사절이 들어가야 한다. 따라서 명사형 어미를 사용하여 절을 만들어야 하는데, '무엇을'에 해당하는 내용은 엄마가 앞으로 지원이에게 원하는 것이므로 주로 이미 일어난 일을 표현할 때 쓰이는 '-ㅁ'보다는 '-기'라는 어미를 활용하여 명사절을 만드는 것이 적절하다.

07 정답 ②

정답 풀이 〈보기〉의 문장은 안긴문장 '오랜만에 놀이공원에 가는'이 체언 '다빈이'를 꾸며 주는 관형절을 가진 안은문장이다. 따라서 〈보기〉의 문장에서 안긴문장은 체언을 꾸며 주는 역할을 한다.

오답 풀이
① 주어를 풀이한다는 것은 서술어에 대한 설명이다.
③ 서술어를 꾸며 준다는 것은 부사어에 대한 설명이다.
④ 안긴문장 '오랜만에 놀이공원에 가는'은 안은문장에서 관형어의 기능을 한다.
⑤ 서술어의 동작의 대상으로서 기능한다는 것은 목적어에 대한 설명이다.

08 정답 ②

정답 풀이 관형절을 가진 안은문장은 체언을 꾸며 주는 관형어 역할을 하는 안긴문장을 가지고 있는 문장으로, '-(으)ㄴ', '-는', '-(으)ㄹ', '-던'이라는 관형사형 어미를 사용하여 만든다. 그러나 ②의 '지우는 친구가 오기를 기다리고 있다.'에서는 관형사형 어미가 사용되지 않았으며, '친구가 오기'라는 안긴문장은 명사절이다.

오답 풀이
① '엄마가 김밥을 해 주었다.'라는 문장에 관형사형 어미 '-ㄴ'이 붙어 만들어진 '엄마가 해 준'이라는 절이 뒤의 체언 '김밥'을 꾸며 주고 있으므로 관형절을 가진 안은문장이다.
③ '내가 고등학교를 가다.'라는 문장에 관형사형 어미 '-ㄹ'이 붙어 만들어진 '내가 갈'이라는 절이 뒤의 체언 '고등학교'를 꾸며 주고 있으므로 관형절을 가진 안은문장이다.
④ '나는 고양이를 좋아한다.'라는 문장에 관형사형 어미 '-는'이 붙어 만들어진 '(내가) 좋아하는'이라는 절이 뒤의 체언 '고양이'를 꾸며 주고 있으므로 관형절을 가진 안은문장이다.
⑤ '은희가 전학을 간다.'라는 문장에 관형사형 어미 '-는'이 붙어 만들어진 '은희가 전학을 간다는'이라는 절이 뒤의 체언 '소식'을 꾸며 주고 있으므로 관형절을 가진 안은문장이다.

09 정답 ③

정답 풀이 '음악을 듣는 것'이 아니라 '음악을 듣는'이라는 관형절이 체언 '것'을 꾸며 주는 관형어의 역할을 한다.

오답 풀이
① '(가방이) 새로운'이라는 관형절이 체언 '가방'을 꾸며 주는 관형어의 역할을 한다.
② '(손님이) 낯선'이라는 관형절이 체언 '손님'을 꾸며 주는 관형어의 역할을 한다.
④ '멋진 일출이 (그림에) 담긴'이라는 관형절이 체언 '그림'을 꾸며 주는 관형어의 역할을 한다.
⑤ '내가 (선물을) 드린'이라는 관형절이 체언 '선물'을 꾸며 주는 관형어의 역할을 한다.

10 정답 ②

정답 풀이 〈보기〉의 문장은 '강아지가 앙증맞다.'와 '강아지가 귀엽다.'라는 문장이 결합된 문장으로, '강아지가 앙증맞다.'에 관형사형 어미 '-은'이 붙어 관형절이 되면서 중복되는 주어 '강아지가'가 생략되었다. ②의 문장은 '사람들이 소풍을 나왔다.'와 '사람들이 잔뜩 모였다.'라는 문장이 결합된 것으로, '사람들이 소풍을 나왔다.'에 관형사형 어미 '-ㄴ'이 붙어 '소풍을 나온'이라는 관형절이 되면서 중복되는 주어 '사람들이'가 생략되었다.

오답 풀이
① '전에 만화를 읽었다.'라는 문장이 '전에 읽은'이라는 절이 되어 체언 '만화'를 꾸며 주고 있으므로 생략된 문장 성분은 '만화를'이라는 목적어이다.
③ '아빠가 시계를 사 주었다.'라는 문장이 '아빠가 사 주신'이라는 절이 되어 체언 '시계'를 꾸며 주고 있으므로 생략된 문장 성분은 '시계를'이라는 목적어이다.
④ '선아가 대학에 합격했다.'라는 문장이 '선아가 대학에 합격했다는'이라는 절이 되어 체언 '소식'을 꾸며 주고 있으므로 생략된 문장 성분은 없다.
⑤ '오후에 기차를/기차에 탄다.'라는 문장이 '오후에 탈'이라는 절이 되어 체언 '기차'를 꾸며 주고 있으므로 생략된 문장 성분은 '기차를'이라는 목적어나 '기차에'라는 부사어이다.

개념 복습! 관형절은 관형사형 어미 '-(으)ㄴ', '-는', '-(으)ㄹ', '-던'이 붙어서 만들어지며, 이때 안은문장과 안긴문장에서 중복되는 단어는 생략된다. 따라서 관형절을 관형사형 어미가 붙기 전 원래의 홑문장의 형태로 바꾸어 보면 생략된 단어가 무엇인지 파악할 수 있다.

11 정답 ④

정답 풀이 ㉡에서는 '친구가 꽃다발을 만들었다.'라는 문장이 '친구가 만든'이라는 관형절이 되면서 '꽃다발을'이라는 중복된 목적어가 생략되었다. 따라서 부사어가 생략되었다고 볼 수는 없다.

①, ② ㉠에서 안긴문장은 '시험이 끝나기'로, 뒤에 보조사 '만'과 목적격 조사 '을'과 결합하여 안은문장에서 목적어의 역할을 한다.

③ ㉡에서 안긴문장은 '친구가 만든'으로, 체언 '꽃다발'을 꾸며 주는 관형어의 역할을 한다.

⑤ ㉠에는 '시험이 끝났다.'라는 문장에 명사형 어미 '-기'가 붙어 '시험이 끝나기'라는 명사절이 안겨 있다. ㉡에는 '친구가 꽃다발을 만들었다.'라는 문장에 관형사형 어미 '-ㄴ'이 붙어 '친구가 만든'이라는 관형절이 안겨 있다.

서술형 문제

12 정답 예 ㉠은 명사절로 문장에서 목적어의 역할을 하는 반면, ㉡은 관형절로 문장에서 체언을 꾸며 주는 관형어의 역할을 한다.

채점 기준
㉠이 명사절이고, ㉡이 관형절임을 파악함.
㉠은 안은문장에서 목적어의 역할을 하고 있고, ㉡은 관형어의 역할을 하고 있음을 분석함.

필수 단어 명사절, 관형절, 목적어, 관형어

정답 풀이 ㉠은 '집에 혼자 있다.'에 명사형 어미 '-기'가 붙어 만들어진 명사절로, 뒤에 목적격 조사 '를'을 붙여 안은문장에서 목적어 역할을 한다. ㉡은 '나는 즐거워했다.'라는 문장에 관형사형 어미 '-던'이 붙어 만들어진 관형절로, 뒤의 체언 '추억'을 꾸며 주는 역할을 한다.

DAY 24 안은문장과 안긴문장 2

확인 문제 본문 · 116~117쪽

01 ② **02** (1) 키가 (2) 키가 크다 **03** ③ **04** 성격이 좋다, 서술절 **05** (1) 오래 기다렸냐 (2) 인용절 (3) 고 **06** ③ **07** (1) ○ (2) ○ (3) × **08** 하겠더라고 → 하겠다고

내신 대비 문제 본문 · 118~119쪽

01 ⑤ **02** ⑤ **03** ④ **04** ③ **05** ⑤ **06** 내가 그 케이크를 좋아한다고 **07** ⑤ **08** ③ **09** ② **10** ⑤ **11** ⑤ **12** 예 ㉡에 안겨 있는 명사절과 관형절은 어미를 사용해 절을 만드는 반면, ㉠에 안겨 있는 서술절은 절의 기능을 하게 하는 요소(표지)가 없다.

01 정답 ⑤

정답 풀이 명사절은 '-(으)ㅁ'이나 '-기'라는 명사형 어미에 의해, 관형절은 '-(으)ㄴ', '-는', '-(으)ㄹ', '-던'이라는 관형사형 어미에 의해 만들어진다. 반면 인용절은 '고', '라고'라는 조사에 의해 만들어진다.

① 안은문장은 한 개의 안긴문장(절)만이 아니라 여러 개의 안긴문장을 포함할 수 있다.

② 하나의 홑문장(안긴문장)이 다른 문장(안은문장) 속으로 들어가면서 하나의 문장 성분으로 쓰인다.

③ 관형절은 체언을 꾸며 주는 관형어의 기능을, 부사절은 용언을 꾸며 주는 부사어의 기능을 한다.

④ 명사절은 명사처럼 쓰여 안은문장에서 주어와 목적어 등의 문장 성분이 된다.

02 정답 ⑤

정답 풀이 〈보기〉의 문장은 '인사가 없다.'라는 홑문장에 부사의 기능을 하게 하는 '-이'를 붙여 만든 '인사도 없이'라는 부사절이 안겨 있는 안은문장이다. ⑤는 '나무가 쓰러지지 않게'라는 부사절을 안고 있는 부사절을 가진 안은문장이다.

① '아들이 두 명이 있다.'와 '두 명이 있다.'라는 서술절이 두 번 안겨 있는 안은문장이다.

② '길이가 짧다.'라는 문장이 서술절로 안겨 있는 안은문장이다.

③ '비가 많이 온다.'라는 문장이 인용절로 안겨 있는 안은문장이다.

④ '이것은 책이 아니다.'라는 문장이 인용절로 안겨 있는 안은문장이다.

03 정답 ④

정답 풀이 ①, ②, ③, ⑤의 밑줄 친 부분은 모두 부사절인 반면, ④의 밑줄 친 부분은 관형절이다. ④의 '연구에 몰두하는'은 '현지는 연구에 몰두하다.'라는 문장에 관형사형 어미 '-는'을 붙여 만든 관형절이다.

오답 풀이
① '색깔도 곱게'는 '색깔도(색깔이) 곱다.'라는 문장에 '-게'라는 어미를 붙여 만든 부사절이다.
② '불이 활활 타듯이'는 '불이 활활 타다.'라는 문장에 부사의 기능을 하게 하는 '-이'를 붙여 만든 부사절이다.
③ '아는 것도 없이'는 '아는 것도 없다.'라는 문장에 부사의 기능을 하게 하는 '-이'를 붙여 만든 부사절이다.
⑤ '밤이 새도록'은 '밤을 새다.'라는 문장에 '-도록'이라는 어미를 붙여 만든 부사절이다.

04 정답 ③

정답 풀이 안긴문장이 서술어의 기능을 하는 것은 서술절을 말한다. 주어와 서술어를 가진 서술절이 전체 문장에서 서술어 역할을 하므로 서술절을 가진 안은문장은 '주어＋주어＋서술어'라는 구조를 지닌다. ③의 '상어는 포유류가 아니다.'는 서술어 '아니다'의 의미를 보충하기 위해 보어를 필수적으로 요구하는 홑문장으로 '주어＋보어＋서술어' 구조를 지닌다.

오답 풀이
① '영어가 좋다.'라는 서술절이 전체 문장의 주어 '나는'에 대한 서술어 역할을 한다.
② '참을성이 부족하다.'라는 서술절이 전체 문장의 주어 '그는'에 대한 서술어 역할을 한다.
④ '재주가 무척 많다.'라는 서술절이 전체 문장의 주어 '그녀는'에 대한 서술어 역할을 한다.
⑤ '음악적 재능이 있다.'라는 서술절이 전체 문장의 주어 '선주는'에 대한 서술어 역할을 한다.

개념 복습! 서술절을 가진 안은문장은 '주어＋주어＋서술어'의 구조로서 '~이/가(은/는) ~이/가 ~다'의 형태를 지닌다. 이 같은 형태는 보어를 지닌 문장도 동일하다. 보어는 주어와 같은 주격 조사를 취한다. 따라서 서술절의 주어와 보어를 혼동하지 않도록 주의해야 한다. 이때 '되다/아니다' 앞에 놓였는지를 통해 둘을 구분하는 것이 좋다.
㉑ 나는 학생이 아니다. → 홑문장으로, '학생이'는 '아니다'의 보어임.
㉑ 나는 살이 하얗다. → 겹문장으로, '살이'는 '하얗다'의 주어임.

05 정답 ⑤

정답 풀이 간접 인용절로 바꿀 때 평서문과 감탄문은 주어진 문장의 종결 어미를 '-다'로 바꾼 뒤 '고'라는 조사를 붙인다. 따라서 진우가 말한 '칼국수가 정말 맛있다.'라는 문장은 '진우는 칼국수가 정말 맛있다고 말했다.'로 바꾸어야 한다. '라고'는 직접 인용절에 사용되는 조사이다.

오답 풀이
① 준서가 말한 '배가 고프다.'라는 문장의 종결 어미 '-다' 뒤에 조사 '고'를 붙여 간접 인용절로 바꾸었다.
② 영서가 말한 '숙제를 끝냈다.'라는 문장의 종결 어미 '-다' 뒤에 조사 '고'를 붙여 간접 인용절로 바꾸었다.
③ 서우가 말한 '날씨가 너무 덥다.'라는 문장의 종결 어미 '-다' 뒤에 조사 '고'를 붙여 간접 인용절로 바꾸었다.
④ 연우가 말한 '집에 가서 쉬어야겠다.'라는 문장의 종결 어미 '-다' 뒤에 조사 '고'를 붙여 간접 인용절로 바꾸었다.

개념 복습! 직접 인용절은 인용되는 내용에 조사 '(이)라고'를 붙여 만들며, 간접 인용절은 조사 '고'를 붙여 만든다.

06 정답 내가 그 케이크를 좋아한다고

정답 풀이 '상훈'이 '은화'의 말을 인용하고 있으므로 '너는'은 '내가'로, '이 케이크'는 '그 케이크'로 바꾸고, 종결 어미를 '-다'로 바꾼 후 간접 인용절에 쓰는 조사 '고'를 붙인다.

07 정답 ⑤

정답 풀이 ㉠과 ㉡은 '주어＋주어＋서술어' 구조로 앞의 주어는 전체 문장의 주어이며, 뒤의 '주어＋서술어'는 하나의 절을 이루어 앞의 주어에 대한 서술어 역할을 한다. 따라서 서술절 자체가 서술어가 되는 것이므로 서술어가 생략된 것이 아니다.

오답 풀이
① ㉠에서 안은문장의 주어는 '기린은'이고 서술어는 '목이 매우 길다.'이다.
② ㉡에서 안긴문장의 주어는 '성품이'이고 서술어는 '인자하시다'이다.
③ ㉠과 ㉡은 모두 서술절을 안고 있는 안은문장이다.
④ ㉠에서 안은문장의 서술어는 '목이 매우 길다.'이며, ㉡에서 안은문장의 서술어는 '성품이 무척 인자하시다.'이다. 둘 다 주어가 어떠하다는 상태나 성질을 풀이하고 있다.

08 정답 ③

정답 풀이 '삼촌이 나에게 공부 잘하고 있냐고 물으셨다.'는 '너 공부 잘하고 있어?'라는 삼촌의 말을 간접적으로 인용한 문장이다.

오답 풀이
① '그의 배에서 소리가 난다.'는 '관형어＋부사어＋주어＋서술어'로 이루어진 홑문장이다.
② '꽃이 아름답게[아름답－＋－게]'라는 부사절이 안겨 있는 안은문장이다.
④ '내일 쪽지시험이 있다는[있－＋－다는]'이라는 관형절이 안겨 있는 안은문장이다.
⑤ '시간이 변경되었음[변경되었－＋－음]'이라는 명사절이 안겨 있는 안은문장이다.

09 정답 ②

정답 풀이 ②의 '내가 학원에 다니기'는 '내가 학원에 다니다.'라는 문장에 명사형 어미 '-기'를 붙여 만든 명사절이다.

오답 풀이

① '돈도 없이'는 '돈도 없다.'라는 문장에 부사의 기능을 하게 하는 '-이'를 붙여 만든 부사절이다.

③ '영화를 보러 가자.'라고 한 인호의 말이 조사 '고'를 붙여 간접 인용되어 있다.

④ '그 일을 하기'는 '나는 그 일을 하다.'에 명사형 어미 '-기'를 붙여 만든 명사절이다.

⑤ '(그의 주장이) 정의로운'과 '(반대가) 거센'은 '그의 주장은 정의롭다.'와 '반대가 거세다.'라는 문장에 각각 '-ㄴ'이라는 관형사형 어미를 결합하여 체언을 꾸며 주고 있는 관형절이다.

고난도 문제

10 정답 ⑤

정답 풀이 '아빠는 나에게 물었다.'라는 문장에 '이게 무슨 일이냐?'라는 안긴문장이 포함된 안은문장이다. 이때 '이게 무슨 일이냐?'는 조사 '고'와 함께 쓰여 아빠의 말을 인용한 안긴문장(절)으로, 안은문장에서 부사어의 역할을 한다고 볼 수 있다. 따라서 주어의 기능을 한다고 이해하는 것은 적절하지 않다.

오답 풀이

① '머리가 하얗다.'는 서술절로서 '할머니는'이라는 주어에 대한 서술어 역할을 한다.

② '방학이 되기'는 '방학이 되다.'라는 문장에 명사형 어미 '-기'를 붙여 만든 명사절로, 목적격 조사 '을'과 결합한 것으로 볼 때 문장에서 목적어 역할을 함을 알 수 있다.

③ '예고도 없이'는 '예고도 없다.'라는 문장에 부사와 같은 기능을 하게 하는 '-이'를 붙여 만든 부사절로, '찾아왔다'라는 용언을 꾸며 주는 부사어 역할을 한다.

④ '친구가 준'은 '친구가 모자를 주었다.'라는 문장에 관형사형 어미 '-ㄴ'을 붙여 만든 관형절로, 체언 '모자'를 꾸며 주는 관형어의 역할을 한다.

고난도 문제

11 정답 ⑤

정답 풀이 ㉣ '가랑잎이 솔잎더러 바스락거린다고 한다.'라는 속담은 가랑잎이 솔잎에게 한 '바스락거린다.'라는 말을 간접 인용한 것이다. 따라서 ㉣은 인용절을 가진 안은문장이므로 ㉣이 홑문장이라는 설명은 적절하지 않다.

오답 풀이

① ㉠에는 '(땅이) 굳은'이라는 관형절이 안겨 있다.

② ㉡은 '사공이 많다.'라는 문장과 '배가 산으로 간다.'라는 문장이 조건의 의미를 나타내는 '-면'이라는 어미에 의해 결합된 종속적으로 연결된 이어진문장이다.

③ ㉢은 '친구는 옛 친구가 좋다.'와 '옷은 새옷이 좋다.'라는 두 개의 문장이 '-고'라는 어미를 통해 결합된 대등하게 연결된 이어진문장이다.

④ '친구는 옛 친구가 좋다.'는 '옛 친구가 좋다.'라는 서술절을 안은 문장이며, '옷은 새 옷이 좋다.'는 '새 옷이 좋다.'라는 서술절을 안은문장이다. 따라서 ㉢에는 서술절을 안은 두 개의 안은문장이 있다고 할 수 있다.

서술형 문제

12 정답 **예** ㉡에 안겨 있는 명사절과 관형절은 어미를 사용해 절을 만드는 반면, ㉠에 안겨 있는 서술절은 절의 기능을 하게 하는 요소(표지)가 없다.

채점 기준
㉠에 서술절이, ㉡에 명사절과 관형절이 각각 안겨 있음을 분석함.
명사절과 관형절은 그 절의 기능을 하게 하는 어미에 의해 만들어지는 반면 서술절은 그러한 요소(표지)가 없음을 분석함.

필수 단어 명사절, 관형절, 서술절, 어미, 요소(표지), 없다

정답 풀이 ㉡을 살펴보면, '나는 그가 잠이 많음을 알고 있다.'에는 '그가 잠이 많다.'에 명사형 어미 '-음'를 붙여 만든 '그가 잠이 많음'이라는 명사절이 안겨 있다. 또한 '나는 읽은 책을 잃어버렸다.'에는 '나는 책을 읽다.'에 관형사형 어미 '-은'을 붙여 만든 '(책을) 읽은'이라는 관형절이 안겨 있다. 반면, ㉠은 '매력이 너무 많다.'라는 서술절이 안겨 있는데, 명사절이나 관형절과 같이 절을 만드는 어미를 사용하지 않고 주어와 서술어 그대로 절을 이루어 안은문장에서 서술어 역할을 한다.

개념 복습! 안긴문장(절)을 만드는 요소

명사절	명사형 어미 '-(으)ㅁ', '-기'
관형절	관형사형 어미 '-(으)ㄴ', '-는', '-(으)ㄹ', '-던'
부사절	어미 '-게', '-도록', '-아서/-어서', '-이' 등
인용절	조사 '(이)라고', '고'

똑똑한 독해
똑독